Softwareentwicklung

Springer
Berlin
Heidelberg
New York
Barcelona
Hongkong
London
Mailand
Paris
Tokio

Stefan Berndes
Klaus Kornwachs
Uwe Lünstroth

Softwareentwicklung

Erfahrung und Innovation

Mit 23 Abbildungen und 15 Tabellen

 Springer

Stefan Berndes

Prognos AG
Dovestraße 2–4
10587 Berlin

Prof. Dr. Klaus Kornwachs
Uwe Lünstroth

BTU Cottbus
Lehrstuhl Technikphilosophie
Karl-Marx-Straße 17
03044 Cottbus

Die Deutsche Bibliothek – CIP-Einheitsaufnahme
Berndes, Stefan: Softwareentwicklung: Erfahrung und Innovation/Stefan Berndes;
Klaus Kornwachs; Uwe Lünstroth. – Berlin; Heidelberg; New York; Barcelona;
Hongkong; London; Mailand; Paris; Tokio: Springer, 2002
ISBN 978-3-540-41941-9

ISBN 978-3-540-41941-9   ISBN 978-3-642-56365-2 (eBook)
DOI 10.1007/978-3-642-56365-2

Springer-Verlag Berlin Heidelberg New York,
ein Unternehmen der BertelsmannSpringer Science+Business Media GmbH
http://www.springer.de

Umschlaggestaltung: design & production GmbH, Heidelberg
Satz: Datenaufbereitung U. Kunkel, Reichartshausen
Gedruckt auf säurefreiem Papier   SPIN: 10760107   33/3142 GF – 5 4 3 2 1 0

Vorwort

Das Problem der demographischen Entwicklung, das sich in fast allen hochentwickelten Industrieländern in gleicher Weise stellt, ist zwar aus den Schlagzeilen verschwunden, aber es ist nach wie vor ungelöst. Dieses Problem, das gerade im sozialpolitischen Bereich zu einer längst überfälligen Reform des Rentensystems zwingt, zeigt sich mittlerweile auch in ersten Umrissen in innovationsorientierten und jugendzentrierten Branchen in der Wirtschaft.

So ist in der schnelllebigen Softwareentwicklung mit ihren kurzen Innovationszyklen ein negatives Bild vom älter werdenden Mitarbeiter vorherrschend. Dieses mag ein Grund sein, dass in dieser Branche außerhalb des Managements fast nur junge Leute anzutreffen sind. Ein anderer Grund ist, dass die Branche selbst noch eher jung ist und sich die Kohorte der 40–60-Jährigen noch nicht nennenswert bemerkbar gemacht hat.

Das Bundesministerium für Bildung und Forschung hat seit 1996 den Schwerpunkt „Demographischer Wandel und die Zukunft der Erwerbsarbeit" gefördert. In diesem Rahmen wurde das Projekt INVAS (Innovationsfähigkeit bei veränderten Altersstrukturen) vom BMB+F von Oktober 1996 bis Oktober 1999 finanziert[1] und vom Lehrstuhl Technikphilosophie der BTU Cottbus in Zusammenarbeit mit dem Institut für Arbeitswirtschaft und Organisation der Fraunhofer-Gesellschaft Stuttgart und dem Lehrstuhl für Arbeitswissenschaft der TU Chemnitz durchgeführt. Während letzterer die Situation älterer Mitarbeiter in physisch belastenden Tätigkeiten in der Montage untersuchte, widmete sich das Teilprojekt der BTU Cottbus den geistig-kreativen Tätigkeiten der Mitarbeiter in der Softwareentwicklung.

Der vorliegende Band legt den für die Zwecke der breiteren Publikation überarbeiteten Schlussbericht des Teilprojektes Cottbus aus diesem Forschungsschwerpunkt vor.[2] Das Vorhaben untersuchte den Einfluss altersstruktureller Veränderungen auf die Innovationsfähigkeit von Software entwickelnden Unternehmen. Das Forschungsprojekt INVAS verstand sich auch als Versuch, best practice darzustellen und neue Wege zu finden, die eine sinnvolle Integration der älteren Mitarbeiter in den Innovationsprozess ermöglichen.

---

[1] Förderkennzeichen 01 HH 96098 BMBF
[2] Verweise auf Zwischenberichte und Veröffentlichungen, die im Rahmen des Projektes entstanden sind, finden sich im Anhang.

Die Forschungsfragen des INVAS-Projektes lauteten:

- Von welchen mitarbeiter- und teambezogenen Faktoren hängt die Innovationsfähigkeit des Software entwickelnden Unternehmens ab?
- Wird von den Unternehmen das Erfahrungspotenzial älterer Softwareentwickler genutzt?
- Welche Rollen wollen älter werdende Entwickler in den herausfordernden, aber psychisch belastenden innovativen Tätigkeitsbereichen des Softwareengineering einnehmen?

Der vorliegende Bericht wird diese Fragen sicher nicht vollständig beantworten können. Dennoch hoffen die Verfasser, dass sie mit diesem Projekt einen Beitrag zur Entwicklung von Strategien des Personal- und Weiterbildungsmanagements bei älter werdenden Belegschaften leisten können, der möglichen negativen Auswirkungen dieser Entwicklung begegnen kann.

So schrieb der Wissenschaftliche Beirat zu den Ergebnissen und der Fortschreibung des Förderschwerpunktes im November 1999:

„Die Ergebnisse und Lösungsvorschläge der bisherigen Untersuchungen haben [...] eine völlig neuartige und weithin unerwartete Problemlage im betrieblichen Beschäftigungssystem und auf dem Arbeitsmarkt aufgedeckt. Ohne Übertreibung lässt sich hier von einer ‚Zeitbombe' sprechen, deren betriebliche wie gesellschaftspolitische Brisanz bisher kaum erkannt, geschweige denn angemessen bearbeitet wird. Das Risiko, mit zunehmendem Alter in besonderer Weise von einer (dauerhaften) Ausgliederung aus dem Erwerbsleben betroffen zu sein, nimmt dramatisch zu, ohne dass auch nur annähernd ernstzunehmende Tendenzen für eine Umkehr dieser Entwicklung zu erkennen sind. Die besondere Brisanz dieser Entwicklung liegt darin, dass auch Veränderungen im betrieblichen Beschäftigungssystem und auf dem Arbeitsmarkt, von denen positive Effekte für ältere Arbeitnehmer erwartet wurden, sogar zu einer weiteren Verschärfung der Problemlage älterer Arbeitnehmer beitragen."

Bei der Durchführung des Projektes und der Erstellung des Bandes haben uns viele Personen geholfen, denen wir hier unseren Dank aussprechen wollen. Zunächst wollen wir uns bei unseren Projektpartnern, Herrn J. Pack und H. Buck vom FhG-IAO, Herrn A. Reif von der TU Chemnitz und Herrn Dr. G. Neubauer vom Projektträger des Förderschwerpunktes (Deutsches Zentrum für Luft- und Raumfahrt, Bonn) für die gute Zusammenarbeit bedanken. Wir danken ebenfalls für die sehr gute und kooperative Zusammenarbeit mit den Vertretern der 16 Unternehmen, in denen wir 18 Kurz- und 3 Tiefenfallstudien durchführen durften. Für die tatkräftige Mitarbeit im Projektteam danken wir den Diplomanden Chr. Kolodzik und U. Weimann. Besonderer Dank gilt unserer Lehrstuhlsekretärin, Frau M. Müller, die aus den vielfach überschriebenen Entwürfen und Korrekturen ein abdruckbares Manuskript gemacht hat.

Cottbus, im Januar 2002

Stefan Berndes   Klaus Kornwachs   Uwe Lünstroth

Inhaltsverzeichnis

Kapitel 1

Einführung

„Ohne Software läuft nichts". Die mittlerweile Gemeinplatz gewordene Feststellung lässt sich auch da demonstrieren, wo man es weniger vermutet. So bestehen bis zu 75 % des Entwicklungsaufwandes eines Farbfernsehgerätes mittlerer Preis- und Qualitätsklasse und über 30 % der Entwicklungskosten eines Mittelklassewagens mittlerweile aus den Kosten für die entsprechende Softwareentwicklung.[1] Die Softwarebranche macht heute etwa 0,7 % des Marktes für die Erstellung von Produkten und Dienstleistungen in der Bundesrepublik aus, was nicht nur ihre wirtschaftliche, sondern auch technologische Bedeutung unterstreicht.[2]

„Softwareentwicklung nur ist etwas für junge Leute!" Auch dieser Gemeinplatz stellt eher ein hartnäckiges Vorurteil und – als Folge – eine *self-fullfilling prophecy* dar. Im *smalltalk* kann man immer wieder hören, man könne sich einen 60-Jährigen Systemanalytiker als Mitarbeiter nicht vorstellen, geschweige denn einen Programmierer[3] in diesem Alter, der noch Quellcodes schreibe. Fragt man hartnäckig weiter, warum man sich das nicht so recht vorstellen könne, werden die Antworten rasch diffus und die übliche Einschätzung einer Leistungsverminderung im

---

[1] Zu dieser Abschätzung kommt Lewerentz (1998), mündliche Mitteilung. Allein im deutschen Maschinenbau lag bereits 1998 der Wertanteil der Software bei 10 % der Wertschöpfung.

[2] Dies ist gerechnet nach Angaben der BITKOM (1999). Der Marktanteil der Software am deutschen Gesamtmarkt für Informations- und Kommunikationstechnologien betrug 1999 25 Mrd. DM bzw. 12 %. Die Entwicklung von Software gewinnt einen immer höheren Stellenwert in der deutschen Wirtschaft. Deutschland ist mit einem Anteil von ungefähr 8,4 % am Weltmarkt der Computer- und Informationstechnik beteiligt, was immerhin ca. ¼ des gesamteuropäischen Anteils entspricht. Dieser Wirtschaftszweig beschäftigt allein in Deutschland mehrere hunderttausend Menschen direkt und viel mehr indirekt (ROHR 1996, S.16–17). In den letzten Jahren dürften sich diese Zahlen wohl noch erhöht haben.

[3] Auch hier ist eine Asymmetrie zwischen Programmierern und Programmiererinnen feststellbar. Ansonsten erlauben wir uns, zur sprachlichen Vereinfachung dem Spruch zu folgen: *Pueri appellatione etiam puella significatur.* (Mit dem Begriff ›Jungen‹ werden auch Mädchen bezeichnet)., Aus: Corpus Iuris Civilis, Digestae 50. 16,163,1 zit. nach: Digitale Bibliothek Band 27: Lexikon lateinischer Zitate, S. 8815 (c) Nr. 8755 Directmedia.

Alter, auch im geistigen Bereich, bei der Bewältigung formaler, logischer oder mathematischer Aufgabenstellungen, in Theorie und Konstruktion, werden ins Feld geführt.

Nun mag es auffällig sein, dass viele künstlerische, mathematische und theoretische Glanzleistungen überwiegend von jungen Leuten im Alter zwischen 18 und 30 Jahren vollbracht wurden.[4] Aber der König der Mathematik, G.W. Gauß, steht als Gegenbeispiel gegen eine vorschnelle Verallgemeinerung: Gauß entwickelte im Alter von 55 Jahren das geomagnetische Maßsystem.[5]

Nun hat die Softwarebranche gegenwärtig *noch* keine Probleme, die mit der demographischen Veränderung der Beschäftigtenzahlen in unserem Lande und auch den anderen Industrieländern zusammenhängen. Auch ist die gegenwärtige Diskussion um die Beschäftigung ausländischer Spezialisten im Softwarebereich und deren rechtlich-administrativer Regelung (die sog. Green-Card Diskussion) zunächst einmal kein Altersproblem, sondern ein Problem der raschen Verfügbarkeit hinreichend ausgebildeter Fachkräfte auf einem bestimmten, vergleichsweise engen Gebiet im eigenen Land.

Die Situation der demographischen Veränderung wird aber die Softwarebranche in der kommenden Zeit sehr wohl tangieren. Deshalb wird ein vorausschauendes Personalmanagement gerade in diesem, oft auf Jüngere zentrierten, Bereich zunehmend nötig werden. Dafür gibt es vornehmlich zwei Gründe:

- die aktuelle Personalknappheit, welche die Einstellung junger Informatik-Spezialisten zumindest zeitweise (und nach Ansicht mancher Experten noch auf Jahre hinaus) zum Problem macht, da ein Ende des Einstellungsbooms im Softwarebereich noch nicht abzusehen ist,
- die Weiterentwicklung der „innerbetrieblichen Alterspyramide" in den nächsten 10 Jahren, wenn sich die vielen heute jung eingestellten Mitarbeiter in die Altersgruppe der 40-Jährigen schieben werden.

Das zwingt das Personalmanagement zur Entscheidung zwischen zwei prinzipiell möglichen Standpunkten in Bezug auf ältere Softwareentwickler: Entweder man ist der Meinung, dass die Veränderung des Leistungsspektrums älterer Softwareentwickler eine Beeinträchtigung der Innovationsfähigkeit einer Firma darstellt und man für die anstehenden Aufgaben überwiegend junge Leute rekrutieren muss. Dann entsteht aber durch die demographische Entwicklung eine Verknappung der Ressource „junge Menschen mit entsprechenden Fähigkeiten" erwarten.

---

[4] Vgl. die Darstellung in Biographien von Einstein (Relativitätstheorie 1905, 25. Lebensjahr), Heisenberg (Quantentheorie 1925 im 23. Lebensjahr, Nobelpreis im Alter von 31 Jahren), Galois (Gruppentheorie, starb mit 18. Jahren in einem Duell), Mozart (schrieb im Alter von 6 Jahren erste Sonaten.), um nur einige Beispiele zu nennen.

[5] Vgl. Biermann, K.-R.: Carl Friedrich Gauß. Der „Fürst der Mathematiker" in Briefen und Gesprächen. C.H. Beck, München 1990: „Man ist versucht zu sagen, die Mitte der 1830er Jahre stelle für Gauß einen zweiten Frühling seiner Kreativität dar." S. 141. Vgl. auch den Brief vom 2. 4. 1832 und folgende (S. 142 f.).

Man wird dann auf die Rekrutierung aus Staaten angewiesen sein, die eine andere Alterszusammensetzung als die Industrieländer haben.

Oder man ist der Meinung, dass die Veränderung des Leistungsspektrums älterer Softwareentwickler die Innovationsfähigkeit einer Firma nicht beeinträchtigt und versucht Lösungen zu entwickeln, die einen optimierten Einsatz von altersgemischten Zusammensetzungen der Teams anstrebt. In beiden Fällen liegen die Probleme in einer nahen Zukunft, die jetzt angegangen werden müssen, da die möglichen Gegenmaßnahmen entsprechend lange Zeiträume benötigen, bis sie greifen werden.

Aufgrund der demographischen Entwicklung wird der Anteil der älteren Arbeitnehmer in Deutschland in Zukunft weiter wachsen (Klauder 1993, S. 22). Dies resultiert aus der sinkenden bzw. gleichbleibend niedrigen Geburtenrate und der steigenden Lebenserwartung – die Bevölkerung altert und nimmt zudem ab. Diese Verschiebungstendenzen gehen bis auf das 19. Jahrhundert zurück, sind also nicht erst Ergebnis unserer hedonistisch geprägten Nachkriegsepoche, wie immer wieder gerne behauptet wird. Es handelt sich um ein Problem aller Industriegesellschaften, das letztlich nur durch Zuwanderung oder eine – allerdings nicht absehbare – Veränderung des generativen Verhaltens zu lösen wäre.

Während die demographische Entwicklung in der öffentlichen Debatte um die Finanzierbarkeit von Renten, Pensionen und das Gesundheitswesen eine große Rolle spielte, werden die Folgen dieser soziologischen Entwicklung auf die Struktur der Bevölkerung im erwerbsfähigen Alter (15–64 Jahre) kaum thematisiert, ebenso wenig die Folgen für die Konkurrenzfähigkeit und Innovationskraft der Unternehmen, der Selbständigen und Erwerbstätigen. Der Zukunftsreport (1999) kommt zum Schluss:

> „Viel dramatischer als der Rückgang der absoluten Zahl der Erwerbsfähigen ist allerdings die Veränderung ihrer Alterszusammensetzung, da die Zahl an Nachwuchskräften langsam aber kontinuierlich abnimmt und die Gruppe der Erwerbsfähigen bis 2020 ständig wächst.
>
> So ist der Anteil der Altersgruppe der 15–24-Jährigen bereits in den letzten Jahren geschrumpft, derjenige der 25–34-Jährigen wird in den nächsten Jahren deutlich abnehmen. Das sind die Gruppen, die von den Unternehmen als Nachwuchsreservoir genutzt werden und dort als besonders leistungsfähig gelten. Daher werden voraussichtlich im Jahr 2030 in diesen Altersklassen mehr als ein Viertel und im Jahr 2040 knapp ein Drittel (7 Millionen) weniger Erwerbstätige dem Arbeitsmarkt zur Verfügung stehen. Mit einem Verzögerungseffekt schlägt diese Entwicklung ab 2010 auch auf die mittlere Altersgruppe der 35–44-Jährigen durch, die ebenfalls bis 2040 um ca. ein Viertel (3,8 Millionen) abnimmt. Die Gruppe der älteren Erwerbsfähigen nimmt dagegen bis 2020 um bis zu knapp einem Viertel (4,7 Millionen) zu.
>
> Immer weniger Erwerbsfähigen unter 45 Jahren (–10,1 Millionen) stehen in Zukunft immer mehr ältere Erwerbsfähige (bis 2020 4,7 Millionen) gegenüber. Dies wird zu alternden Belegschaften führen."[6]

---

[6] Pack (1999), S. 9.

Gelegentlich schwankt die Diskussion zwischen drastischen Darstellungen und der Aufforderung, die Situation weniger dramatisch zu sehen. Weit verbreitet ist jedoch die Meinung, dass die jüngeren Mitarbeiter einen größeren Anteil am Erfolg der Innovationen haben, als die älteren Arbeitnehmer. Sollte diese Meinung zutreffen, wäre aufgrund der demographischen Entwicklung für den Standort Deutschland eine Verschlechterung der Wettbewerbsfähigkeit zu erwarten. Dies müsse dann gerade auch für eine so jugendzentrierte Branche wie die Softwareentwicklung gelten.

Insbesondere die Softwareerstellung ist in extremer Weise auf den Know-how Transfer über Köpfe angewiesen. Dies hängt mit der spezifischen Struktur der Softwareentwicklung selbst zusammen. Sie ist auf aktuelles Fachwissen angewiesen, welches in immer kürzeren Zeiten seinen Wert zu verlieren scheint, also nicht mehr aktuell gebraucht wird. Deshalb „saugt" diese Branche dauerhaft den juvenilen Arbeitsmarkt leer, wirbt die besten der Studierenden in Informatik schon vor dem Vordiplom von den Hochschulen ab und drängt auf eine Erweiterung der jüngst diskutierten Green Card Lösung. Junge, kostengünstige hochqualifizierte Fachleute mit einem spezifischen, sofort ohne weitere Trainings- oder Weiterbildungsmaßnahmen einsetzbaren Know-how werden gesucht, „notfalls" und vielleicht gerade wegen des damit einher gehenden Lohndumping-Effekts, der auch früher oder später für den inländischen Arbeitsmarkt erwartet wird, auch aus dem Ausland.

Geht man davon aus, dass sich die einzelnen Unternehmen auch personalwirtschaftlich rational verhalten, d.h. von Optimierungsüberlegungen geleitet werden, liegt die Vermutung nahe, dass die kurzfristige und befristete

Einstellung jüngerer Know-how-Träger als kostengünstiger angesehen wird als die permanente Qualifizierung des vorhandenen und in der vorhandenen Zusammensetzung zunehmend alternden Personals. Auch kann die politisch als untrüglich apostrophierte Diskrepanz zwischen den hohen Arbeitslosenziffern in Deutschland und dem leer gefegten Arbeitsmarkt in der Softwareentwicklung wohl nur so verstanden werden, dass der Qualifizierung einer großen Zahl von Arbeitslosen gerade für diese anspruchsvollen Tätigkeiten offenbar Grenzen gesetzt sind, Grenzen, die in der bildungspolitischen Debatte bis vor kurzem noch als sorgsam gehütetes Tabu galten.

Angesichts dieser Situation stellen wir diesen Bericht über das vom BMB+F geförderte Projekt über „Innovationsfähigkeit und veränderte Altersstrukturen" die Frage, ob Softwareerstellung nur etwas für junge Leute sei.

1.1 Zur spezifischen Situation der Softwareentwicklung

Die Softwareentwicklung ist ein Prozess, in dem – auch befördert durch den stetigen Ausbau der Leistungsfähigkeit der Hardware – immer neue Möglichkeiten entstehen, die Programmiersprachen und -stile einem ständigen Wandel unterziehen und im Zuge der Globalisierung einem hohen Konkurrenzdruck ausgesetzt sind (Berndes, Lünstroth, 1998, S. 5 und 14).

Man kann die Softwareentwicklung als eine Tätigkeit der Beschreibung, der Konstruktion und Modellierung von Prozessen betrachten. Das Produkt besteht dabei nicht mehr aus einem funktionsfähigen Apparat wie bei den klassischen konstruktiven Ingenieurtätigkeiten, sondern aus einem Text, der eine Abfolge von Prozessschritten definiert. Die Definition der Schritte entstammt einem Arbeitsprozess, der in ein Computerprogramm zu übertragen ist. Deswegen besteht ein für die Effektivität und Qualität des Programms wesentlicher Teil der Softwareentwicklung in einer adäquaten Analyse und Festlegung und Kontrolle der wiederzugebenden Prozessschritte. Im Laufe der 80er Jahre verbreitete sich diese Ansicht zunehmend unter Informatikern, die nun erkannten, dass eine lineare Beschreibung dieser Tätigkeit im sog. Wasserfallmodell, in der die Phasen der Softwareentwicklung in einzelnen Schritten ohne Rückkopplungsschleifen aufeinanderfolgen,[7] entscheidende Bestandteile des Entwicklungsprozesses nicht beinhalte (Kornwachs, 1992, S. 20).

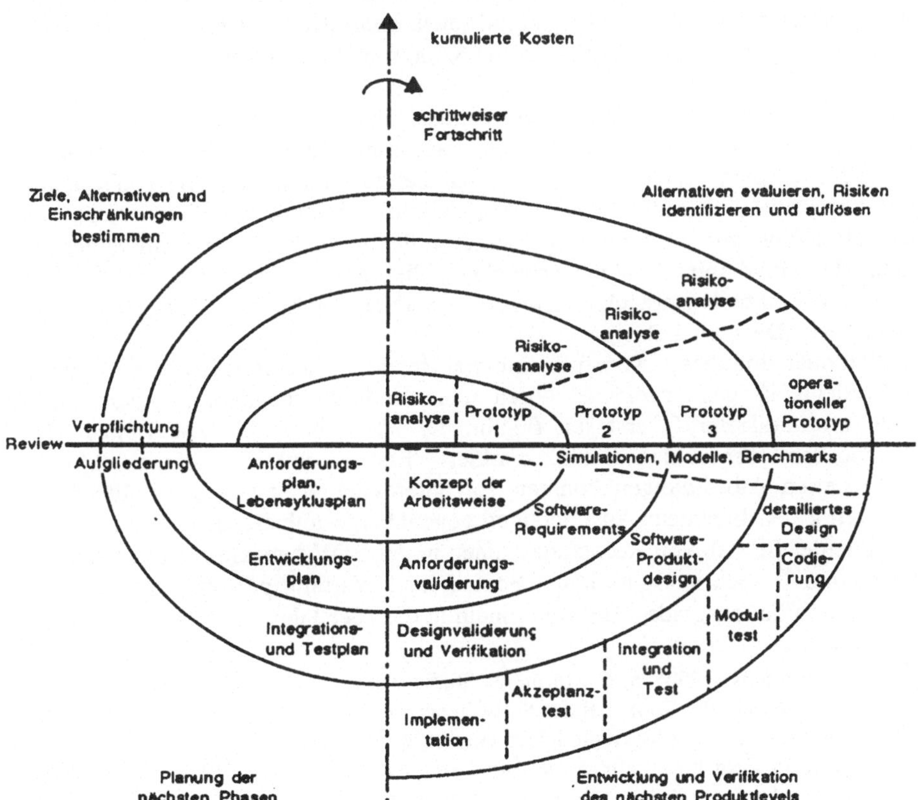

Abb. 1: Das Spiralmodell der Softwareentwicklung nach Boehm (1988)

---

[7] Vgl. auch Abb. 5 in Kap. 2.2.

Ein wirklichkeitsgerechteres Modell sieht nicht einfach einen einmaligen Durchlauf der Phase der Analyse des zu modellierenden Prozesses vor, sondern berücksichtigt, dass anhand von Vorstufen und Prototypen eine Erprobung der anfänglichen Analysephase stattfinden muss. Der am weitesten gehende theoretische Ansatz für einen iterativen Prozess der Softwareentwicklung stellt das Spiral-Modell von Boehm (1988) dar. Es berücksichtigt mehrere Durchläufe eines Zyklus, der aus den Phasen Analyse – Erstellung eines Prototypen – Test – erneute Verbesserung besteht (Abb. 1).

Das Modell von Boehm illustriert am treffendsten die schrittweise Hinzunahme und Präzisierung des Softwareprogramms durch die Anwendung des Prototyps und dessen kontinuierliche Verbesserung, nachdem der zu modellierende Prozess im Test wiederum ein Stück besser verstanden worden ist. Floyd (1989) macht deutlich, dass es sich bei diesem Vorgang um eine „Realitätskonstruktion" handelt, die unter einer bestimmten Perspektive steht, nämlich dem jeweiligen Verwendungsinteresse. Da in der Softwareentwicklung die ineinander verschränkten Realitätsbereiche der Anwenderwelt, der Instrumente (Tools) und der Methoden, Konzepte und Modellvorstellungen auftreten, kann der Entwicklungsprozess nur iterativ erfolgen und aus Konflikten und Kompromissen zwischen den verschiedenen Perspektiven bestehen.

Daraus zog Floyd (1989) den Schluss, dass man Anforderungen aus der Realität nicht analysiert, sondern konstruiert, dass man Methoden nicht nach Passung auswählt, sondern diejenigen nutzt, die man beherrscht, und dass die Tools als Realisierungsmittel ebenfalls den Niederschlag einer bestimmten Weltsicht darstellen. Dies führt zur Forderung nach einer anderen Methodik der Softwareerstellung, die Floyd mit „Design" bezeichnet, die sich an dialogisch ausgerichtete Gruppenarbeit beim Entwicklungsprozess orientiert und die selbst Gegenstand von Dialog ist: „Designing Design"![8]

Wer aber sind diese „Konstrukteure von Realität"? Das Berufsbild der Computerfachleute ist gekennzeichnet durch seine Undurchschaubarkeit. Zwar finden sich Informatik-Berufe erst seit Beginn der 70er Jahre, da diese Dekade den Anfang der Hochschulausbildung markiert.[9] Erst die mit Hochschulabschlüssen zertifizierten Ausbildungen konnten von interessierter Seite berufspolitisch als vollwertig den Ingenieur-Ausbildungen gegenübergestellt werden. Allerdings erforderte der Betrieb von Rechenmaschinen in der EDV bereits spätestens seit den 50er Jahren[10] auch in Deutschland Bedien- und Wartungspersonal unterschiedlichen Qualifikationsgrades. Bis weit hinein in die 70er Jahre beherrschten dement-

---

[8] Vgl. Kornwachs (1992), S. 61. In dieser Studie wurde die Hypothese untersucht, dass sich die Auswahl der Tools bei der Softwareentwicklung auf Qualität und Performance der Anwendung von Softwareprodukten entwickelt.

[9] Während im Fach Informatik in der Bundesrepublik Deutschland 1973 insgesamt 167 bestandene Diplomprüfungen zu verzeichnen waren, stiegen dies Zahlen 1980 auf 905 und 1990 auf 3693 (Hartmann, 1995, S. 36).

[10] Das kann man an älteren Unternehmen der Banken- und der Versicherungsbranche zeigen, in denen frühzeitig Großrechner und entsprechende Software-Programme installiert wurden.

sprechend Umschüler und Seiteneinsteiger das Bild der Datenverarbeitung und der Entwicklung von Software. Kaufmännische Angestellte, in Zeiten des Personalmangels sogar Bäcker und Theologen, Mechaniker und Lehrer, ließen sich zu „Computerfachleuten" umschulen. Für eher leitende Funktionen und stark mit technischen Anwendungen verflochtenen Softwareentwicklungen wurden bis hinein in die 80er und 90er Jahre bevorzugt Physiker und Ingenieure als Seiteneinsteiger für den Softwaresektor gewonnen. In Zeiten des Fachkräftemangels hält dieser Trend auch heute noch an, obwohl sich die Anforderungen aufgrund gewachsener Komplexität der Hardware-Grundlage (z.B. in Form der Netzwerkstrukturen) und der Programmierkonzepte (z.B. der objektorientierten Programmierung) stark erhöht haben.

Neben der Problematik sich schnell wandelnder Anforderungen, an welche sich ein fixes, über Jahrzehnte stabiles Berufsbild gar nicht so schnell anpassen kann, besteht ein weiterer Grund der Unübersichtlichkeit auch in der Vielzahl möglicher Tätigkeiten und entsprechender differenzierter Berufsbezeichnungen.[11] In letzter Zeit haben sich die Bemühungen der IT-Verbände und der Gesetzgeber auf zwei vorrangige Strategien der Verbesserung der Berufs- und Ausbildungssituation konzentriert:

- Zum Herbst 1997 wurden vier neue Ausbildungsberufe für IT-Fachkräfte ins Leben gerufen. Aufgrund rasch steigender Nachfrage nach IT-Qualifikationen im Bereich unterhalb von Hochschulabschlüssen wächst hier auch ein Hort von Fach-Programmierern heran.
- Aufgrund der Einsicht, für die neu geschaffenen Ausbildungsberufe längerfristige Perspektiven zu schaffen und das lebenslange Lernen zu unterstützen, ergeben sich Aktivitäten, das Weiterbildungssystem im IT-Bereich zu straffen, durchsichtiger zu gestalten, allgemein anerkannte Zertifizierungen sowie die Übergangsmöglichkeiten zu höheren Qualifikationen bereitzustellen.

1.2 Ziel und Aufbau des Berichtes

Das vom Bundesministerium für Bildung und Forschung geförderte Projekt INVAS[12] (**Innovation bei veränderten Altersstrukturen**) wurde in Zusammenarbeit mit dem Lehrstuhl für Arbeitswissenschaft der TU Chemnitz, dem Institut für Ar-

---

[11] Die Schweizerische Vereinigung für Datenverarbeitung ist seit Jahren sehr rührig in der Definition und Vereinheitlichung von Berufsdefinitionen in der Informatik. Im Februar 2000 erschien die seit 1986 zum fünften Mal überarbeitete Auflage einer Funktionsbeschreibung von 80 Tätigkeitsbereichen (Stellen oder Rollen) mit der Darstellung von Kern- und Nebenkompetenzen (SVD, 2000). Rohr (1996) gruppiert über 180 Berufs bzw. Tätigkeitsbezeichnungen unter 23 Funktionsbezeichnungen. Nach Angaben des Statistischen Bundesamtes belief sich die Zahl der DV-Berufe 1980 auf 126 und zehn Jahre später auf 243 (Roth, 1992, S. X)

[12] Förderkennzeichen: 01HH9609/8

beitsorganisation der Fraunhofer-Gesellschaft Stuttgart und dem Lehrstuhl für Technikphilosophie der BTU Cottbus durchgeführt.

Aufgabe dieses Forschungsprojektes war es, die Auswirkungen der demographischen Entwicklung in Deutschland auf die Innovationsfähigkeit der Unternehmen zu überprüfen. Während sich die TU Chemnitz mit der Situation älterer Mitarbeiter in physisch belastenden Aufgaben in der Montage beschäftigte, setzte sich die BTU Cottbus mit den geistig-kreativen Tätigkeiten der Mitarbeiter in der Softwareentwicklung auseinander. Eine Verteilung der thematischen Arbeitsgebiete auf die Projektteilnehmer kann der Abb. 2 entnommen werden.

Das von der BTU Cottbus als Teilprojekt des INVAS-Forschungsvorhabens durchgeführte Forschungsprojekt untersuchte Möglichkeiten, die eine sinnvolle Integration älterer Mitarbeiter in den Innovationsprozess innerhalb der Softwareentwicklung ermöglichen. Im Mittelpunkt der Betrachtungen standen dabei unternehmensstrukturelle Rahmenbedingungen, die positiv auf den Mitarbeiter in der Softwareentwicklung wirken, so dass dieser sich weiterqualifiziert und flexibel bleibt. Gleichfalls wurde gefragt, ob und welchen möglichen Beitrag der ältere Mitarbeiter zur Innovationsfähigkeit des Unternehmens beitragen können (Berndes, Lünstroth, 1998, S. 26–27).

Im Laufe der Durchführung des INVAS-Projektes kristallisierten sich folgende drei Untersuchungsbereiche heraus:

1. Laufbahnplanung,
2. innovative Weiterbildung für die Mitarbeiter der Softwareentwicklung, sowie
3. weitere Möglichkeiten des Organisations- und Personalmanagements.

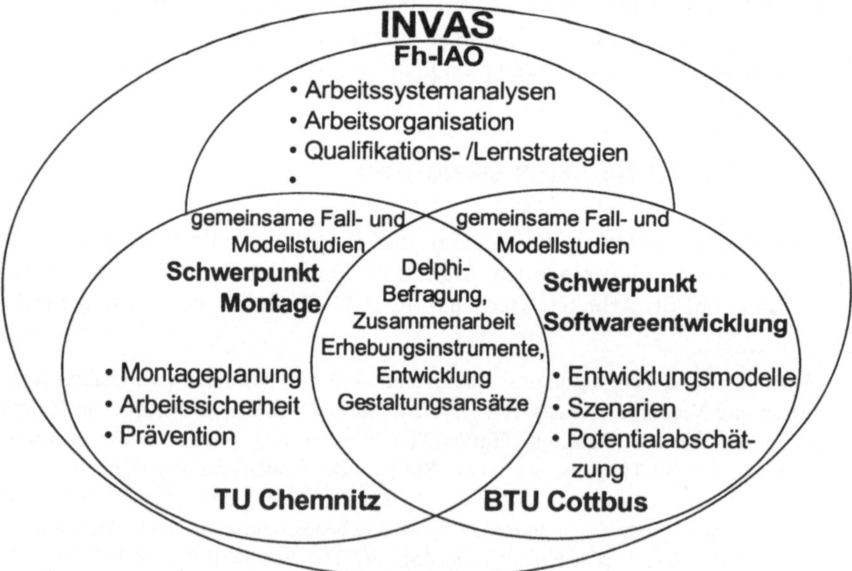

Abb. 2: Zusammenarbeit im INVAS-Projekt (Berndes, Lünstroth 1998, S. 26)

Damit ergeben sich eine Reihe von Fragen: Woran liegt es, dass trotz bestehender Möglichkeiten und durchaus vorhandener positiver Beispiele das Bild des älteren Mitarbeiters in der Softwareentwicklung in vielen Unternehmen negativ ausfällt und teilweise auch auf entsprechende Beispiele verwiesen wird? Können ältere Mitarbeiter unter geänderten, förderlichen Rahmenbedingungen längerfristig in diesem innovativen Tätigkeitsbereich beschäftigt sein? Welche unterstützenden Maßnahmen muss das Personal- und Weiterbildungsmanagement dazu ergreifen?

Mit den Ergebnissen des Forschungsprojektes INVAS wird versucht, eine Antwort auf diese Fragen aus dem Gesamtzusammenhang der Bedingungen im Tätigkeitsfeld der Softwareentwicklung heraus zu geben. Dazu wird zunächst die Softwareentwicklung als spezifisches Tätigkeitsfeld hochqualifizierter Dienstleistung vorgestellt, auf die Entwicklung der Unternehmens- und Qualifikationsstrukturen eingegangen und die im Tätigkeitsfeld benötigten Leistungspotenziale dargestellt. Vor diesem Hintergrund kann dann das Bild des älter werdenden Entwicklers diskutiert werden, das bei den jüngeren Mitarbeitern in den Software entwickelnden Unternehmen überwiegend zu bestehen scheint. Konfrontiert man jedoch dieses Bildes mit dem Wissen, das aufgrund gerontologischer Forschungen heute von der Leistungsfähigkeit Älterer besteht, so besteht die Chance, dass man auch in den Betrieben eine vorurteilsfreie Perspektive erreichen könnte. Abschließend werden Konzepte vorgestellt und Maßnahmen diskutiert, die dazu geeignet erschienen, die Situation älter werdender Softwareentwickler zu verbessern.

Im Einzelnen werden in den Kapiteln folgende Themen angesprochen:

- Das Kapitel 2 konzentriert sich auf eine Untersuchung der Bedingungen innovativer Tätigkeit in Softwareprojekten. Dabei wird deutlich, dass verschiedene Innovationsstrategien in den softwareentwickelnden Unternehmen unterschieden werden können. Diese führen in der Folge dann auch zu unterschiedlichen organisatorischen Vorgaben in Bezug auf die Tätigkeit der Entwickler. Es stellt sich heraus, dass die organisatorischen Rahmenbedingungen mit der Branche, für die die Software entwickelt wird, eng zusammenhängen. Aus den Rahmenbedingungen resultieren jeweils andere Tätigkeitsbedingungen für ältere Mitarbeiter.

  Da Softwareentwicklung in der Regel eine projektbezogene Arbeit in Teams ist, wird in diesem Kapitel auch auf die Ablauforganisation der Softwareprojekte eingegangen. Aufbauend auf üblichen Phaseneinteilungen des Projektablaufs konnte eine Analyse der in der Softwareentwicklung wesentlichen Leistungspotenziale durchgeführt werden.

- Im Kapitel 3 werden Antworten auf die Frage gegeben, wie es in den softwareentwickelnden Unternehmen zu einem eklatant pauschalen negativen Image des älteren Mitarbeiters kommen konnte. Anhand der Fallstudien in Unternehmen unterschiedlicher Größe, Branchenzuordnung und Innovationsstrategie werden die organisatorischen Ursachen erläutert und Beispiele vorgestellt. Die Existenz positiver Beispiele der Mitarbeit älterer Softwareentwickler in den Teams führt dann weiter zu der Frage, ob es unter anderen Rahmenbedingungen zu einer Intensivierung der Beschäftigung von älteren Entwicklern kommen kann.

- Das Kapitel 4 wendet sich georontologischen Forschungsergebnissen zu, um aus der Perspektive der Alternsforschung Hinweise darauf zu bekommen, ob einer Tätigkeit älterer Mitarbeiter in der Softwareentwicklung generelle, mit zunehmendem Alter auftretende Defizite entgegenstehen. Dazu werden die in der Analyse der in den einzelnen Phasen eines Softwareentwicklungsprojektes beim Mitarbeiter notwendigen Leistungspotenziale[13] aus dem zweiten Kapitel benutzt. Diese Leistungspotenziale werden mit den Ergebnissen der Alternsforschung untersetzt und damit Aussagen über sich mit dem Alter (und ggf. unter bestimmten Rahmenbedingungen) verbessernde oder verschlechternde Leistungspotenziale für die Tätigkeit in der Softwareentwicklung erhalten. Anhand dieser Vorarbeiten kann eine Einschätzung über die günstige Altersmischung in Entwicklungs-Teams in den verschiedenen Projekt-Phasen vorgelegt werden.
- Unter bestimmten Bedingungen sind positive Effekte der Beschäftigung von erfahrenen älteren Entwicklern für die Innovationsfähigkeit der softwareentwickelnden Unternehmen zu erwarten. Zu diesen Bedingungen zählt eine erhöhte Eigeninitiative des Mitarbeiters, aber auch eine vergrößerte Förderung dieser durch Maßnahmen des Personal- und Weiterbildungsmanagements vorsehen, Welche Maßnahmen dazu in kurz- und mittelfristiger Perspektive zu ergreifen sind, soll Kapitel 5 zeigen. Dort werden insbesondere Konzepte zur Laufbahnplanung mit Betonung einer innovationsorientierten Weiterbildung und zur Festlegung von Rollen für ältere Softwareentwickler vorgestellt.
Diese Vorschläge zu diversen Maßnahmen wurden in drei Tiefenfallstudien mit Unternehmenspraktikern diskutiert.[14] An den Tiefenfallstudien waren Unternehmen unterschiedlicher Größe beteiligt, vom Kleinunternehmen mit etwa 20 Beschäftigten bis hin zum Großunternehmen mit über 400 Softwareentwicklern. Anhand dieser Unternehmen wird exemplarisch die mögliche Anwendung der vorgelegten Konzepte besprochen.
- Der Anhang rundet das aus der Analyse erhaltene Bild der Situation älter werdender Mitarbeiter in der Softwareentwicklung und die zukünftigen Beschäftigungsmöglichkeiten ab. In ihm finden sich Kurzportraits der 16 Unternehmen der Kurzfallstudien und ihre Klassifizierung nach Größe, Unternehmenstyp und Innovationsart sowie die ausführlichen Ergebnisse der Analysen und Maßnahme-Diskussionen in den drei Tiefenfallstudien-Unternehmen.

Das vorliegende Buch ist jedoch nicht nur ein Report über dieses Projekt. Es will an den Stellen, an denen es geboten erscheint, auch einige Reflexionen mit aufnehmen, die im Pflichtenheft des Projekts so nicht erschienen und die sich den Bearbeitern während des Projekts gestellt haben – dies hängt unmittelbar damit zusammen, dass die Institution, zu der die Bearbeiter gehören bzw. gehörten, ein Lehrstuhl für Technikphilosophie ist.

---

[13] Diese Analyse wurde durch eine Expertenbefragung zu den wesentlichen Leistungspotenzialen in den verschiedenen Phasen eines Softwareprojektes abgesichert.

[14] Zusätzlich wurden die Maßnahmenvorschläge in Workshops mit Unternehmenspraktikern und Informatik-Experten besprochen.

Kapitel 2

Softwareentwicklung
als Tätigkeitsfeld geistig-kreativer Arbeit

Die Entwicklung von Software ist eine innovative Tätigkeit. Sie erfordert ein hohes Maß an aktuellem technischen Fachwissen und die Fähigkeit zur Verbindung dieses Wissens mit Kundenwünschen in kreativen Gestaltungsideen für die Software-Programme. Erst das Zusammenkommen dieser beiden Elemente, Neuheit und kundenorientierte Arbeit, macht erfolgreiche Innovationen möglich.

Die Softwareentwicklung ist damit vergleichbar der Ingenieurarbeit, also traditioneller Konstruktions- und Entwicklungstätigkeiten.[15] Über die Ingenieurtätigkeit hinausgehend zeichnet sie sich jedoch durch einen besonders schnellen Wandel der technologischen Grundlagen aus. Diese technologische Entwicklung, die zunehmend zu komplexeren Produkten führte, verläuft darüber hinaus auch nicht ohne Sprünge. Den stetigen Veränderungen (neue Varianten und Produktlinien, Standard-Softwarepakete und graduelle Hardware-Verbesserungen) ist in der Vergangenheit bis heute ein Zyklus massiver Änderungen der zugrundeliegenden Konzepte überlagert.

Bisher veränderten sich in etwa alle 10–15 Jahre grundlegende Strukturen der Programmierung (von der strukturierten zur objektorientierten Programmierung) und der priorisierten Hardware-Struktur (vom Mainframe zum PC und weiter zu Client-Server-Architekturen).[16] Diese längerfristigen Entwicklungen laufen parallel zu dem kurzfristigen Wandel von Technologien in einem Prozess beinahe kontinuierlicher Neuschöpfung. Bestimmte, einmal dominante Programmiersprachen, Datenbankkonzepte, Tools etc. verschwinden oder erhalten einen nur marginalen Platz. Auch wandeln sich die Weisen, wie man die Softwareentwicklung als Prozess modelliert.[17]

---

[15] Floyd (1992) vergleicht Softwareentwicklung mit einer Realitätskonstruktion. Unbestritten kann man aber wohl sagen, dass jedes Programm, das sich auf Funktionalität, Oberfläche und organisatorische Hülle eines technischen Gerätes, das mit ihm gesteuert wird, auswirkt, die individuelle Realität des Benutzers wesentlich mit beeinflusst.

[16] Einen Überblick gibt Roth (1992, Kapitel 2).

[17] Vgl. Kornwachs et al. (1992).

Ähnliche Phänomene der Wandlung kennt man auch in den traditionellen Sektoren der Ingenieurtätigkeit. Allerdings bietet die Softwareentwicklung ein Bild besonders großer Dynamik und zeigt einen damit verbundenen rapiden Wissensverfall. Aufeinander folgende Phasen neuartiger Konzepte entwerteten das einmal in der Erstausbildung erworbene Wissen stark – bei spezialisiertem Wissen ist diese Entwicklung zum Teil radikal.

Diese Dynamik schlägt sich nicht nur in der Veränderung der Anforderungen an die in der Softwareentwicklung arbeitenden Ingenieure, Informatiker, Techniker und Programmierer, sie schließt sich auch zu der Veränderung der Grundqualifikation (aus der Erstausbildung nieder. Damit einher verändern sich (sowohl als Auswirkung wie als Verursachung) die Entwicklungen einer entsprechenden Unternehmungen und die veränderten Konzepte von Hardware und Software. Dies wurde auch deutlich bei den im vorliegenden Projekt durchgeführten Fallstudien bei Unternehmen der Branche.

2.1 Vergleich zwischen den verschiedenen Unternehmenstypen

In 16 softwareentwickelnden Unternehmen in Deutschland wurden zwischen April 1997 und März 1998 Fallstudien durchgeführt. Dabei stellen die Kurzfallstudien eine stichprobenartige Breitenuntersuchung des Tätigkeitsfeldes Softwareentwicklung dar, da ein weites Spektrum an unterschiedlichen softwareentwickelnden Unternehmen abgedeckt wurde.[18] Das Spektrum reichte von Computerspielen, Datenbanken (8), Druckerausgabe, Luft- und Raumfahrttechnik, Medizintechnik, Nachrichtentechnik, Netzwerke (2), Systemlösungen, Verwaltung/ Buchhaltung (7) und zum Werkzeugmaschinenbau.[19]

---

[18] Darüber hinaus wurden Unternehmen ausgewählt, die auch in der Altersstruktur unterschiedliche Ausprägungen aufweisen. Die folgende Tabelle zeigt das Durchschnittsalter der Mitarbeiter in der Softwareentwicklung, aufgetragen gegen das Gründungsdatum des Unternehmens bzw. der Software-Unternehmenseinheit:

	vor 1980	1980–84	1985–89	1990/91	1992/93	1994/95	Summe
24–27				1*		1	2
28–31			1	1	1		3
32–35	3*	1				1*	5
36–39	1				3		4
40–43	2			1*		1	4
Summe	6	1	1	3	4	3	18

In den Unternehmen/Unternehmensbereichen, die mit (*) gekennzeichnet sind, wurde eine Tiefenfallstudie durchgeführt.

[19] Die 16 Unternehmen der Kurzfallstudien stellen Software für die genannten 10 Branchen her. Da die Unternehmen teilweise für mehrere Branchen Softwareprodukte herstellen, kommen Doppelnennungen von Branchenzuordnungen aus einem Unternehmen vor. In Klammern ist die Anzahl der Unternehmen vermerkt, die die betreffende Branche nannten.

Nach den Erfahrungen aus den Kurzfallstudien über die jeweilige Unternehmensgeschichte und aus der Kenntnis des Hintergrundes der Entwicklung des Softwaremarktes[20] wurde eine Klassifizierung verschiedener Unternehmenstypen vorgenommen, die sich nach dem Verwendungszweck richtet, also nach dem Branchenbereich, für den die Software produziert wird. Dadurch kann man eine Unterscheidung der softwareentwickelnden Unternehmen, die sich auf die Struktur der Unternehmen beziehen, nach folgenden Produkt-Typen vornehmen:

- Standard-Software (Nicht individuell für einen Kunden hergestellte, z.B. Büro-, Datenbank-, Internet-Anwendungs-Software.)
- Software für technische Produkte (z.B. für Werkzeugmaschinen, in der Medizintechnik, in der Luftfahrt oder bei der Kraftwerkssteuerung)
- Software für Geschäftsprozesse (Individuell für Kunden erstellte oder angepasste Software für Verwaltung/Buchhaltung, Management, etc.)
  - für unternehmensinterne Kunden (z.B. in großen Banken und Versicherungen)
  - für externe Kunden.

Die Unternehmenstypen[21] unterscheiden sich dabei nicht nur in der Art der Softwareprodukte, sondern auch in ihrer Unternehmensgeschichte, der Dauer ihrer Existenz und der Unternehmensgröße. Sie zeigen z.T. auch eine jeweils typische Unternehmensorganisation.[22] Diese resultiert hauptsächlich aus unterschiedlichen Innovationsstrategien. In einer groben Unterscheidung kann man daher zusätzlich zwischen Unternehmen mit langsameren und schnelleren Produktzyklen differenzieren. Bevor auf den Einfluss des Unternehmenstyps sowie die Bedeutung der unterschiedlichen technologischen und organisatorischen Entwicklungspfade der softwareentwickelnden Unternehmen für die Qualifikation und Weiterbildung der Softwareentwickler eingegangen wird, sollen diese Differenzierungen kurz erläutert werden.

Die Zuordnung zu Großunternehmen oder Kleinunternehmen[23] hat primär die Funktion, das anders geartete Potenzial des jeweiligen Unternehmens im Bereich

---

[20] Roth (1992, Kapitel 2), Rohr (1996, insbesondere die Kapitel 4 und 5) sowie Hartmann (1995, Kapitel 3).

[21] In der INVAS-Expertenbefragung wurde diese Typenbildung überprüft. Die 29 an der ersten Phase der Delphi-Befragung beteiligten Experten gaben an, über folgenden Unternehmenstyp Angaben machen zu können (Doppelnennungen waren möglich): Software für technische Produkte (24 %), Software für Geschäftsprozesse für externe Kunden (52 %), Software für Geschäftsprozesse für unternehmensinterne Kunden (45 %), Standard-Software (34 %).

[22] Vgl. die anonymisierten Zusammenfassungen der Ergebnisse aus den einzelnen Kurzfallstudien im Anhang sowie die soziotechnische Auswertung der Fallstudien in Berndes (2000).

[23] Der Unterscheidung der Größe des Unternehmens lag in dieser Untersuchung das Kriterium der Gesamtanzahl der Mitarbeiter zugrunde. (Großunternehmen haben mehr als 3000 Beschäftigte, mittelgroße Unternehmen zwischen 500–3000 Beschäftigte und kleine Unternehmen unter 500 Beschäftigte. Die Unterscheidung der Unternehmensgröße kann man aber häufig auch an der Anzahl und dem Umfang durchgeführter Projekte und Teams aufzeigen, wie sich in den Kurzfallstudien zeigte.

des Personal- und Weiterbildungsmanagements, der Durchführung von Laufbahn-planung und Weiterbildungsmaßnahmen aufgrund der personellen und der finan-ziellen Ausstattung zu thematisieren. Sie ist also insbesondere für die Auswahl ge-eigneter Maßnahmen von Bedeutung.[24] Demgegenüber stellen die Innovations-typen organisatorische Vorbedingungen der Tätigkeit in der Softwareentwicklung dar.[25] Deshalb orientieren sich die Innovationsarten stark an den Unternehmensty-pen. Diese Differenzierung nach Innovationstyp und Unternehmensgröße[26] lassen sich in einem Schema wiedergeben (vgl. Tabelle 1).

Nach den Ergebnissen der Fallstudien sind diese Innovationsprozesse folgen-dermaßen zu charakterisieren.

(1) Der Innovationsprozess I ist gekennzeichnet durch einen schnellen Produkt-zyklus. In Unternehmen des Typs „Software für technische Produkte" findet sich entsprechend dieses ständigen Wandels als typische Situation, dass alle Mitarbei-ter den Übergang zum neuen Innovationszyklus mitmachen, da ihnen klar ist, dass beim älteren Produkt in absehbarer Zeit nach Entwicklungsende nur noch wenig herausfordernde Tätigkeiten im Wartungsbereich auftreten werden, ihre Erfahrung aber in den neuen Projektteams geschätzt und gebraucht wird.[27]

(2) Der Innovationsprozess II gestaltet sich als langsamer Produktzyklus, da die hier zuzuordnenden Unternehmen des Typs „Software für Geschäftsprozesse für unternehmensinterne Kunden" an einer hohen Datenverarbeitungssicherheit und langem Gebrauch von Software-Programmen interessiert sind. Auch ältere Pro-

---

[24] Hinsichtlich der geringeren finanziellen und personellen Ausstattung kann z.B. generell angenommen werden, dass Kleinunternehmen größere Schwierigkeiten haben, arbeits-technische Kompensation während der Durchführung von Weiterbildungsmaßnahmen einzelner Mitarbeiter anzubieten. Dasselbe gilt für die Gewährung von finanzieller Un-terstützung.

[25] Für die im INVAS-Projekt untersuchten softwareentwickelnden Unternehmen bzw. Software-Unternehmenseinheiten ist in der folgenden Tabelle die Anzahl der Mitarbeiter in der Softwareentwicklung zusammen mit dem jeweiligen Gründungsdatum eingetragen:

	vor 1980	1980–84	1985–89	1990/91	1992/93	1994/95	Summe
3–10					1	1	2
11–30				2*	1		3
30–100	1		1		1		3
100–300	2	1			1	1	5
300–500	2*			1*		1*	4
> 500	1						1
Summe	6	1	1	3	4	3	18

In den Unternehmen/Unternehmensbereichen, die mit (*) gekennzeichnet sind, wurde eine Tiefenfallstudie durchgeführt.

[26] Durch die Einführung von Unternehmenstypen und der Beschreibung von dort üblichen Innovationsstrategien kann vielleicht auch eine leichtere Verallgemeinerung auf andere Tätigkeitsfelder in der produktionsnahen Dienstleistung getroffen werden.

[27] Eine ausführliche Darstellung dieses Typs von Unternehmensgeschichte findet sich in Berndes (1998, S. 15–20 und S. 24–36).

Tabelle 1: Matrixschema zur Differenzierung der Software-Unternehmen nach Innovationstyp und Unternehmensgröße

Innovationsprozess

	I Schneller Produktzyklus	**II** Langsamer Produktzyklus
Großunternehmen (> 3000 Beschäftigte)	GU – I	GU – II
Mittelgroße Unternehmen (500 bis 3000 Beschäftigte)	MU – I	MU – II
Kleine Unternehmen (< 500 Beschäftigte)	KU – I	KU – II
Zugeordnete Unternehmenstypen:	„Software für technische Produkte"	„Software für Geschäftsprozesse"

gramme erfordern demzufolge noch einen größeren Personalaufwand, um aktuelle Änderungen der Geschäftsprozesse in der Software implementieren zu können. Deswegen bildeten sich Abteilungen zur Bearbeitung bestimmter Programmpakete. Da neu eingestellte Mitarbeiter die innovativen Arbeitsaufgaben (neue Programmiersprachen und Tools, neue Softwareparadigmen und Innovationen im Bereich der Hardware) in neu eingerichteten Abteilungen übernehmen, arbeiten die älteren Entwickler an den älteren Programmen in den etablierten Abteilungen. Diese Arbeitsteilung birgt spezifische Gefahren, denn diese älteren Abteilungen können sich zu Nischen mit nur einem geringen Personalbedarf entwickeln, wenn nach Jahrzehnten eine größere Umstellung auf einen neuen Produktzyklus bevorsteht. Dann wird die Ausbildung von nicht altersgemischten Strukturen der Arbeitsbereiche bzw. Teams zum Problem.

Die unterschiedliche Innovationsstrategie ist oft eng mit der geschichtlichen Entwicklung des Geschäftsbereichs verknüpft. Die Qualifikation der Beschäftigten hat zusätzlich auch technologische Determinanten, wie die Übersichtsskizze Abb. 3 illustriert, in der die Entwicklung der Unternehmen, der Technologie und der Qualifikation der Beschäftigten skizziert sind. Die Abbildung entstand nach Interviews mit Geschäftsführern, Personalmanagern und Mitarbeitern in den erwähnten Kurzfallstudien über die jeweilige Unternehmensgeschichte und aus der Kenntnis des Hintergrundes der Entwicklung des Softwaremarktes[28] für die unterschiedlichen Unternehmenstypen. Die zunehmende Zahl der Beschäftigten in der EDV ist *rein qualitativ* wiedergegeben.

---

[28] Roth (1992, Kapitel 2), Rohr (1996, insbesondere die Kapitel 4 und 5) sowie Hartmann (1995, Kapitel 3).

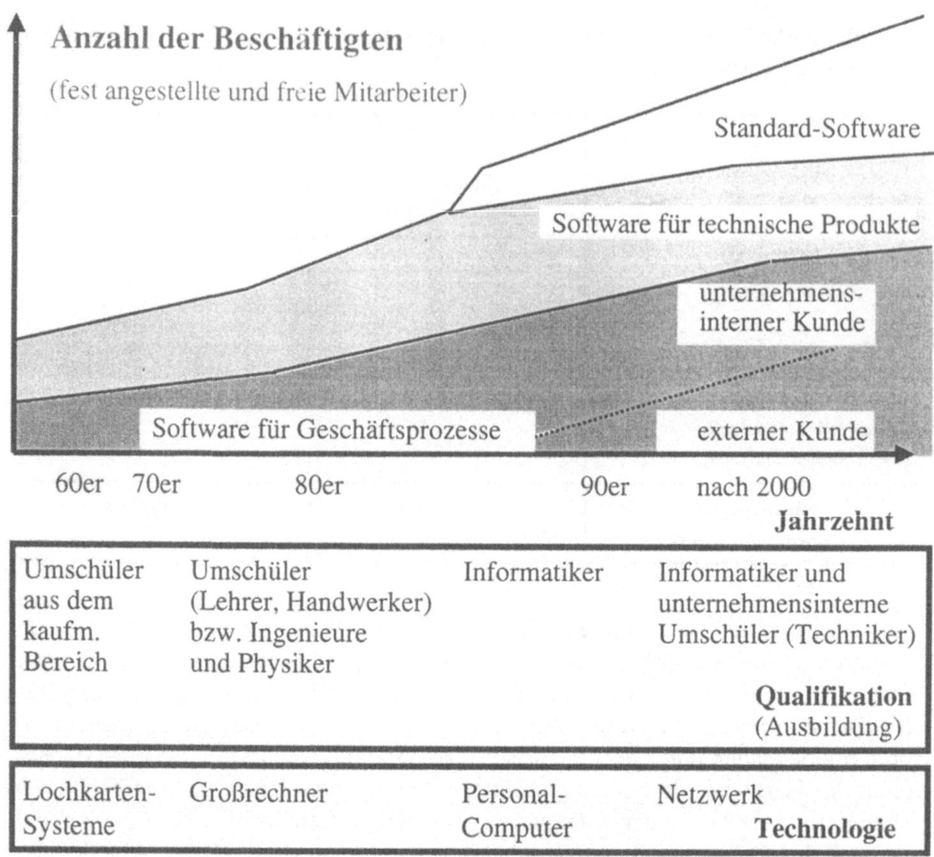

Umschüler aus dem kaufm. Bereich	Umschüler (Lehrer, Handwerker) bzw. Ingenieure und Physiker	Informatiker	Informatiker und unternehmensinterne Umschüler (Techniker)
			Qualifikation (Ausbildung)
Lochkarten-Systeme	Großrechner	Personal-Computer	Netzwerk **Technologie**

Abb. 3: Unternehmensentwicklung und Qualifikation der beschäftigten Softwareentwickler

Viele der größeren Unternehmen existieren bereits seit den 60er Jahren oder davor und haben inzwischen bereits vielfältige Erfahrungen mit älter werdenden Softwareentwicklern gewinnen können. Kennzeichnend ist dabei die große Anzahl von Umschülern, die in den Zeiten von Lochkartensystemen und Großrechnern, also in den 60er und 70er Jahren, in der EDV ihre Beschäftigung aufnahmen. Dabei lag es nahe, entlang der jeweiligen Branche, für die Software produziert wurde, Umschüler aus einem entsprechenden Fachgebiet zu wählen und zusätzlich mit EDV-Wissen auszustatten. Während Unternehmen, die Software für technische Produkte produzieren, vornehmlich aus technischen Berufen Hochschulabsolventen rekrutieren, lag es in den Unternehmen, die Software für Geschäftsprozesse herstellen (vielfach Banken und Versicherungen), näher, Personen aus dem kaufmännischen Fachbereich umzuschulen.

Die Situation änderte sich in den 80er Jahren, als zunehmend Informatiker mit Abschlüssen von Universität und Fachhochschule zur Verfügung standen. Diese Informatik-Experten wurden auch wegen der zunehmend komplexer werdenden Zusammenhänge bei Software und Hardware dringend benötigt, da neben den bestehenden und ausgebauten Großrechnersystemen zunehmend Aufgaben im Bereich der Personal Computer-Anwendungen und dann der unternehmensinternen sowie -externen Vernetzung auf der Tagesordnung standen. Die Entwicklung im PC-Bereich förderte die Entstehung und Verbreitung von Standardsoftware.

Parallel zu dieser Entwicklung erfolgten unternehmensorganisatorische Veränderungen bei vielen der Unternehmen, die Software für Geschäftsprozesse herstellten und heute noch herstellen. Wurde vormals ausschließlich für unternehmensinterene Kunden entwickelt, so gibt es inzwischen einen deutlichen Trend zur Geschäftsfeldverlagerung mit dem Schwerpunkt auf die zumindest teilweise, wenn nicht gar primäre Ausrichtung auf unternehmensexterne Kunden. Während in diesen Unternehmen im wesentlichen auf die Rekrutierung von Hochschulabsolventen mit Abschluss in Informatik und Wirtschaftsinformatik (sowie in geringerem Maße in Mathematik) gesetzt wurde, gab es neben den Informatik-Experten wiederum Umschüler aus den technischen Bereichen in den Unternehmen, die Software für technische Produkte entwickeln. Seit der Einführung der neuen IT-Ausbildungsgänge im Jahre 1997 erleben diese von Seiten von Unternehmen aller Typen ein immer noch zunehmendes Interesse, z.B. an der Ausbildungsrichtung „Fachinformatiker".[29] Eine möglichst kurzfristig zu erreichende Entlastung des in der zweiten Hälfte der 90er Jahren durch die rapide angewachsene Nachfrage entstandenen Mangels an Hochschul-Informatikern auf dem Arbeitsmarkt und längerfristig auf eine weniger als bisher auf hochqualifizierte Hochschulabsolventen ausgerichteten Arbeitsmarkt für Experten der Informationstechnologie wird von den Software-Unternehmen erhofft.

Sollten sich diese Hoffnungen nicht erfüllen oder trotz dieser Anstrengungen eine Angebotslücke für IT-Fachkräfte international bestehen bleiben, wird möglicherweise der über 40-Jährige Softwareentwickler auch aus Gründen des demographischen Wandels und der Konsequenzen für den Arbeitsmarkt für den Standort Deutschland wieder bedeutsamer. Denn in dieser Situation ist damit zu rechnen, dass es verstärkt nicht nur ein volkswirtschaftlich-ökonomisches Anliegen, sondern auch in kurzfristigem Unternehmensinteresse sein wird, älter werdende Softwareentwickler länger (d.h. weit über das 40te Lebensjahr hinaus) in der Entwicklung von Softwareprodukten zu beschäftigen. Spätestens dann werden die Defizite der Beschäftigung und Weiterbildung älterer Mitarbeiter aus der Vergangenheit und Gegenwart aufzuarbeiten sein und die Frage eine hohe Priorität gewinnen, ob generell bzw. unter welchen Rahmenbedingungen ältere Softwareentwickler in diesem Tätigkeitsfeld in herausfordernden Aufgaben beschäftigt sein können.

Niemand kann heute abschätzen, ob es in Zukunft weiterhin in Abständen von Dekaden zu wesentlichen Wechseln in den Konzepten von Hardware und Soft-

---

[29] Vgl. Computerwoche Nr. 1 vom 7. 1. 2000, S. 48: Unter dem Titel „ZVEI sieht positive Trendwende – Jugendliche interessieren sich für Informatik" konnte berichtet werden, dass bereits zwei Jahre nach der Einführung der neuen IT-Ausbildungsberufe Anfang 2000 über 25 000 Ausbildungsverhältnisse bestanden.

ware kommt. Die hohe Geschwindigkeit kurzfristiger Technologieschübe jedenfalls hält unvermindert an. Ein Gutteil des in der Softwareentwicklung auftretenden Konkurrenzdrucks beruht auf dieser Dynamik.[30] Die Innovationsfähigkeit wird daher von vielen der Unternehmenspraktiker als eng mit der Fähigkeit verknüpft angesehen, dieser technologischen Entwicklung folgen zu können und mit neuen Lösungen ausgestattete Produkte den Kunden anbieten zu können.

Was die längerfristigen Trends anbetrifft, so wird in den Unternehmen kein genereller Grund gesehen, der gegen eine Fortsetzung der in Zyklen sich ereignenden Konzeptwechsel spräche. Allerdings könnten eine fortgesetzte Standardisierung von grundlegenden Softwaremodulen und Tools als auch Bemühungen um die Hebung der Qualität des Entwicklungsprozesses selbst, zur Reduktion des Innovationstempos führen.

Ein zweiter, wichtiger Trend geht dahin, verstärkt eine höhere Kundenorientierung zu gewährleisten. Damit findet sich ein generell im Dienstleistungsbereich bestehender Trend auch hier wieder. Beide Trends machen eine flexible Ablauforganisation notwendig. In der Regel wird die Softwareentwicklung deshalb in der Form einer Projektorganisation durchgeführt.

2.2 Die in der Softwareentwicklung benötigten Leistungspotenziale

Es bestehen unterschiedliche theoretische Vorstellungen über die Ablaufphasen solcher Entwicklungsprojekte. Sie unterscheiden sich wesentlich in ihrer Komplexität. Im einfachsten Modell, dem sogenannten „Wasserfallmodell", wird von einer linearen Abfolge der neun Phasen Aufgabenanalyse, Systementwurf, Modulentwurf, Codierung, Modultest, Integration, Systemtest, Implementation sowie Nachsorge und Wartung ausgegangen (vgl. Abb. 4).

Abwandlungen dieses Konzeptes ergaben sich, nachdem Forderungen nach vergrößerter Kundenorientierung die Einführung von regelmäßiger und mehrmaliger Beteiligung des Kunden wünschenswert erscheinen ließen. Der Kunde sollte nicht nur einmal zu Beginn in der Festlegung eines Pflichtenheftes beteiligt werden, sondern in einem iterativen Prozess seine Vorstellungen verfeinern und in den Prozess der Softwareentwicklung einbringen können. Dazu wurden zyklische Modelle der Ablauforganisation entwickelt, das *rapid prototyping* von Software-Programmen und das Spiralmodell von Boehme sind solche komplexeren Modelle. Vereinfacht gesagt wiederholen sich in ihnen gewisse Phasen des Wasserfallmodells, um eine kontinuierliche Erarbeitung und Verbesserung gewährleisten zu können (vgl. Abb. 1 in Kap. 1.1).

---

[30] Umgekehrt wird diese Dynamik von dem enormen Fortschritt in der Softwaretechnologie und ihre andere Technologien ersetzende Diffusion in fast alle Bereiche der Technologien mit angetrieben.

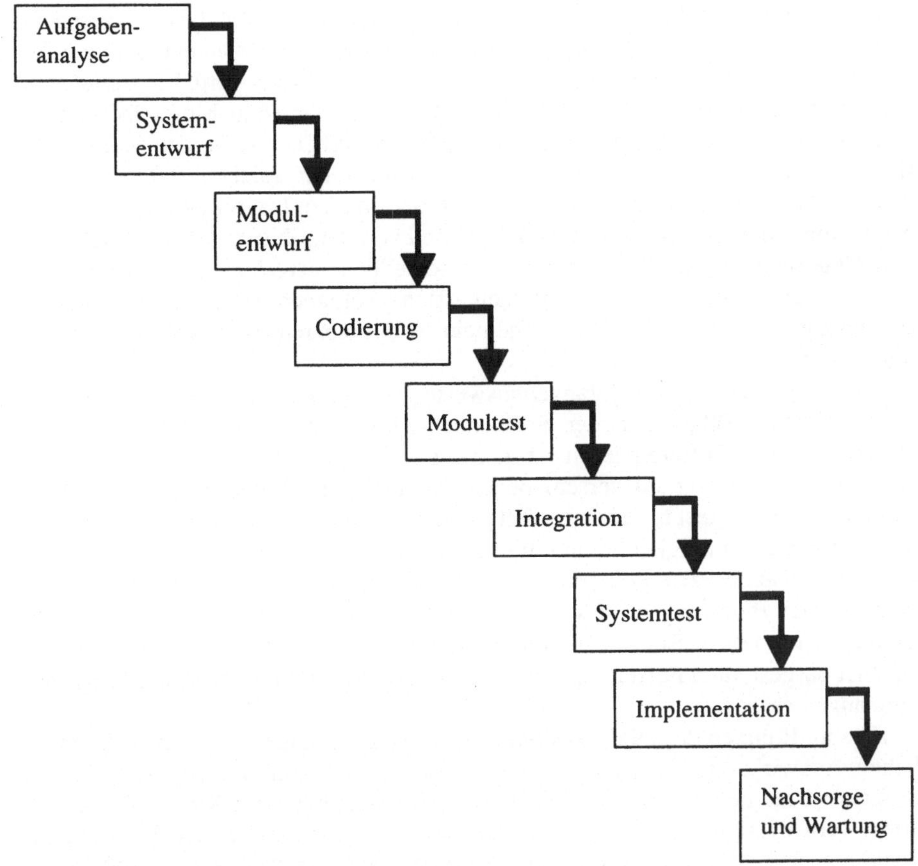

Abb. 4: Das Wasserfallmodell als Beispiel einer einfachen Vorstellung über den Ablauf eines Softwareentwicklungsprojektes[31]

In der Praxis der softwareentwickelnden Unternehmen werden die Modelle der Ablauforganisation von Softwareprojekten in der Praxis aber unterschiedlich strikt und jeweils betriebsspezifisch angewandt. In den Kurzfallstudien zeigte sich, dass sehr verschiedene formale Ansätze in den Unternehmen für die Ablauforganisation von Projekten gewählt werden, die sich auch nicht ausschließlich an theoretischen Modellvorstellungen ausrichten.

Um zu einer differenzierenden Betrachtung des Tätigkeitsfeldes der Softwareentwicklung zu gelangen und die Eignung für ältere Entwickler beurteilen zu können, bieten sich prinzipiell zwei grundsätzlich unterschiedliche Herangehensweisen an.

---

[31] Nach Kornwachs et al. (1992), S. 19 ff. Für eine kritische Diskussion des Wasserfallmodells siehe Baukrowitz et al. (1994), S. 385–390.

Eine mögliche Differenzierung geht von der empirischen Analyse der verschiedenen Stellenbeschreibungen aus, die sich innerhalb der Softwareentwicklung finden. Dies ist adäquat für Ansätze der Untersuchung von Aufgabenkomplexen. Eine derartige Analyse der zu bewältigenden Aufgaben stellt Möglichkeiten zur Verfügung, um speziell für jüngere und ältere Mitarbeiter geeignete Stellen ausfindig zu machen oder zu definieren.[32] Nachteil einer solchen Betrachtung ist deren Gebundenheit an spezielle Stellenbeschreibungen. Davon gibt es aber viele, die uneinheitlich gefasst sind und auch schnell veralten. Zudem sind sie auch noch von Unternehmen zu Unternehmen unterschiedlich festgelegt. Auch wenn man sich auf die wichtigsten und elementarsten Aufgaben (Basistätigkeiten) beschränkt, erhält man noch keinen allgemein vermittelbaren Überblick über den Tätigkeitsbereich.

Die andere prinzipielle Herangehensweise geht von der Analyse der tatsächlich durchgeführten Tätigkeiten der Softwareentwickler aus. Dabei wird dann beispielsweise eine Differenzierung z.B. nach zeitlichen Anteilen an selbständiger denkerischer Leistung auf verschiedenen Qualifikationsebenen möglich. Dadurch werden – unter Einsatz eines beträchtlichen arbeitswissenschaftlichen Aufwandes[33] – für die Teiltätigkeiten und die gesamte Arbeitstätigkeit des konkreten Mitarbeiters beispielsweise detaillierte Aussagen über Beanspruchungen und daraus resultierende Belastungen, sowie die Variabilität und die Lernförderlichkeit der Tätigkeiten möglich. Eine solch detaillierte Untersuchung war jedoch im Rahmen des hier dargestellten Forschungsprojektes weder durchführbar noch der Fragestellung angemessen.

Eine im Rahmen der INVAS-Studie angestrebte, erkundende Analyse der möglichen Auswirkungen des altersstrukturellen Wandels auf die Belegschaften in Software-Unternehmen sowie der Suche nach unterstützenden Möglichkeiten für einen vergrößerten Beschäftigungsanteil älterer Mitarbeiter in der Softwareentwicklung erforderte gleichsam einen mittleren Weg, in dem die sowohl in der Softwareentwicklung benötigten Leistungsfähigkeiten benannt als auch in ihrer Bedeutung für den Prozess der Softwareentwicklung eingeschätzt werden konnten. Für eine solche Betrachtung bietet sich danach als Mittelweg zwischen detaillierter Tätigkeitsanalyse und Benennung von Leistungsfähigkeiten die Analyse der Tätigkeitsschwerpunkte an, die in den einzelnen Phasen des Prozesses der Softwareentwicklung auftreten. Dies besitzt auch den Vorteil, nicht allein einzelne Tätigkeiten und Stellen im Blick zu haben, sondern schon zugleich damit die Zusammenarbeit des aus Mitarbeitern unterschiedlichen Alters zusammengesetzten Entwicklungsteams in der jeweiligen Phase zu thematisieren.

---

[32] Eine entsprechende Analyse wird in Kapitel 5.1 zu einer nach den speziellen Gegebenheiten im konkreten Unternehmen differenzierenden Betrachtung von Rollen für älter werdende Entwickler verhelfen.

[33] Als fortgeschrittenes Verfahren ist das auf den Tätigkeitsbereich mit geistig-kreativen Anteilen zugeschnittene Tätigkeitsbewertungsverfahren TBS-GA von Prof. Hacker (Institut für Psychologie der Technischen Universität Dresden) zu nennen. In diesem Verfahren werden 5 Beurteilungskomponenten nachgeprüft und in einer Skala bewertet (Rudolf et al. 1987).

Im folgenden Abschnitt wird eine solche Potenzialanalyse dargestellt, die eine Teilantwort auf die Frage gibt, welche Leistungsfähigkeiten in der Softwareentwicklung benötigt werden.

2.3 Ermittlung von benötigten Leistungsfähigkeiten in der Softwareentwicklung

Ein Leistungspotenzial stellt die entscheidende Voraussetzung für das Erhalten, Erlernen und Anwenden von Fertigkeiten dar und enthält damit sowohl den eher formalen Anteil der beruflichen Qualifikation[34] als auch darüber hinausgehende methodische und soziale Kompetenzen. Angesichts der Situation gerade der älter werdenden Entwickler, aber auch bei der Gesamtbetrachtung zum Tätigkeitsbereich Softwareentwicklung werden im Allgemeinen[35] die folgenden drei Leistungspotenziale für diesen Tätigkeitsbereich als erforderlich und wichtig angesehen:

- Fachwissen (aus einer Ausbildung, die speziell Wert legt auf die Vermittlung von Hintergrundwissen), d.h. Fähigkeiten des adäquaten Einsatzes von spezialisiertem Wissen in arbeitsteiliger Organisation,
- Lernfähigkeit, d.h. Bereitschaft und Können der Aufnahme und Benutzung von neuem Wissen und neuer Fertigkeiten,

---

[34] Der in der betriebswirtschaftlichen Literatur verwendete Begriff der Qualifikation wird in ähnlicher Weise definiert wie der Begriff Leistungspotenzial, allerdings ohne Betonung der dynamischen, altersvariablen Veränderlichkeit. Während ein Leistungspotenzial explizit als Voraussetzung verstanden wird, bezeichnet der Begriff Qualifikation einen Zustand: „Als Qualifikation einer Person werden deren Kenntnisse, Fähigkeiten und Fertigkeiten bezeichnet. Formal ist sie festgelegt durch die Höhe des Bildungsabschlusses; sie wird durch betriebsspezifische Qualifizierung und Berufserfahrung häufig ergänzt oder modifiziert und findet faktisch unterschiedliche Realisierung nach den je spezifischen Anforderungen eines Arbeitsplatzes." (Littek et al. 1983, S. 128). Qualifikation kann aber auch verstanden werden als ein Prozess, in dem der Zustand der Qualifikation erwartet wird. Wir werden deshalb, um Missverständnisse zu vermeiden, hier von Qualifizierungsmaßnahmen sprechen.

[35] Der Bereich geistig-kreativer Tätigkeiten, welche hochqualifizierte Beschäftigte ausüben, war bisher nur in geringem Maße Gegenstand arbeitswissenschaftlicher Forschung. Zur Tätigkeit von Ingenieuren und speziell zum Tätigkeitsbereich Softwareentwicklung finden sich dementsprechend nur wenige Untersuchungen. Die wohl aufwendigste arbeitspsychologische Untersuchung des Tätigkeitsfeldes Softwareentwicklung in der Bundesrepublik Deutschland fand zwischen 1989–93 im IPAS-Projekt statt, in dem Arbeitspsychologen, Soziologen und Informatiker 29 Projekte der Softwareentwicklung untersuchten (Brodbeck et al. 1994. Bittner et al. 1995, Brodbeck 1993). Darin wurde die zeitliche Verteilung der Teiltätigkeiten (inklusive Kommunikationstätigkeiten und Weiterbildung), der Beitrag der Kommunikation zum Projekterfolg sowie die Kenntnis und Benutzung von Softwaretools untersucht. Einen Bezug zu älter werdenden Softwareentwicklern hatte das Projekt nicht.

- Stressakzeptanz, d.h. die Fähigkeit, auch unter belastenden Bedingungen gute Arbeitsergebnisse zu erbringen (insbesondere bei der Erledigung von Aufgaben unter Zeitdruck).

Für diese Potenziale wird keine wesentliche Variation über die Phasen des Entwicklungsprozesses angenommen bzw. sie gelten als generell und übergreifend bedeutsam, so dass hierzu eine spezielle Diskussion notwendig und entsprechende Maßnahmenvorschläge erarbeitet wurden. (Vgl. Kap. 5.1)

Hinzu kommt ein unabdingbares Mindestmaß an Fähigkeiten bezüglich der psychischen Merkmale

- Abstraktionsfähigkeit, d.h. Fähigkeit zur Bearbeitung von Aufgaben hohen Abstraktionsgrades wie sie bspw. in der Modellierung von Softwaresystemen auftreten,
- Kreativität, d.h. eine besondere Form des Problemlösens, die sich durch originelle, ungewöhnliche, aber effektive Strategien auszeichnet,[36]
- berufliche Erfahrung, diese bezieht sich auf das erworbene Know-how im Umgang mit Wissen, Fähigkeiten und Fertigkeiten in der arbeitsteiligen, betrieblichen Organisation,
- Verantwortungsbewusstsein, d.h. die Bereitschaft, neue Aufgaben zu übernehmen und selbstbestimmt zu organisieren,

sowie der sozialen Eigenschaften

- Teamfähigkeit, die als ein Bündel von Fähigkeiten der Kommunikation, der Durchsetzung und der Einfügung in eine arbeitsteilige Organisation, die von einer steten Koordination der Arbeitsinhalte geprägt ist, angesehen werden kann,
- soziale Kompetenz im Umgang mit den Kunden, d.h. die Fähigkeit zur sachgerechten Kommunikation mit dem Anwender (beinhaltet zugleich Akzeptanz und kritische Beurteilung von dessen Vorstellungen im Dialog).

Die Einbeziehung älterer Mitarbeiter in den Prozess innovativer Softwareentwicklung hat zur Voraussetzung, dass Leistungen in diesem Tätigkeitsfeld von ihnen ebensogut oder besser erfüllt werden können als es jüngeren Mitarbeitern möglich ist. Um Aussagen darüber machen zu können, wurden aus einer Tätigkeitsanalyse anhand von Ablaufplänen der Softwareentwicklung Leistungspotenziale in einem Anforderungskatalog zusammengestellt.

Die Aufstellung der Liste der für einen Softwareentwickler geforderten Leistungspotenziale erfolgte durch Analyse von in der Softwareentwicklung notwendigen Tätigkeiten. Diese wurden anhand des linearen Ablaufplanes des Wasserfallmodells[37] erarbeitet. Zusätzlich wurden die durch Benutzung anderer

---

[36] Arnold et al. (1980).

[37] Das Wasserfall-Modell der Softwareentwicklung enthält folgende Entwicklungsphasen: Aufgabenanalyse, Systementwurf, Modulentwurf, Codierung, Modultest, Integration, Systemtest, Implementation, Nachsorge und Wartung (siehe Abb. 4 in Kap. 2.2).

Softwareentwicklungs-Paradigmen[38] möglicherweise hinzukommende flexiblere Arbeitsweise berücksichtigt.[39]

Im Rahmen einer von uns durchgeführten Delphi-Expertenbefragung wurde die Relevanz der in der Analyse gefundenen Leistungspotenziale für die verschiedenen Phasen der Softwareentwicklung untersucht. Dazu wurden die Experten aus Informatik, Arbeitspsychologie und den softwareentwickelnden Unternehmen gebeten, anzugeben, in welchen Phasen die einzelnen Leistungspotenziale von besonderer Bedeutung sind. Einen Überblick über die Antworten gibt das Schaubild Abb. 5. Im Einzelnen ist zu der Zuordnung der für die einzelnen Phasen bedeutsamen Leistungspotenziale folgendes anzumerken:

- Die Aufgabenanalyse und der Systementwurf werden als die Phasen angesehen, in denen ein besonderes Maß an Abstraktionsfähigkeit benötigt werden. Für alle nach dem Modulentwurf folgenden Phasen soll diese Fähigkeit von geringer Wichtigkeit sein.

- Ein Maximum an Kreativität wird der Phase des Systementwurfs zugewiesen. Von einigen Experten wird entsprechendes vom Modulentwurf ausgesagt. Die Phasen Codierung, Modultest, Integration, Systemtest und Wartung benötigen nach den Expertenaussagen keine besonderen Anforderungen an die Kreativität.

- Ähnlich wie der Abstraktionsfähigkeit wird auch der Erfahrung zu Beginn des Softwareentwicklungsprozesses eine primäre Bedeutung zugewiesen. Außer für die Codierung, den Modultest und die Wartung wird die Erfahrung in allen weiteren Phasen als von nur mittlerer Bedeutung eingeschätzt.

- Das Verantwortungsbewusstsein wird von den Experten primär der Phase Systemtest zugeordnet. Allerdings werden fast allen übrigen Phasen ein benötigtes hohes Maß an Verantwortungsbewusstsein attestiert. Eine Ausnahme bilden die Phasen Codierung und Integration.

---

[38] Z.B. das Prototyping-Modell und das Spiral-Modell von Boehm (siehe Abb. 1 in Kap. 1). Zur Verwendung von Phasenmodellen vgl. Bittner et al. 1995, S. 129 f.

[39] Folgende in der Softwareentwicklung auftretende Tätigkeitsfelder wurden als besonders wichtig herausgestellt und dementsprechend zur Aufstellung der Leistungspotenzial-Liste herangezogen (in Klammern ist die Zuordnung von *primär* benötigten Leistungspotenzialen angegeben):

- Kommunikation mit dem Kunden (soziale Kompetenz)
- Problem- und Systemanalyse (Abstraktionsfähigkeit, Fachwissen und berufl. Erfahrung)
- Leistungskatalog-Spezifizierung (Fachwissen und berufl. Erfahrung)
- Systementwurf und Programmierung (Fachwissen, Lernfähigkeit)
- Absprache und Wissensvermittlung im Team (berufl. Erfahrung und Teamfähigkeit)
- Progammkomponentensynthese und -test (Fachwissen)
- Projekt(um)organisation (Stressakzeptanz, Verantwortungsbewusstsein)

Zur Erfüllung solcher Tätigkeiten müssen die Softwareentwickler bestimmte Fähigkeiten und Fertigkeiten sowie ein spezialisiertes und allgemeineres (Fach)wissen sowie soziale Kompetenz besitzen. Der Einsatz als Mitarbeiter in der arbeitsteiligen, betrieblichen Organisation des Softwareengineering erfordert also das Vorhandensein entsprechender Leistungspotenziale, die beim Softwareentwickler vorauszusetzen sind.

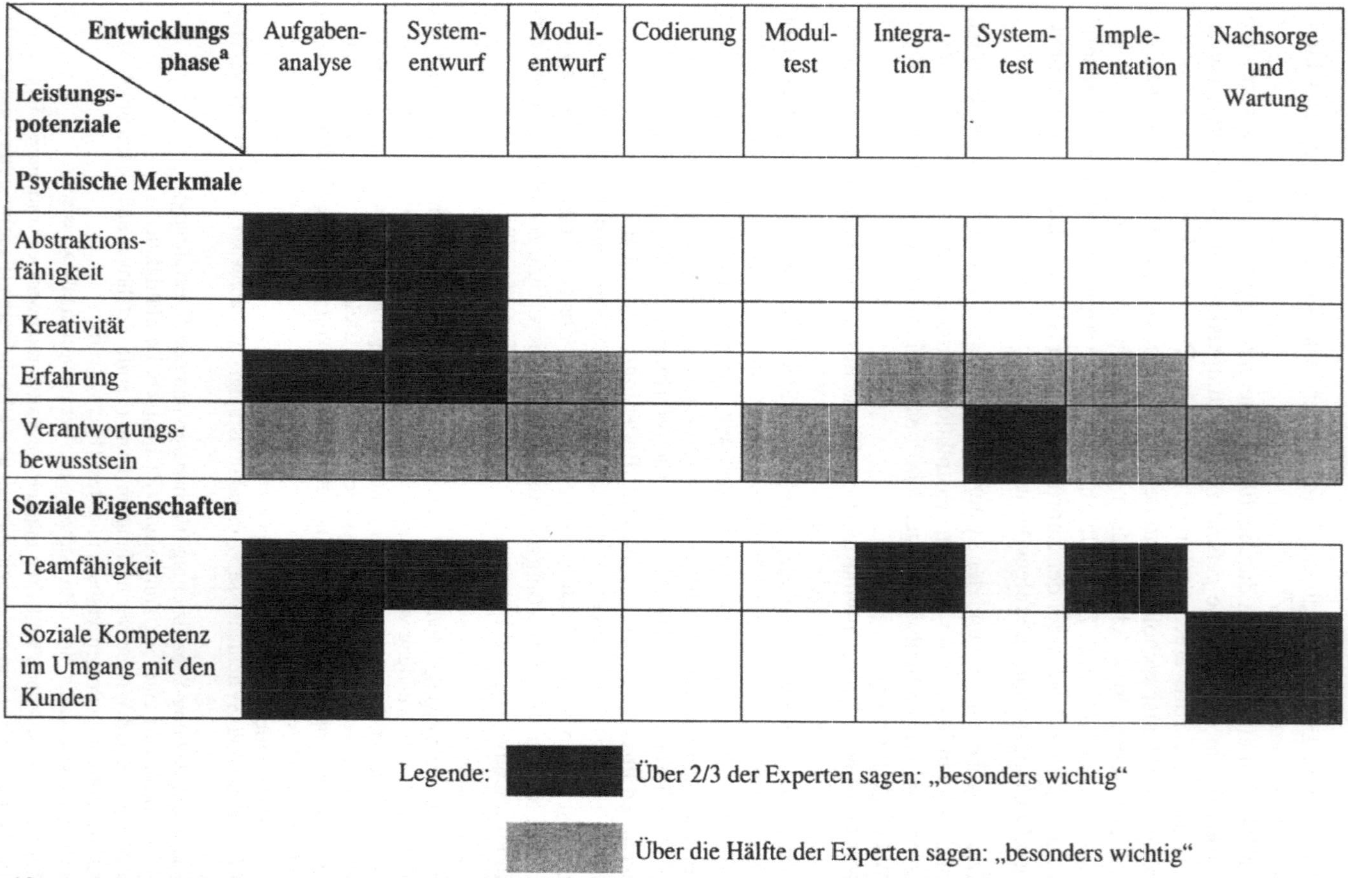

Legende: ■ = Über 2/3 der Experten sagen: „besonders wichtig" ▨ = Über die Hälfte der Experten sagen: „besonders wichtig"

Entwicklungsphase[a] / Leistungspotenziale	Aufgabenanalyse	Systementwurf	Modulentwurf	Codierung	Modultest	Integration	Systemtest	Implementation	Nachsorge und Wartung
Psychische Merkmale									
Abstraktionsfähigkeit	■	■							
Kreativität		■							
Erfahrung	■	■	▨			▨	▨	▨	
Verantwortungsbewusstsein	▨	▨	▨		▨		■	▨	▨
Soziale Eigenschaften									
Teamfähigkeit	■	■				■		■	
Soziale Kompetenz im Umgang mit den Kunden	■								■

Abb. 5: Anforderungsprofil an die Mitarbeiter in den einzelnen Phasen der Softwareentwicklung

---

[a] Entspricht den Hauptschritten im Wasserfallmodell der Softwareentwicklung (vgl. Abb. 4 in Kap. 2.2) und dem Spiralmodell (vgl. Abb. 1 in Kap. 1).

- Die Teamfähigkeit wird als besonders bedeutend in den ersten zwei Phasen der Aufgabenanalyse und des Systementwurfs angesehen. Das gilt ebenfalls für die Phasen Integration und Implementation. Teamfähigkeit ist nach den Aussagen der Experten in der Phase der Codierung kaum (bzw. eher nicht) notwendig.
- Nicht überraschend ist, dass die soziale Kompetenz beim Kunden als Leistungsmerkmal primär für den Beginn und das Ende des Softwareentwicklungsprozesses angesehen wird. Für die Phasen, die zwischen Systementwurf und Implementation liegen, scheint die soziale Kompetenz, offensichtlich wegen der kaum vorkommenden Kundenkontakte, nicht sonderlich gefragt zu sein. Eine mittlere Bedeutung wird dieser Leistungsfähigkeit erst wieder bei der Implementation beigemessen.

Wenn man betrachtet, welche Wertungen die acht Unternehmensvertreter unter den 21 Experten der Delphi II-Befragung vorgenommen haben, so ist zunächst festzustellen, dass keine gravierenden Abweichungen gegenüber den Voten der anderen (Wissenschaftler, Branchenexperten) auftreten. Dies gilt insbesondere mit Blick auf die in einzelnen Phasen für *sehr bedeutsam* gehaltenen Leistungsmerkmale. Hier liegen in jedem Fall hohe Bewertungen vor (über 2/3 der Unternehmensexperten). Daneben ergeben sich partiell stärkere Gewichtungen durch die Unternehmensexperten beim Leistungsmerkmal Teamfähigkeit in den Phasen Modulentwurf, Codierung und Modultest sowie in der Wartung. Weiterhin heben die Unternehmenspraktiker beim Modulentwurf die Abstraktionsfähigkeit und in der Phase der Integration die Bedeutung des Verantwortungsbewusstseins stärker hervor.

Dass im Tätigkeitsfeld der Softwareentwicklung, welches in diesem Kapitel vorgestellt wurde, ältere, erfahrene Entwickler erfolgreich arbeiten, obgleich ihnen von jüngeren Kollegen oft ein negatives Image zugesprochen wird, ist Thema des folgenden Kapitels 3. Dort werden die Ursachen für dieses negative Image besprochen und es wird die Frage aufgeworfen, wieso die bestehenden Leistungsfähigkeiten älterer Mitarbeiter in der Softwareentwicklung von den jüngeren Mitarbeitern und den Personalverantwortlichen unterschätzt oder erst gar nicht wahrgenommen werden.

Kapitel 3

Das Bild vom älteren Softwareentwickler

Im bekanntlich schnelllebigen Tätigkeitsfeld der Softwareentwicklung mit ihren kurzen Innovationszyklen herrscht unserer Erfahrung aus vielen Gesprächen zufolge ein negatives Bild vom älter werdenden Mitarbeiter vor. Vom älteren Softwareentwickler wird vielfach angenommen, dass sich ein deutlicher Leistungsabfall in der Lernfähigkeit wie bei der Motivation zeige. Die Folge dieser Leistungsminderung sei dann, dass die Beschäftigung mit dem aktuellen technologischen Wissensstand, mit neuen Programmversionen und Softwareprodukten, Hardware-Standards und Programmier-Konzepten zurückgehe und das Interesse an dessen kreativer Aneignung schwinde. Es wird davon berichtet, dass sich ältere Mitarbeiter schwerer täten, neue Konzepte anzueignen und vor Weiterbildungskursen zurückschreckten.

Unter den jüngeren Entwicklern herrscht die Vorstellung vor, dass sich viele der älteren Mitarbeiter auf dem einmal erworbenen Fachwissen ausruhen und innovative Impulse eher blockierten. Dieses Urteil tritt in den unterschiedlichen Unternehmen durchgehend auf – oft unabhängig davon, ob man persönlich ältere Softwareentwickler tatsächlich kennt. Die folgenden Äußerungen[40] jüngerer über ältere Entwickler soll zur Illustration dienen und aufzeigen, was unter den angesprochenen Vorurteilen konkret zu verstehen ist. Derartige Aussagen bekommt man in softwareentwickelnden Unternehmen zu hören, wenn man ganz generell nach dem Image älter werdender Mitarbeiter fragt.[41]

Die Einstellung von älteren Entwicklern zu Risiko und Innovationsorientierung unter der Berücksichtigung der Randbedingungen bei der Teamarbeit wurden generell so bewertet:

---

[40] Die Äußerungen entstammen den Fallstudienuntersuchungen in 16 softwareentwickelnden Unternehmen, in denen sowohl Personalverantwortliche als auch Mitarbeiter in der Softwareentwicklung interviewt wurden.

[41] Die im folgenden wiedergegebenen Aussagen geben den Eindruck unserer explorativen Befragungen wieder. Sie haben kein „statistisches Gewicht", sind eher anekdotisch und ersetzen eine Meinungsumfrage nicht. Dennoch kann man sie auf dieser Ebene der Untersuchung für charakteristisch halten.

- „Die älteren Softwareentwickler sind vorsichtiger, sie haben mehr Angst vor Fehlern, da sie woanders keine Arbeit mehr finden können. Sie werden zu Abwägenden und Zögerern."
- „Wenn man in eine Gruppe von jüngeren Entwicklern einen Älteren setzt, dann wird der automatisch zum Bremser."

Andererseits hört man jedoch häufig eine uneingeschränkt positive Bewertung der sozialen Kompetenz und auch der Kundenorientierung bei älteren Softwareentwicklern:

- „Der Ältere kann dem Kunden besser zuhören."
- „Die älteren Entwickler haben einen Erfahrungsvorsprung. Gerade von der Universität kommende Informatiker denken noch nicht in Zusammenhängen des Marktes und des globalen Wettbewerbs."

Verallgemeinernde Vorurteile gegenüber älteren Mitarbeitern sind aber genau so zu finden, z.B. bezüglich der Fähigkeit des Lernens bei schnellem technologischen Wandel:

- „Die älteren Entwickler kommen nicht mehr so mit. Die packen das nicht mehr und bringen bezüglich neuer Methoden und Synthesen nur die Hälfte wie Hochschulabgänger."
- „Die Älteren tun sich schwer mit neuen Konzepten, wie z.B. der objektorientierten Programmierung. Eine solche Umlernproblematik wird es als „Generationenkonflikt" immer geben. Das sieht man heute schon bei rivalisierenden Gruppen jüngerer Entwickler mit verschiedenen Programmiersprachen. In 20 Jahren ist auch hier das Denken verhärtet."
- „Gerade ältere Softwareentwickler wollen sich eher auf ihren Fachkenntnissen ausruhen. Jüngere sind auf die Technologie versessen. Ältere bringen ihre Erfahrung in Märkte ein und das, was sie aus früheren Fehlern gelernt haben."

Ein generelles Urteil scheint auch über Laufbahn des älter werdenden Softwareentwicklers zu bestehen:

- „Wenn sich eine über 40-Jährige Person auf eine Anzeige als Softwareentwickler meldet, kann man fast davon ausgehen, dass in der Karriere etwas schief gelaufen sein muss."

Fast durchweg – auch unter Informatik-Experten – wird in den Unternehmen das Fazit gezogen, ältere Entwickler seien an sich für die Arbeit mit älteren Programmen und Systemen gut geeignet, aber für die neuesten Anwendungen, von denen die jüngeren Entwickler begeistert sind, nicht zu gebrauchen. Ein entsprechendes Ergebnis ergab sich auch in der Expertenbefragung, in der 85 % diese Ansicht äußerten.[42]

Dieses problematische Bild vom älteren Softwareentwickler hat sich aus unterschiedlichen Gründen in diesem Tätigkeitsbereich festgesetzt. Eine wesentliche Ursache bilden die Erfahrungen mit vielen der älteren Softwareentwickler der 80er

---

[42] Vgl. Anhang 3.3.

und 90er Jahre, die in den 70er Jahren als Umschüler aus kaufmännischen und pädagogischen Berufen in die Softwareentwicklung gewechselt sind. Ihnen fehlte ein fundierter Wissenshintergrund aus einer Hochschulausbildung in Informatik.[43] Deshalb fiel es ihnen schwerer, mit der technologischen Entwicklung Schritt zu halten. Neue Konzepte bei Software und Hardware wurden von ihnen als zu komplex empfunden, die notwendigen Lernanstrengungen als zu groß. Beispielsweise zeigten sich in den durchgeführten Fallstudien, dass auch bei Beibehaltung der Programmiersprache Cobol der Wechsel vom strukturierten zum objektorientierten Programmieren als eine zu große Herausforderung an Entwickler im Alter zwischen 40 und 45 Jahren empfunden wurde.

Die oben kurz skizzierten Vorurteile entstehen weiterhin durch die Ablösung von Softwarekonzepten und Programmiersprachen, so dass schon nach wenigen Jahren die neu Ausgebildeten sich mit einem Wissenskanon beschäftigen, der sich gegenüber demjenigen Wissen, mit dem die schon länger im Tätigkeitsfeld Beschäftigten arbeiten, doch stark unterscheidet. Die älteren Systeme und Programme, auch wenn sie sich ökonomisch betrachtet durchaus noch „rechnen", haben bei den jüngeren Entwicklern das Image des altmodischen und sind für sie uninteressant. Durch eine solche Einstellung werden Kontakte und der Erfahrungsaustausch zwischen den verschieden alten Softwareentwicklern nicht gerade gefördert.

Als Folge dieser Vorurteile tritt in den Unternehmen bei den Teams tendenziell eine Trennung nach Altersgruppen auf. Oft werden entlang der technologischen Generationen verschiedene Teams gebildet, in denen auch jeweils separierte Generationen von Softwareentwicklern mitarbeiten. Verstärkt und zementiert wird diese Tendenz aber auch durch die Einsatzplanung in vielen größeren Unternehmen, in denen die Priorität bei Programmen liegt, die längerfristig mit großer Sicherheit und in hohem Maße störungsfrei laufen. Angesichts solcher eher konservativen Einstellungen ist die Gefahr der Nischenbildung besonders groß, da zunächst einmal nicht abzusehen ist, wann man auf ein neues Softwarekonzept übergeht. Solange aber ein solcher „Systemwechsel" für den älter werdenden Mitarbeiter nicht abzusehen ist, werden die Weiterbildungsmaßnahmen kaum in die Richtung gehen, eine Aneignung aktueller Technologien anzustreben. Das alles führt dazu, dass man sich tatsächlich in vielen Entwicklerteams auf dem Fachwissen des engen Spezialbereichs beschränkt und ausruht, da es so scheinen mag, dass dieses Wissen noch eine unbegrenzte Verwertungsdauer besitze.

3.1 Die Situation der älter werdenden Softwareentwickler

Ein zentraler Hintergrund der Vorurteile und ablehnenden Haltungen jüngerer gegenüber älteren Mitarbeitern in der Softwareentwicklung liegt in den tatsächlichen oder angenommenen Weiterbildungsdefiziten bei älteren Entwicklern. Mangelhaf-

---

[43] Der erste Vollstudiengang für Informatik wurde im Jahre 1967 an der Technischen Universität München eingeführt.

te Kenntnis aktueller technologischer Entwicklungen tritt beim älter werdenden Mitarbeiter in der Regel dann auf, wenn dieser sich auf eine zu enge Spezialisierung einlässt, die Zeit für Weiterbildungsmaßnahmen während der Projektarbeit nicht findet oder noch nicht von der Notwendigkeit solcher Maßnahmen überzeugt ist.

Die in der Delphi-Expertenbefragung[44] genannten Ursachen für Weiterbildungsdefizite bei älteren Softwareentwicklern decken ein weites Spektrum ab. Sowohl die fehlende Motivation der Mitarbeiter als auch Defizite des Managements werden genannt. Allerdings sahen viele der Experten in der Delphi-Befragung die Leistungsfähigkeit und den Motivationszustand der älter werdenden Entwickler ab etwa dem 35. Lebensjahr allein als abhängig von der jeweils spezifischen Persönlichkeit an, d.h. sie wurden nicht mit Altersveränderungen in Beziehung gebracht. Die Experten nehmen die Problematik eines im Laufe der Berufsbiographie auftretenden Wandels der Motivation hin zu einer größeren Freizeit- und Familienorientierung nicht wahr oder sahen sie als unwesentlich an.

In den Unternehmen und der Expertenbefragung wurde häufig vermutet, dass ältere Entwickler weniger als jüngere Mitarbeiter geneigt seien, ihre Freizeit für Weiterbildungsmaßnahmen zur Verfügung zu stellen. Fragt man im Anschluss an diese Problematik nicht nur allgemein nach Ursachen für Defizite in der Weiterbildung älter werdender Softwareentwickler, sondern spezifischer nach Ursachen fehlender Motivation zur Weiterbildung, dann ergibt sich folgendes Bild: Die fehlende Motivation älterer Mitarbeitern, ihre Freizeit für Maßnahmen der Weiterbildung einzubringen, ist zwar eine der hauptsächlichen, aber nur eine unter mehreren Ursachen der fehlenden Bereitschaft zur Weiterbildung (vgl. Abb. 6).[45] Dass die Freizeitthematik eine *ausschließliche* Bedeutung habe, wurde von nur von 14 % der Befragten angegeben.[46]

Eine generelle Abnahme der Arbeitsmotivation bei älter werdenden Entwicklern wurde von den Experten zwar nicht behauptet, wohl aber für den speziellen Bereich, der das Lernen sowie die Bereitschaft betrifft, einen organisatorischen Wandel mitzutragen. Interessant erscheint in diesem Zusammenhang, dass einerseits die Älteren eher als Neuerungskritiker gesehen wurden, andererseits diese „Rolle" aber nicht von allen Experten durchweg als negativ verstanden worden ist. Für eine Rollenzuweisung als „Innovationsbehinderer" ist das Kriterium „Alter" nach Expertenmeinung ein nicht völlig zu vernachlässigendes Merkmal, kommt aber weit nach den Angaben „Positionsängste" und auch „Charakter".

---

[44] Vgl. Anhang 3.3.

[45] Die differenzierte Nennung der Ursachen ergibt allerdings eine große Bedeutung für die Nichtbereitschaft, Freizeit für die Weiterbildung einzubringen (71 %), dennoch sind auch fehlende Finanzen (38 %), Ängste vor Weiterbildungsmaßnahmen (48 %), gefolgt von der Lernfähigkeit mit 29 %, nicht zu vernachlässigen. (Anzahl der Befragten n = 29.)

[46] Aus den Tiefenfallstudien ist bekannt, dass es für die jüngeren Softwareentwickler nahezu selbstverständlich ist, ihre Freizeit in Weiterbildungsmaßnahmen einzubringen.

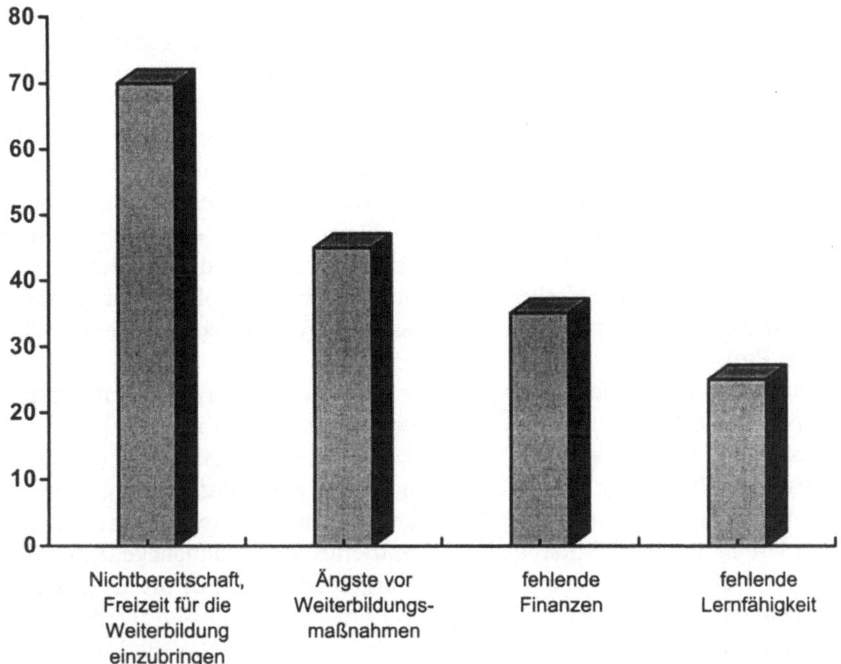

Abb. 6: Ursachen für die geringere Teilnahme von älteren Entwicklern an Weiterbildungsmaßnahmen (Angaben in % der Befragten (n = 29), Mehrfachnennungen möglich)

Ein Großteil der Weiterbildungsdefizite ist wohl als Folge von langjährig anhaltenden, engen Spezialisierungen anzusehen. Diese führen unter bestimmten organisatorischen Umständen zum Verlust der Arbeitsmarktfähigkeit des älteren Softwareentwicklers. Die Fallstudien haben gezeigt, dass es in einigen Unternehmen (insbesondere vom Unternehmenstyp „Software für Geschäftsprozesse für unternehmensinterne Kunden") aus strukturellen Gründen zur Ausbildung von fachlichen Nischen kommt. Ältere Entwickler werden nur noch mit der Arbeit an älteren, aber derzeit durchaus noch rentablen, Systemen und Programmen beschäftigt. Weiterbildung wird vernachlässigt, auf andere Tätigkeitsbereiche wird nicht vorbereitet. In dieser Dynamik ist abzusehen, dass veraltende Spezialdisziplinen auf Dauer die entsprechenden Mitarbeiter kaum arbeitsmarktfähig halten können.

Die jüngeren Softwareentwickler, die nicht nur bei diesem Unternehmenstyp sehen, wie ältere Mitarbeiter sich kaum mit neueren technischen Verfahren und Werkzeugen der Softwareentwicklung auseinandersetzen, entwickeln ein dementsprechend negatives Bild des älter werdenden Entwicklers. Manchmal vernachlässigen auch sie ihre längerfristig orientierte, über die eigene Spezialdisziplin hinausgehende, Weiterbildung. Sie erkennen nicht die berufsbiographische Bedingtheit von fehlender Lernmotivation und Lernfähigkeit bei den älteren Kollegen und stehen so in der Gefahr, ähnliche Fehler zu begehen. Kontakte und Zusammenarbeit zwischen älteren und jüngeren Entwicklern gestalten sich im Team schlecht vor einem Hintergrund, der durch ein negatives Bild des älteren Entwicklers und einzelnen negativen Erfahrungen mit ihnen gekennzeichnet ist.

Ein großes Problem im Tätigkeitsfeld der Softwareentwicklung stellt der Zeitdruck dar, unter dem insbesondere die technisch anspruchsvollen Projekte oft durchgeführt werden. Dafür gibt es verschiedene und z.T. sehr unternehmensspezifische Gründe, aber nicht selten ist es wohl immer noch ein verbesserungsbedürftiges Projektmanagement, welches Terminprobleme und Zeitdruck entstehen lässt. Da sich jüngere Mitarbeiter eine Position erarbeiten wollen, sind sie eher bereit, zusätzliche Zeit einzusetzen. Auch das führt zu einer entsprechenden Belastung von Projektteams.

Wenn mit zunehmendem Alter der Entwickler sich ihr berufliches Interesse auf eine Spezialdisziplin konzentriert oder auch die hauptsächlichen Werte der Lebensgestaltung sich zu einer größeren Familien- und Freizeitorientierung verschieben, sind Defizite in der Weiterbildung zu erwarten. Für eine sinkende Motivation, längerfristig orientierte Weiterbildung zu betreiben, sorgt auch ein eher auf die Förderung jüngerer Mitarbeiter konzentriertes Personalmanagement. In den Augen der Softwareentwickler und ihrer Vorgesetzten wird es oft als „natürlich" angesehen, dass Innovationen von jüngeren Entwicklern realisiert werden, die mit ihrem aktuellen Wissen aus der Hochschulausbildung ohne Weiterbildungsmaßnahme up-to-date zu sein scheinen.

Nachfolgend wird die Entstehung fachlicher Nischen, das in der Softwarebranche weitgehend vorherrschende jugendzentrierte Personalmanagement und der Zeitdruck in der Projektarbeit als Ursachen von Defiziten in der Weiterbildung betrachtet.

3.2 Entstehung fachlicher Nischen mit älter werdenden Softwareentwicklern

Bei den einzelnen Unternehmenstypen, in denen die Tätigkeitsbereiche der Softwareentwicklung näher untersucht und in ihrer spezifischen Problematik unterschieden wurden, ist ein Ergebnis hervorzuheben: Es wurden Beispiele gefunden, in denen Organisationsstrukturen zur Verfestigung von Vorurteilen gegenüber älter werdenden Softwareentwicklern beitrugen.[47] Diese Situation lässt sich folgendermaßen charakterisieren:

- Die Personalplanung betreut und fördert hauptsächlich potentielle Führungskräfte. Mit den Fachkräften in der Softwareentwicklung wird eine langfristige Perspektive ihrer beruflichen Laufbahn weder abgestimmt noch geplant.

---

[47] Solche Beispiele scheinen in der Literatur nicht bekannt zu sein.

- Im Laufe der Zeit wachsen die Teams in eine enge Spezialisierung hinein. Die Arbeitsaufgabe der Mitarbeiter entwickelt sich zur Pflege älterer Systeme und Programme, eben derjenigen Systeme, auf die sich die Entwickler spezialisierten und „mit" denen sie jetzt altern.
- Aufgrund der Spezialisierung und der Isolierung zwischen denjenigen Teams, die ältere und denjenigen, die neuere Technologien benutzen, entsteht bei den jüngeren Mitarbeitern der Eindruck, ältere Entwickler seien per se weder fähig noch gewillt, Innovationen gut zu heißen und zu unterstützen. Das Vorurteil wird gefördert durch vereinzelte negative Erfahrungen mit älteren Kollegen, die skeptisch gegenüber Neuerungen auftreten oder sogar die Behinderung von Innovationen betreiben.

Für die im Projekt untersuchten Unternehmen des Unternehmenstyps „Software für technische Produkte" lässt sich zusammenfassend das folgende, auf den ersten Blick positive Bild entwerfen. Bei diesen Unternehmen gibt es, nach den Fallstudien zu urteilen, in der Regel altersgemischte Teams. Allerdings können auch negative Aspekte betrachtet werden:

- Auch hier gibt es in der Regel keine vorausschauende, langfristige Absprache über die Laufbahn und über Weiterbildungsmaßnahmen.
- Den Softwareentwicklern ist aufgrund der bestehenden organisatorischen Strukturen und Abläufe klar, dass sie beruflich nur dann konkurrenzfähig bleiben, wenn sie ihr Fachwissen auf dem neuesten Stand halten. Erwerb und Einsatz betrieblicher Erfahrungen können deshalb beim älter werdenden Entwickler dazu beitragen, Weiterbildung gezielter und effizienter durchzuführen. Dadurch könnte der Weiterbildungs-Stress in diesem, einem hohen technologischen Wandel ausgesetzten Tätigkeitsfeld, gemildert werden. Es zeigt sich, dass dies insbesondere dann der Fall ist, wenn stärker mit administrativen Tätigkeiten behaftete Aufgaben wahrgenommen werden, wie sie das Projektmanagement mit sich bringt.
- Es ist nicht mit Zahlen belegbar, wie groß der Anteil der älteren Mitarbeiter ist, die extrem unter Stressauswirkungen bis hin zum Burn-out-Syndrom leiden. Dieser Anteil scheint auch durch individuelle Faktoren bedingt oder stark beeinflusst zu sein.

3.3 Jugendzentriertes Personalmanagement

Softwareentwicklung ist ein Bereich ingenieurwissenschaftlicher Anwendung, der einer besonders raschen technischen Entwicklung und Veränderung unterliegt. Das drückt sich u.a. in dem Wechsel von Basiskonzepten in Zeiträumen von ein bis zwei Dekaden aus (z.B. vom Mainframe zum PC und zu Client-Server-Strukturen oder auch von prozeduralen zu objektorientierten Programmiersprachen).[48] Dieser rasche technische Wandel, der sich auch in einem Wandel der Methoden und Denkstile niederschlägt, bedeutet für die Softwareentwickler die Pflicht zur ständigen Weiterbildung. Denn um die neuen Techniken benutzen zu können, muss das dazugehörige Wissen und Können dem aktuellen Stand entsprechen.

Es ist deshalb nicht erstaunlich, dass in den durchgeführten Fallstudien gefunden wurde, dass vorwiegend Hochschulabsolventen eingestellt werden, da sie eine „Quelle" aktuellsten Wissens darstellen.[49] Die sich daraus ergebende – oft nicht einmal bewusst initiierte – „jugendzentrierte" Innovationsstrategie baut zusätzlich auf den Bestrebungen der beruflichen Novizen auf: sie haben ihre Karriere noch vor sich, definieren ehrgeizige Ziele für ihre Berufsbiographie und sind hoch motiviert, die neueste Technik anzuwenden. Aus den Erfahrungen der 80er und 90er Jahre und der Tendenz zukünftig verstärkt notwendiger Kundenorientierung lässt sich vermuten, dass sich aufgrund einer solchen Strategie längerfristig Nachteile sowohl für die Innovationsfähigkeit des Unternehmens als auch für die Leistungsfähigkeit der Mitarbeiter ergeben werden.

Nach Aussagen aus den Fallstudien[50] schenken die Neueingestellten wegen fehlender berufspraktischer Erfahrung kommerziellen oder betrieblichen Randbedingungen geringere Beachtung als bereits langjährig Beschäftigte. In Zukunft wird in flacheren Hierarchien jedoch die fehlende Erfahrung und Kundenorientierung der Mitarbeiter immer weniger durch das Management ausgeglichen werden können. Sollen die Mitarbeiter zukünftig einen immer größeren Managementanteil übernehmen, so wird eine allein auf einer langjährig eng spezialisierte fachliche Arbeit beruhende Erfahrung nicht mehr ausreichen.

Die Unterstützung des Entwicklers bei der Gewinnung übergreifender Erfahrung in der Arbeit mit Projektmanagement und im Kundenkontakt wird zu einem Kerninteresse des Unternehmens und zur Aufgabe des Personal- und Weiterbildungsmanagements (vgl. Abb. 7). Eine Personalstrategie, die sich allein auf die neu eingestellten Hochschulabsolventen und deren Karriere konzentriert, führt dazu, dass die im Unternehmen schon länger tätigen und nicht in Führungspositionen aufgestiegenen Mitarbeiter nicht weitergebildet werden, ihre Leistungspotenziale verkümmern und ihre Bedeutung für die Innovationsfähigkeit der Unternehmen abnimmt. Hier besteht die Gefahr, dass diese Mitarbeiter für den Softwareentwicklungs-Arbeitsmarkt uninteressant werden.[51]

Die Jugendzentrierung des Personal- und Weiterbildungsmanagements im Unternehmen hat anscheinend eine gleichzeitige Vernachlässigung der Laufbahnpla-

---

[48] Vgl. Roth 1992, insbesondere Abschnitt 2.1.

[49] Im Gesamtbereich der Computerberufe überwiegen Hochschulabgänger bei Neueinstellungen nicht. Nach der Berufsstatistik wurden 1998 in IT-Berufen insgesamt 36 000 Neueinstellungen getätigt, von denen lediglich 50 % einen Hochschulabschluss besaßen (Dostal 1999).

[50] Vgl. Anhang 2.

[51] Vgl. Rohr 1996, S. 161–178.

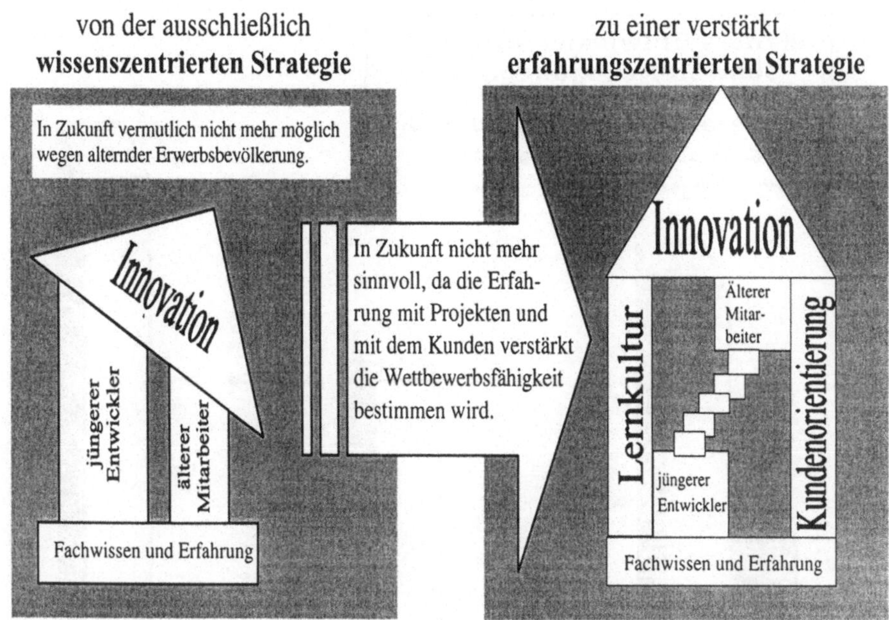

Abb. 7: Wandel der Bedeutung von Wissen und Erfahrung in der Softwareentwicklung

nung zur Folge. Das bestätigte sich in der Expertenbefragung. Alle Experten, die eine Jugendzentrierung des Personal- und Weiterbildungsmanagements sahen (das waren allerdings nur 29 % und nur einer von acht Unternehmensvertretern), kritisierten die Vernachlässigung der Thematik der Mitarbeiter- bzw. Laufbahnentwicklung durch die Personalverantwortlichen in den softwareentwickelnden Unternehmen.

57 % der Experten sagten, dass ältere Mitarbeiter nicht schwieriger zu managen seien als jüngere Entwickler. Allerdings sahen diese Experten durchaus Probleme der Weiterbildung bei älteren Mitarbeitern (vgl. die hellen Säulen in Abb. 8): ¾ von ihnen (bei Unternehmensvertretern nur 60 %) hielten ältere Entwickler für wenig motiviert, Freizeit einzubringen und immerhin noch 42 % sahen finanzielle Probleme des Mitarbeiters als Ursachen für die fehlende Lernmotivation bei Älteren. Hingegen sah nur einer von fünf Unternehmensvertretern unter denjenigen, die ältere für nicht schwieriger zu managen hielten, eine Ursache der geringen Weiterbildungs-Motivation in finanziellen Problemen.[52]

Von den anderen Experten (also 43 %), welche hingegen Probleme beim Management älterer Mitarbeiter sahen, betonten über die Hälfte (55 % dieser Experten) auch bei der Frage nach den Ursachen für deren Weiterbildungs-Motivationsdefizite die Ängste, vor Jüngeren in der Lernsituation zu versagen (vgl. Abb. 8).

---

[52] Vgl. auch Abb. 7 in Abschnitt 3.1.

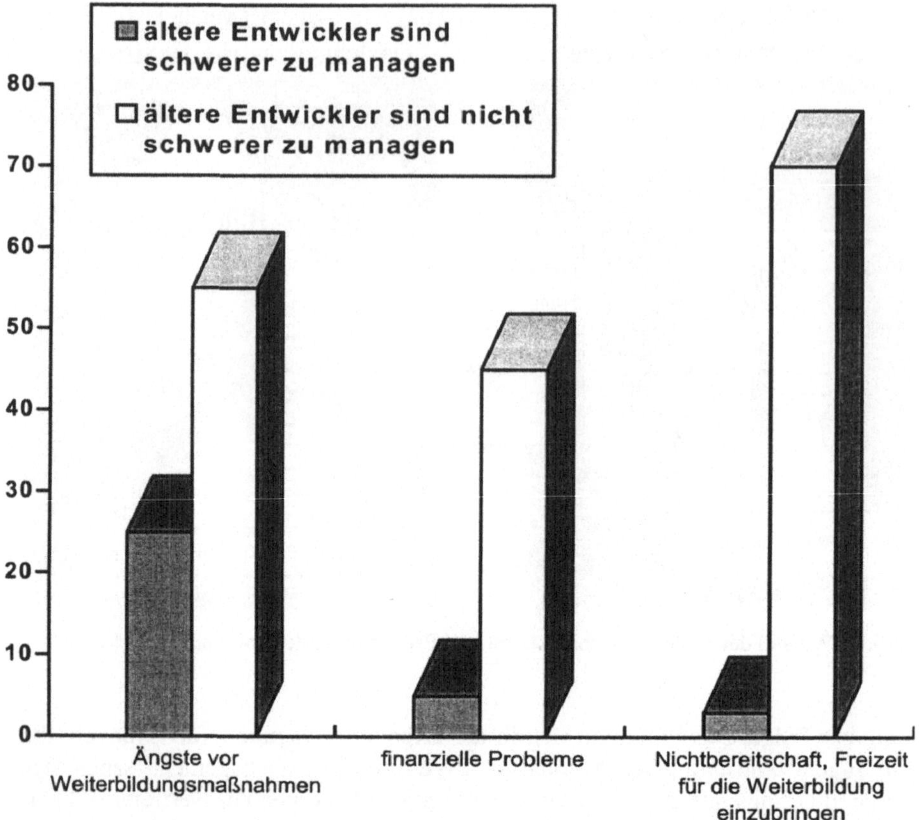

Abb. 8: Ursachen zu Weiterbildungsdefiziten bei älteren Entwicklern: Unterschiede aufgrund der differierenden Meinung, ob ältere Entwickler schlechter zu managen seien (Basis: Befragte n = 29)

Von den Experten, die keine großen Managementprobleme in Bezug auf die älteren Mitarbeiter sahen, nahmen durchaus einzelne (etwa ¼) auch Probleme mit Versagensängsten als Motivationshindernis zur Weiterbildung der älteren Entwickler wahr.

Die Delphi-Frage nach den Ursachen der „Jugendzentriertheit" des Personal- und Weiterbildungsmanagements sollte auch der Sensibilisierung für die Fragestellung dienen, indem neben Standardantwortmöglichkeiten, die die Nachteile älterer Entwickler darstellten auch Versäumnisse des Personalmanagements zur Diskussion standen. Während eine Majorität der Experten (62 %) der Auffassung war, dass jüngere Entwickler billiger seien und auch innovativer als ältere, d.h. 40-Jährige, und dieses für eine Ursache der Jugendzentriertheit des Personalmanagements hielten (vgl. Abb. 9), glaubten immerhin noch 43 % (bei Experten, die Unternehmensvertreter waren: 37 %), eine Ursache läge darin, dass ältere Mitarbeiter

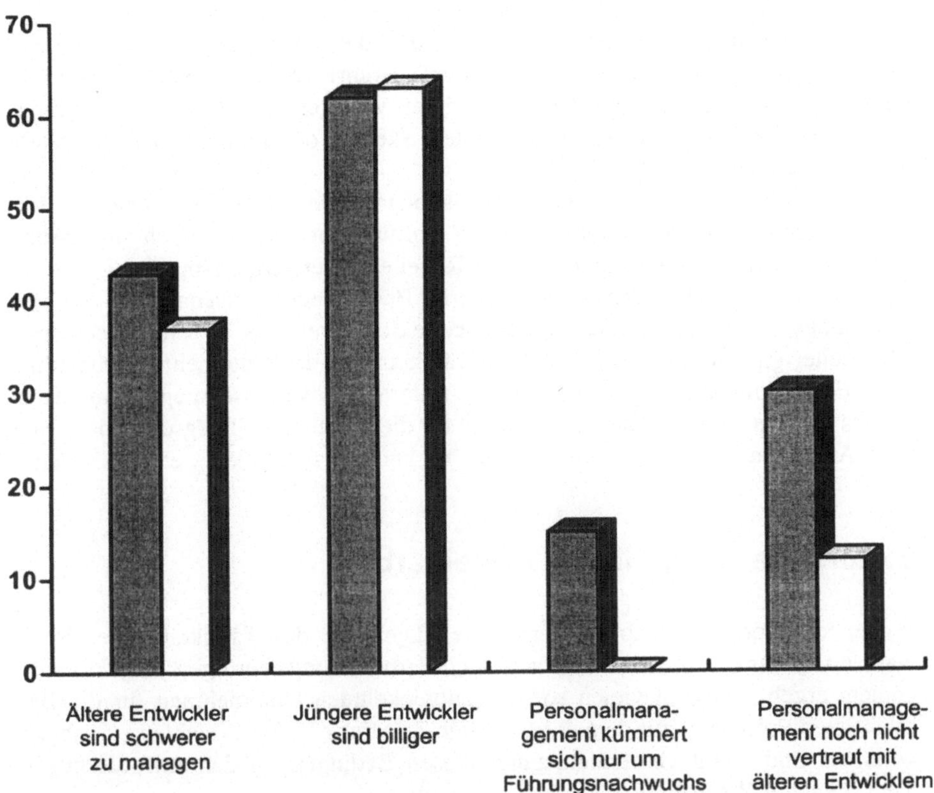

Abb. 9: Ursachen einer eher jugendzentrierten Perspektive des Personalmanagements von Software-Unternehmen (Zahlenangaben in Prozent, Mehrfachnennungen möglich. Legende: linker Balken (dunkel = alle Experten, rechter Balken = Unternehmensvertreter)

schwieriger zu managen seien. Dass das Personalmanagement sich nur um Führungskräfte kümmern würde, sahen nur 15 % (und kein Unternehmensvertreter) als eine Ursache für das jüngerenzentrierte Personalmanagement an.[53]

Anhand einiger der von uns durchgeführten Fallstudien in softwareentwickelnden Unternehmen kann man erörtern, welche Probleme für die Innovationsfähigkeit entstehen, sobald diese Unternehmen bzw. deren einschlägige Unternehmens-

---

[53] Überblick zur Frage nach den Ursachen der Jugendzentriertheit des Personalmanagements (vgl. Abb. 9; Angabe in % von n = 29 Experten (in Klammern Angaben für die Unternehmensvertreter unter den Experten):
Antworten: Eine große Bedeutung hat, dass
- ältere Softwareentwickler schwerer zu managen sind: 43 % (37 %),
- jüngere Entwickler billiger sind: 62 % (63 %),
- jüngere innovativer sind: 62 % (63 %),
- sich das Personalmanagement nur um den Führungsnachwuchs kümmert: 15 % (0 %),
- im Unternehmen bisher kaum ältere Entwickler tätig sind: 30 % (12 %).

bereiche nicht mehr personell expandieren und die Softwareentwicklung zunehmend von älter werdenden Mitarbeitern durchgeführt werden.[54] Die Delphi-Befragung zeigte, dass diese Gefährdung prinzipiell wahrgenommen wurde, allerdings unter dem Gesichtspunkt einer generellen Skepsis der Innovationstauglichkeit älterer Mitarbeiter.

Eine solche kritische Periode gleichbleibenden Personalstandes erschien für viele Unternehmen im Tätigkeitsbereich Softwareentwicklung noch undenkbar und weit entfernt. Sie bezeichnet in der Regel eine verstärkte Notwendigkeit des Umdenkens in der Personaleinsatzstrategie. Bedeutende Konsequenzen ergeben sich daraus, wenn auch langjährig bestehende Softwareteams, in denen die älteren Mitarbeiter ggf. dominieren, bei Strukturänderungen des Unternehmens beteiligt sind. Eine allein auf jüngere Mitarbeiter fixierte Innovationsstrategie wird dann für das Unternehmen problematisch wenn für die bestehende Belegschaft dann nur noch Aufgaben im Bereiche allerneuester Technologien definiert werden können.

Exkurs: Zeitdruck in der Projektarbeit

Wegen der hohen, technologiegetriebenen Dynamik des Tätigkeitsfeldes Softwareentwicklung und einem vielfach noch verbesserungswürdigen Projektmanagement ergeben sich in vielen softwareentwickelnden Unternehmen für die Beschäftigten Probleme, mit dem entstehenden Zeitdruck in den Projekten zurecht zu kommen, und damit verbunden, unter diesen Bedingungen den Anforderungen nach ständiger Weiterbildung gerecht zu werden.

Der in vielen Fallstudien von Unternehmenspraktikern konstatierte hohe Zeitdruck in der Projektarbeit wird auf ein ganzes Spektrum unterschiedlicher Ursachen zurückgeführt. Die nachfolgende Tabelle 2 gibt einen Überblick über die hauptsächlichen Ursachen, differenziert nach der Unternehmensgröße und nach unternehmensinternen und -externen Ursachen.

Zeitdruck bei der Projektarbeit ist aber nicht die alleinige Ursache für das Scheitern von Weiterbildungsmaßnahmen. Nach den Aussagen in den Fallstudien und der Delphi-Expertenbefragung kommt z.B. zur Frage nach den Ursachen für das Scheitern meist der Zeitdruck zusammen mit der Angabe „fehlendes Personal"[55] in den Nennungen vor.

Gegenüber der Weiterbildungs-Problematik erscheint der Stress, der aus dem Zeitdruck folgt, kein generelles Problem zu sein: Er tritt nach impliziter Meinung der Experten aufgrund auch berufsbiographisch bedingter, herabgesetzter individueller Belastbarkeit auf. Allerdings kann dieses nur vermutet werden, da festzustellen war, dass die im Delphi befragten wissenschaftlichen Experten in der über-

---

[54] Für den Bereich der Fertigung und Wartung von Hardware ist eine derartige Entwicklung seit dem Ende der 80er Jahre deutlich erkennbar (Welzmüller 1992).

[55] Hier ist Personal gemeint, das einen zeitweisen Ersatz für den an einer Weiterbildungs-Maßnahme teilnehmenden Mitarbeiter darstellen könnte.

Tabelle 2: Ursachen für Zeitdruck

Größe des Unternehmens	unternehmensexterne Ursachen von Zeitdruck	unternehmensinterne Ursachen von Zeitdruck
Sowohl größere Unternehmen als auch kleinere Software-Häuser	– wachsender Konkurrenzdruck – komplexes technisches oder geschäftliches Umfeld (mit nur wenigen Routineaufgaben) – die Arbeit beim Kunden gilt als besonders zeitaufwendig	– Computerfreak-Kultur: Überstunden aus Interesse – ineffizientes Projektmanagement – nicht funktionierende Schnittstelle Entwickler – Vertrieb (bzw. Kundenberatung) – Technikorientierung statt Kundenorientierung
Kleine Software-Häuser und kleine, selbständige Unternehmensabteilungen		Entwickler mit ständigem telefonischen Kundenkontakt
größere Unternehmen		Karrieristen unter den jüngeren Mitarbeitern wollen in vielen Projekten gleichzeitig präsent sein

wiegenden Mehrzahl hierzu keine oder keine dezidierten Angaben[56] machen konnten. Es bleibt auch bei den Experten bei Vermutungen und der Kenntnis von Einzelfällen. Ähnlich sieht die Situation bei den befragten Unternehmens-Experten aus, wobei offensichtlich wird, dass dieses brisante Thema in den softwareentwickelnden Unternehmen konzeptionell gar nicht behandelt wird, sondern nur im Einzelfall Lösungen gefunden und vereinbart werden.

In der zweiten Phase des Delphi wurde danach gefragt, welche betrieblichen Akteure sich primär um Burn-out als Stressphänomen kümmern sollte und welche Maßnahmen dabei im Vordergrund stehen sollten. Hier ergaben sich Ergebnisse, aus denen Schlussfolgerungen für organisatorische Maßnahmen gezogen werden können: Die Vergrößerung der Gestaltungsfreiheit als Maßnahme gegen den Burn-out ist fast allen Befragten wichtig.[57]

---

[56] Dies bezieht sich auf in der Delphi-Expertenbefragung nachgefragte Angaben über die Häufigkeit negativer Stressauswirkungen (Burn-out) in den Unternehmen.

[57] Die Vergrößerung der Gestaltungsfreiheit beurteilen 40 % als „wichtig" und 55 % als „sehr wichtig". Somit zeigt auch die Behandlung des Themas Stress in den softwareentwickelnden Unternehmen die mögliche Bedeutung der Laufbahnplanung (siehe Kap. 5.2), in deren Rahmen auch gegen negative Stressauswirkungen vorgebeugt werden soll, z.B. durch Gewöhnung an Tätigkeitswechsel, der Vermeidung von Lernungewohntheit und der Herabsetzung von Zeitdruck im Tätigkeitsspektrum.

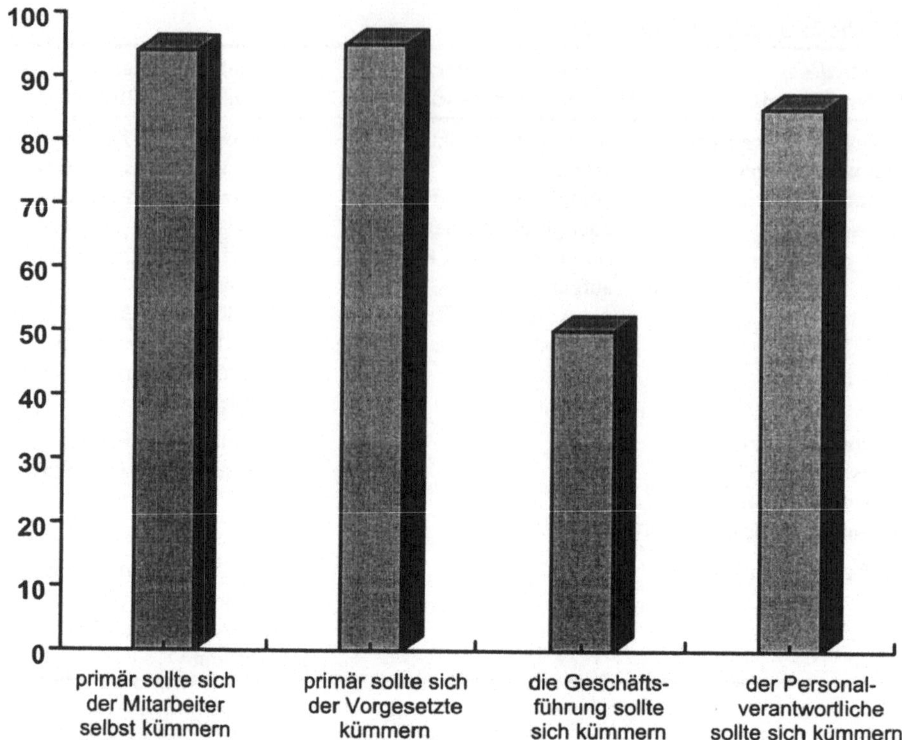

Abb. 10: Delphi-Frage „Welcher betriebliche Akteur sollte sich primär um Burn-out als Stressphänomen kümmern?"

Desweiteren wurde von fast allen Experten die Meinung vertreten, dass sich primär der Mitarbeiter selbst und sein direkter Vorgesetzter um Burn-out kümmern sollten.[58] Nur die Hälfte (bzw. fast 2/3 bei den Unternehmensvertretern) ist der Meinung, dass sich auch die Geschäftsführung darum kümmern sollte, aber überraschend viele (84 % und 76 % bei den Unternehmensvertretern) halten es für wichtig, dass sich der Personalverantwortliche darum kümmert.[59]

Letztlich wird der Zeitdruck nur durch eine verbesserte Fähigkeit des Projektmanagements reduziert werden können. Das Hauptproblem für älter werdende Softwareentwickler liegt allerdings weniger in der Bewältigung von zeitlichen Engpässen und damit verbundenen Spitzen von Stress, sondern in der langfristigen Erhaltung ihrer persönlichen Arbeitsmarktfähigkeit. Durch die strukturelle Vernachlässigung von Weiterbildung entstehen hier ernsthafte Probleme für den lang-

---

[58] Alle Experten betonen die Eigeninitiative des Mitarbeiters, wenn es um Stressfolgen geht. 89 % (Unternehmensvertreter: 100 %) halten es für wichtig, dass dies in der Zusammenarbeit mit dem Vorgesetzten geschieht.

[59] 32 % sind sogar der Meinung, dass es *sehr* wichtig ist, dass sich der Personalverantwortliche um das Burn-out als Stressfolge kümmert.

fristigen effektiven Einsatz in diesem Tätigkeitsfeld. Weiterbildungsdefizite bilden auch den wesentlichen Nährboden, auf dem sich das negative Image von älteren Entwicklern ausbilden konnte, wie der nächste Abschnitt verdeutlichen wird.[60]

3.4 Leistungspotenziale älter werdender Softwareentwickler

Zusammenfassend kann zum Problem der Leistungsfähigkeit der älter werdenden Softwareentwickler gesagt werden, dass, obwohl von den befragten Experten 71 % die Problematik der Weiterbildung bei älter werdenden Entwicklern sehen, so werden diese Defizite doch in erster Linie nicht mit dem Alter in Beziehung gebracht. Nur für diejenigen, die „schon den Vorruhestand im Visier haben" (Altersangaben ab Anfang 50 werden hier genannt), erscheint ein solches Altersargument relevant.[61]

Diese Situation ist aber weder für den Altersbereich der 40-Jährigen, bei dem erste Dequalifizierungsgefahren auftreten, allein bedeutsam, noch in allen Unternehmen anzutreffen. Der Kreis der heute akut auftretenden Probleme ist zunächst einmal eingegrenzt auf geringer qualifizierte Entwickler, die lange in Nischenbereichen arbeiteten, die inzwischen aber auslaufen und für die entsprechende Aufgaben nicht mehr zur Verfügung stehen bzw. in naher Zukunft stehen werden.

In manchen der Software-Unternehmen bestehen für die Weiterbildung auch zur Zeit immer noch ungünstige Verhältnisse.[62] In dieser Situation ist abzusehen oder zu befürchten, dass sich auch die heute eingestellten Informatiker, Wirtschafts-Informatiker und Mathematiker in 10 bis 15 Jahren ähnlichen Problemen der engen Spezialisierung entgegensehen wie es heute bei den älteren Entwicklern der Fall ist.[63]

---

[60] Vgl. auch den Beginn von Kapitel 3.

[61] Dabei wird mit dieser Perspektive von den Experten sowohl den älteren Mitarbeitern als auch den Unternehmen ein Teil der Schuld zugewiesen. Während bei den über 50-Jährigen die Motivation zum Umlernen „für die letzten 10 Berufsjahre" nicht mehr gesehen würde, schätzten manche Unternehmen ein, dass sich die Kostenübernahme für eine Weiterbildungsmaßnahme in diesem Alter nicht mehr auszahlen würde.

[62] Vgl. beispielsweise die jeweils ersten Unternehmen-Fallbeispiele der Abschnitte 2.1.1 und 2.1.3 im Anhang 2.

[63] Wenn fachbezogenes Wissen über heute noch aktuelle Konzepte der Software und Hardware am Arbeitsmarkt nicht mehr nachgefragt sein wird, die heute jüngeren Entwickler sich jedoch wiederum in fachlichen Nischen eingerichtet haben, wird sich zeigen müssen, ob erneut ähnliche Probleme entstehen werden. Es ist aber nicht auszuschließen, dass die heute oft bestehende höhere Qualifikation der jungen Informatiker tatsächlich ausreichen wird, Probleme der Umschulung (des ungewohnten Wissenserwerbs in einem neuen technologischen Umfeld) leichter zu bewältigen, als das bei den heutigen älteren EDV-Fachleuten der Fall ist.

Positive Beispiele ergaben sich in Unternehmen, die Software für technische Produkte entwickeln. Aufgrund der kürzeren Innovationszyklen dieser technischen Produkte (im Vergleich zu kaufmännischen Anwendungen) wissen die Softwareentwickler, dass sie nach fünf bis sieben Jahren in neue Produktentwicklungsteams wechseln müssen. Sie wissen, dass für das neue Produkt auch neue Tools und Methoden bei Software und neue Technologien bei Hardware angewandt werden. Damit ist eine längerfristige berufliche Perspektive gegeben. Der Wechsel in das neue Produktteam wird nur möglich, wenn die Weiterbildung nicht vernachlässigt wurde. Durch den Wechsel zum neuen Produkt erhält zwar ein Teil des angesammelten Fachwissens einen geringeren Wert, aber mit den neuen Projekten wird kontinuierliches Lernen unterstützt, Erfahrungswissen aufgewertet und Flexibilität gefordert und dadurch auch gefördert.

Übergang zu Kapitel 4

Nicht nur diese betrieblichen Erfahrungen widersprechen dem negativen Image (Leistungs- und Weiterbildungsdefizite) des älteren, erfahrenen Mitarbeiters in der Softwareentwicklung, dass in den Vorstellungen jüngerer Mitarbeiter und bei Personalverantwortlichen gängigen ist. Es genügt deshalb nicht, allein auf die organisatorischen Ursachen der in Einzelfällen auftretenden Defizite hinzuweisen, wie dies in diesem Kapitel getan wurde. Es ist vielmehr notwendig, auch explizit auf die sich im Alter positiv entwickelnden Leistungspotenziale hinzuweisen. Im folgenden Kapitel 4 geschieht dieses anhand von Forschungsergebnissen aus der Gerontologie. Denn die Alternsforschung hat sich bereits seit mehreren Jahrzehnten vom Defizitmodell des Alterns verabschiedet. Veränderungen der Fähigkeiten im Alter lassen sich nach den neuen Vorstellungen vielmehr als Wandel in den Leistungspotenzialen beschreiben, welcher dazu führt, dass die Praxisnähe, die Erfahrungsbasis und die Kommunikationsfähigkeit in der Regel gesteigert werden. Aus diesen Erkenntnissen heraus wird im folgenden Kapitel versucht, altersdifferenzierte Teamzusammenstellungen für die einzelnen Phasen der Softwareentwicklung anzugeben.

Kapitel 4

Softwareentwicklung und einige Ergebnisse der gerontologischen Forschung

Die geschilderten Fallbeispiele deuten darauf hin, dass in der Vergangenheit sowohl (aus der Länge der jeweiligen Innovationszyklen[64] erklärbare) organisatorische Strukturen als auch eine zu geringe Grundqualifikation einen ungünstigen Einfluss auf die Entwicklung einer Laufbahn von Softwareentwicklern haben. Ungünstige organisatorische Umstände führen zu Teams und Abteilungen, die sich bezüglich des Alters stark unterscheiden und in denen die einen sich nur noch um ältere Konzepte kümmern, die anderen meist jüngeren, nur für die neuere Technologie zuständig sind. Die Berufsbiographie zeichnet damit eine Linie zunehmender Spezialisierung in technologischen Bereichen, die mehr oder weniger schnell veralten. Zumindest bei Personen ohne Hochschulausbildung in Informatik oder vergleichbaren, softwarerelevanten Disziplinen zeichnet sich dann die zunehmend problematischer werdende Situation des Verlustes der Arbeitsmarktfähigkeit für den älter werdenden Entwickler ab.

Ein generelles Absinken von Leistungsfähigkeit und Motivation bei älter werdenden Mitarbeitern kann demhingegen nicht konstatiert werden. Auch nach den Aussagen der gerontologischen Alternsforschung zeigen sich ältere Mitarbeiter genauso gut in ihrer Lernfähigkeit. Sie können auch in anspruchsvollen, komplexen Projekten mitarbeiten. Die noch vor zwanzig Jahren – auch in der Wissenschaft – aktuelle Vorstellung einer generellen Abnahme der Leistungsfähigkeit mit zunehmendem Alter („Defizitmodell" des Alterns)[65] ist inzwischen vielfach korrigiert worden.[66] Spezifische Defizite werden heute vornehmlich aus bestimmten (berufs)biographischen Ereignissen erklärt und die Trainierbarkeit vieler Leistungsfähigkeiten hervorgehoben.[67]

Dies gilt insbesondere für geistige Fähigkeiten. Bei den motorischen Fähigkeiten kommt es zwar zunehmend zu irreversiblen Verlusten, jedoch zeigt sich auch dabei das Phänomen der möglichen Kompensation. Z.B. kann die dem älteren

---

[64] Vgl. Abschnitt 2.1.
[65] Vgl. Lehr (1991, S. 67–74).
[66] Vgl. Lehr (1991, Kapitel 4.3, insbesondere S. 99–103).
[67] Vgl. Filipp (1987).

Menschen verfügbaren Erfahrung im praktischen Umgehen mit Verfahrensabläufen einem Teil der sich verringernden physiologischen Verarbeitungsgeschwindigkeit für Information entgegenwirken. Diese Erkenntnisse entstammen auch der Einsicht in die große individuelle Variationsbreite der Leistungsfähigkeiten[68], die mit ansteigendem Alter stark zunimmt. Erklärungen für dieses Phänomen werden in biographischen Unterschieden der einzelnen Personen gesehen und in den unterschiedlichen Vermögen der Individuen, Leistungen durch Training auf hohem Niveau zu halten oder durch neu hinzukommende Vermögen zu ersetzen bzw. zu kompensieren.[69]

Für die Praxis lässt sich daraus der generelle Schluss ziehen, dass es entscheidend ist, durch lebenslanges Lernen einer schleichenden Lernentwöhnung entgegenzuwirken und die sich wandelnden Fähigkeiten älterer Mitarbeiter verstärkt zu beachten. Nicht auf der Betrachtung der Defizite sollte demnach der Schwerpunkt einer Analyse der Verschiebung des Leistungsspektrums liegen, sondern auf der Hervorhebung von Kompensationsmöglichkeiten und Strategien des Lernens im Rahmen einer altersadäquaten Weiterbildung. Beispielsweise ist aus der Erwachsenenpädagogik und der Gerontologie bekannt, dass Personen im Alter um die 40 Jahre in anderer Weise lernen als etwa die zehn Jahre jüngeren. Tendenziell verringert sich das mehr spielerisch und neuheitsorientierte Herangehen der Jüngeren mit zunehmendem Alter zu einer verstärkt problem- und ergebnisorientierten Herangehensweise.[70] Darüber hinaus ist das Lernverhalten älterer Personen primär auf ganzheitliche Sinngehalte ausgerichtet.[71] Daher wird die Darstellung von Zusammenhängen und die Vermittlung von Querverbindungen im Lernstoff bedeutender, und die einzelnen Lernabschnitte können einen größeren Umfang haben, als das für Jüngere[72] zu empfehlen ist.

4.1 Beschäftigung älterer Mitarbeiter in den Phasen der Softwareentwicklung

In diesem Abschnitt werden die bei Tätigkeiten in der Softwareentwicklung wesentlichen Leistungspotenziale aus der Analyse im vorausgegangenen Abschnitt dahingehend bewertet, ob ältere Softwareentwickler ihnen gerecht werden können. Dazu werden oben angedeutete gerontologische Aussagen herangezogen und im folgenden näher vorgestellt.

---

[68] Beispielsweise für Gedächtnisleistungen ist diese starke Variationsbreite von Person zu Person unterschiedlicher Leistungsfähigkeit exemplarisch nachgewiesen (Fleischmann, 1991).

[69] Vgl. Lehr (1991, S. 92–103), Baltes et al. (1995 und 1996).

[70] Vgl. Baltes et al. (1995).

[71] Vgl. Lehr (1991, Kapitel 4.4, insbesondere S. 109 f.), Löwe (1970 und 1971).

[72] Jüngeren Lernenden kommt demhingegen eher eine stärkere Zergliederung des Lernstoffes und eine Vielzahl von Pausen zwischen den Lernabschnitten entgegen (Roth, 1961, vgl. auch Lehr, 1991, S. 109).

Um gerontologische Forschungsergebnisse als Bewertungskriterien heranziehen zu können, sind mehrere Vorbemerkungen notwendig.

1. Bezugsetzungen gerontologischer Forschungsergebnisse auf die „alten" Mitarbeiter in der Softwareentwicklung sind nur mit aller Vorsicht möglich. Prinzipiell muss man die bezüglich einer möglichen Ergebnisübertragung kritische Frage stellen, ob gerontologische Untersuchungen überhaupt für diese zutreffen können, da der Softwareentwickler bereits mit 35–45 Jahren als „älterer Mitarbeiter" angesehen wird. Denn gerontologische Untersuchungen beziehen sich vornehmlich auf die Altersgruppe der über 60-Jährigen. Diese Untersuchungen können also für die Angehörigen einer jüngeren Altersgruppe nur ein Bild über die *Tendenzen* ihres Älterwerdens bestimmen.

2. Aussagen über die Leistungspotenziale älterer Mitarbeiter durch Zuordnung von Ergebnissen gerontologischer Untersuchungen sind wegen der Streubreite bis hin zur Widersprüchlichkeit[73] der Forschungsergebnisse nur qualitativ durchführbar. Es sind jedoch Tendenzen der Altersveränderung von Leistungspotenzialen ablesbar und zum Teil mögliche Maßnahmen zur Leistungserhaltung bzw. -steigerung[74] erkennbar.

3. Auch die zum Teil sehr ausführlichen Listen[75] der Altersabhängigkeit von psychologischen Fähigkeitsmerkmalen ergeben noch keinen hinreichenden Eindruck und Beurteilungshintergrund, da sich in den Untersuchungen bei vielen Merkmalen eine deutlich zunehmende Streubreite der Fähigkeit mit zunehmendem Alter zeigt.[76] Schon das deutet auf eine weitgehende Trainierbarkeit oder personenspezifische Abhängigkeit der Altersentwicklung hin. Diese Einflüsse (Ausbildungsgrad, vielseitiges Tätigkeitsspektrum) sind nachgewiesen.[77]

In der Softwareentwicklung hatten sich folgende Leistungspotenziale als wesentlich im Hinblick auf die Tätigkeit älter werdender Softwareentwickler ergeben:[78]

- Abstraktionsfähigkeit
- Kreativität

---

[73] König (1994), S. 2, drückt diesen Sachverhalt nach Sichtung deutschsprachiger gerontologischer Forschungsergebnisse pointiert so aus: „Nahezu zu jeder Aussage lässt sich eine gegenteilige Meinung anführen. Klare, eindeutige Aussagen in der Literatur sind die absolute Ausnahme."

[74] Insbesondere im Bereich des Lernens älterer Mitarbeiter (adäquate Lernformen). Lehr (1991), S. 109–113, fasst die vielfältigen Einzelergebnisse experimenteller, gerontologischer Studien zur Lernfähigkeit im Alter in 12 Punkten zusammen und zitiert ausführlich Schlussfolgerungen von Löwe (1970 und 1971) für die Praxis der Erwachsenenbildung. Näheres dazu im Kap. 5.3.4.

[75] Vgl. Lehr et al. (1979), Müller-Hagen (1977) und König (1994), S. 21.

[76] Vgl. Lehr (1991), S. 103. Baltes (1995), S. 52 f. König (1994), S. 15. Für Gedächtnisleistungen belegt bei Fleischmann (1991), S. 40 ff. (vgl. König (1994), S. 51–54).

[77] Vgl. Lehr (1991, Kapitel 4.3, insbesondere S. 86–96) und Filipp (1987).

[78] Vgl. Abschnitt 2.3.

- Erfahrung
- Verantwortungsbewusstsein
- Fachwissen
- Teamfähigkeit
- Stressakzeptanz
- Lernfähigkeit
- soziale Kompetenz im Umgang mit dem Kunden

Diese Leistungspotenziale wurden aus dem Spektrum der bei der Softwareentwicklung notwendigen Tätigkeiten und den Anforderungen, die ein Softwareentwickler erfüllen muss, um dieser Arbeitsaufgabe gerecht werden zu können, aggregiert. Die Fragestellung ist, inwiefern auch ältere Mitarbeiter dieses Leistungspotenzial entwickeln, bewahren und anbieten können, oder welche Ursachen dazu führen, dass dieses nicht geschieht. Als Grundlage für die Beantwortung sind generelle Daten über die Leistungsfähigkeit älterer Personen aus gerontologischen Untersuchungen mit der oben angemahnten Vorsicht heranzuziehen.[79]

So zieht beispielsweise Lehr (1991) das Fazit, dass

> „die Altersvariable nur als eine unter vielen anderen Determinanten der geistigen Leistungsfähigkeit im höheren Alter [erscheint]. Gruppenvergleiche, die den möglichen intervenierenden Variablen (wie Ausgangsbegabung, Schulbildung, berufliches Training, stimulierende Umgebung, Gesundheitszustand, biographische Gesamtsituation, motivationale Bedingungen) Rechnung tragen, lassen Altersunterschiede zurücktreten, dagegen innerhalb ein und derselben Altersgruppe erhebliche Leistungsunterschiede deutlich werden.“[80]

Erst nach der Sichtung der Veränderung der Leistungspotenziale beim Älterwerden kann die Beurteilung verschiedener Organisationsformen von Arbeit und Karriereweg auf Adäquatheit hin vorgenommen werden, da die Untersuchungen der Alternsforschung Hinweise auf generelle, altersabhängige Veränderungen der Leistungspotenziale geben und damit einen Rahmen für mögliche und sinnvolle Maßnahmen abstecken und erste Kriterien zu deren Beurteilung bereitstellen.[81]

Weitere wichtige Anhaltspunkte sind auch aus den Ergebnissen und Klassifizierungen arbeitswissenschaftlicher und -psychologischer Forschungen[82] zu entnehmen. Insgesamt ist aber zu konstatieren, dass es im Überschneidungsbereich zwischen Gerontologie und Arbeitswissenschaft an Ergebnissen mangelt.[83] Die geron-

---

[79] Für eine Übersicht siehe die Diplomarbeit von König (1994).

[80] Lehr (1991), Abschnitt 4.3, S. 103.

[81] Zusammenstellung bzw. Verwendung vorhandener Listen zu Leistungsfähigkeiten älterer Mitarbeiter aus Lehr (1991), Filipp (1987), Lehr et al. (1979), Müller-Hagen (1977) und König (1994).

[82] Baitsch (1993), Hacker (1993) und (1996).

[83] König (1994), S. 13, zur festgestellten Praxisferne gerontologischer Untersuchungen: „Damit soll nicht gesagt werden, dass psychologische Grundlagenforschung in irgendeiner Weise überflüssig ist. Eher kann von einer mangelnden Praxisorientierung gespro-

tologischen Untersuchungen werden überwiegend in experimentellen Situationen durchgeführt und sind dementsprechend fern vom Arbeitsalltag; dies gilt besonders für das Umfeld geistiger Tätigkeiten.[84] Hinzu kommt die schon erwähnte, von der Alternsforschung festgestellte große individuelle Streubreite[85] vieler Einzelergebnisse, so dass von einer mit dem Alter zunehmenden Bedeutung individueller Lebensläufe sowie berufsbiographischer Entwicklungen und Erfahrungen gerechnet werden muss.[86]

Auch in den Forschungsanstrengungen der Arbeitspsychologie findet man kaum eine Berücksichtigung kreativer Ingenieurarbeit[87] und ihrer spezifischen Tätigkeit und Belastung, geschweige die Betrachtung der Leistungsveränderungen beim alternden Ingenieur. Für Leistungspotenziale, wie sie in der Softwareentwicklung benötigt werden, gibt Tabelle 3 Anmerkungen über Untersuchungsergebnisse der Gerontologie an. Eine detailliertere gerontologische Einzelbeurteilung der ermittelten Leistungspotenziale kann aus den besprochenen Gründen nicht durchgeführt werden.

Zusammenfassend darf wohl gesagt werden, dass die betriebspraktische Anwendbarkeit von Ergebnissen der gerontologischen Forschung nur in eingeschränktem Maße gegeben ist. Für die Beurteilungen im INVAS-Teilprojekt zur Softwareentwicklung wurde deswegen eine Gruppierung von Fähigkeitsbereichen zu Leistungspotenzialen vorgenommen, deren generelle Altersentwicklung zwar nur zum Teil angegeben werden kann, die aber für die Ingenieurtätigkeit der Softwareentwicklung von Bedeutung sind. Unter Beachtung der generellen, aus gerontologischen Untersuchungen folgenden Tendenzen der Leistungsentwicklung älterer Mitarbeiter stellten diese Leistungspotenziale ein Analyseinstrument für die betrieblichen Fallstudien und die Delphi-Expertenbefragung dar.

---

chen werden. Die Ergebnisse der psychologischen Grundlagenforschung müssen von den Psychologen für potentielle Anwender in einer diesen verständlichen Form aufbereitet und zur Verfügung gestellt werden." Lehr (1991), S. 191, konstatiert für die Ergebnisse gerontologischer Untersuchungen, die die Bestimmung der beruflichen Leistungsfähigkeit zum Ziel hatten, eine generelle methodische Problematik der Erfassung von Arbeitsleistungen, die über Akkordarbeit-Niveau hinausgehen zu untersuchen und stellt fest, dass in diesen Untersuchungen widersprüchliche Ergebnisse auftreten. Für die eher nichtkörperlichen Leistungsmerkmale bemerkt Lehr zusammenfassend: „Konzentrationsfähigkeit, Fähigkeit zur raschen Informationsverarbeitung und psychomotorische Anpassung und technisches Verständnis und Geschick sind stärker gefragt. Für viele dieser Anforderungen aber gilt das Fazit, das Stagner (1985) aus einer kritischen Sichtung der einschlägigen industrie-gerontologischen Forschung zog. Danach ist der ältere Arbeitnehmer nicht weniger genau, ausdauernd oder verlässlich in seiner Leistung als der jüngere."

[84] Vgl. z.B. die experimentelle Überprüfung von Intelligenzleistungen Lehr (1991), S. 72 u. 79, Baltes (1995), Baltes et al. (1996), S. 35, Filipp (1987), S. 392.

[85] Vgl. Lehr. (1991), S. 103. Baltes (1995), S. 52f. König (1994), S. 15.

[86] Vgl. Filipp (1987).

[87] Für weitergehende Ansätze auf diesem Gebiet vgl. Hacker (1996).

Tabelle 3: Die Wandlung der Leistungspotenziale aus der Sicht der Gerontologie

Leistungspotenzial[88]	Anmerkungen
Abstraktionsfähigkeit	Keine gerontol. Literatur über berufsrelevante Fragestellungen.
Kreativität	In der gerontol. Lit. finden sich widersprüchliche Befunde.[89]
(allg. berufliche) Erfahrung	Nach bestimmten gerontol. Konzepten („pragmat. Intelligenz") wächst die Lebensbewältigungsfähigkeit aufgrund von strategischer Erfahrung.[90]
Verantwortungs- bewusstsein	Die Motivation älterer Mitarbeiter für den von ihnen übernommenen Arbeitsbereich ist nicht geringer als bei jüngeren Mitarbeitern. Eine Motivation, neue Aufgabenbereiche zu über-nehmen, ist aber bei den älteren Mitarbeitern geringer vorhanden. Dies liegt an der erlebten oder vermuteten zusätzlichen Arbeits- (und Lern-)belastung.[91]
Fachwissen	Ob aktuelles Faktenwissen erworben wird und/oder eine fachliche Spezialisierung erfolgreich ist, ist weitgehend unabhängig von altersabhängigen Veränderungen und hängt von individuellen und betrieblichen Bedingungen ab.[92]
Teamfähigkeit	Als tendenziell alterskorrelierte Eigenschaften (mit möglichem Einfluss auch auf die Teamfähigkeit) werden genannt: Toleranz, Entscheidungsökonomie.[93]
Stressakzeptanz	Bei Bearbeitung von Aufgaben (und beim Lernen) unter Zeitdruck und anderen belastenden Faktoren ist eine verminderte Stressakzeptanz Älterer zu konstatieren.[94]

[88] Die Leistungspotenziale Fachwissen, Stressakzeptanz und Lernfähigkeit werden in der nachfolgenden Diskussion der Delphi-Ergebnisse zur Teamzusammensetzung nicht weiter berücksichtigt, weil sie in jeder der Phasen der Softwareentwicklung in ähnlich hohem Maße vorhanden sein müssen.

[89] König (1994), S. 73: „Nach verschiedenen Untersuchungen ist die Kreativität wegen Defiziten höherer kognitiver Operationen oder Unterbeanspruchung kreativer Fähigkeiten im Alter geringer. Andere Autoren finden eine Konstanz der Kreativität."

[90] Baltes (1995), S. 57 f. Lehr (1991), S. 93 (insbes. zum Leistungsanstieg bei manchen Aufgaben). Für Qualifikationsmerkmale vgl.: Lehr (1991), S. 194. Weinert (1992), S. 194 f, König (1994), S. 74 ff.

[91] Zu „Arbeitszufriedenheit" vgl.: Lehr et al. (1979), zu „positive Einstellung zur Arbeit" und „geistige Beweglichkeit und Umstellungsfähigkeit" vgl.: Müller-Hagen (1977). Allgemein vgl. Riley (1992), S. 443. König (1994), S. 94 f.

[92] König (1994), S. 74.

[93] Lehr (1991), S. 194.

[94] Zu Angst als leistungsmindernden Faktor bei Älteren vgl.: Lehr (1991), S. 102 f. Zu Stress und Krankheit vgl.: ebd., S. 202. Zu Zeitdruck vgl.: Weinert (1992), S. 195 und König (1994), S. 93.

Tabelle 3 (Fortsetzung)

Leistungspotenzial	Anmerkungen
Lernfähigkeit	Die Lernfähigkeit älterer Mitarbeiter muss differenziert betrachtet werden. Wenn die Arbeitsinhalte lernfördernde Elemente enthalten und die Projektplanung auf das Lernen (Lernanforderungen Älterer) Rücksicht nimmt und dieses fördert, dann sinken die Lernleistungen mit zunehmendem Alter nicht.[95]
Soziale Kompetenz im Umgang mit Kunden	Keine gerontologische Literatur über berufsrelevante Fragestellungen.[96]

4.2 Teamzusammensetzung in den Phasen des Softwareentwicklungsprozesses

Durch die Experten wurde die Bedeutung der physischen und sozialen Merkmale für die einzelnen Phasen des Prozesses der Softwareentwicklung bestimmt. Unter Zuhilfenahme der gerontologischen Aussagen lassen sich dann diejenigen Phasen der Softwareentwicklung benennen, in denen entweder eher eine größere Anzahl älterer Mitarbeiter mitarbeiten könnten oder sollten, oder die Gewähr für eine bessere Innovationsfähigkeit des Unternehmens durch eine geringere Anzahl von älteren Mitarbeitern in Aussicht stände. Vorweg kann man die Meinung der Experten dahingehend zusammenfassen, dass insbesondere die Phasen, in denen die spezielle Kompetenz im Kundenkontakt vorhanden sein muss und diejenigen, in denen wesentlich Erfahrungsmomente zum tragen kommen, sollten für ältere Mitarbeiter offenstehen sollten.

Im Folgenden wird nun näher darauf eingegangen, wie es den älter werdenden Mitarbeitern ermöglicht werden kann, längerfristig in der Softwareentwicklung tätig zu sein. Dazu sind Bedingungen zu schaffen, in denen die erforderlichen Leistungspotenziale erworben, eingesetzt und ausgebaut werden können.

---

[95] Lehr (1991), S. 109–113. Müller-Hagen (1977). Filipp (1987), S. 398–403. Lehr et al. (1979), S. 57. König (1994), S. 62–67. Zu Gedächtnisleistungen vgl.: Fleischmann (1991), S. 40 ff.

[96] In der gerontologischen Literatur finden sich nur spezifische Einzelaussagen, die als Hinweis auf die Möglichkeit einer ausgeprägteren Kommunikationsfähigkeit bei älteren Mitarbeitern herangezogen werden könnten: vergrößerte Sprachgewandtheit (Filipp [1987]), bessere Selbst- und Fremdeinschätzung (Baltes [1995], Lehr [1991], S. 79). Vgl. aber die arbeitspsychologischen Untersuchungen zur Bedeutung der Kommunikationsfähigkeit in der Softwareentwicklung (ohne Bezug auf den Einfluss des Lebensalters) von Brodbeck (1993).

Entscheidend für die berufliche Laufbahn ist nach diesen Erkenntnissen

- die Beibehaltung von Anreizen zur kontinuierlichen Weiterbildung, und das nicht nur in dem jeweiligen engen Spezialbereich, und
- eine Perspektive auf herausfordernde Aufgaben.

Zusammenfassend resultiert daraus eine Aufgabenbeschreibung für das Personal- und Weiterbildungsmanagement nach der leitenden Vorstellung, dass ältere Softwareentwickler in der Regel keine „Schonarbeitsplätze", sondern die Möglichkeit benötigen, in schrittweise ausgeweiteten Teilbereichen erworbene Erfahrung einbringen zu können. Weder sollte eine zu enge Spezialisierung über einen langen Zeitraum[97] beibehalten[98] noch ein für alle gültiger Anspruch auf Weiterentwicklung zu Managementtätigkeiten gefordert werden. Für einen größer werdenden Teil älterer Mitarbeiter sollte dabei die Gewinnung und Entfaltung von Erfahrung mit einer kundenorientierten Nutzung neuer Technologien eine vorteilhafte Möglichkeit darstellen., In Anbetracht der Tendenzen am Dienstleistungsstandort Deutschland ist es für den innovativen Tätigkeitsbereich der Softwareentwicklung besonders bedeutsam, die in schnellem Wandel befindlichen technologischen Möglichkeiten jeweils auf mögliche Vorteile für den Kundenkreis hin auszuloten. Dabei sollte auf entsprechende, nicht allein technologiegetriebene Innovationen abgezielt werden.

In der ersten Phase des Delphi[99] wurden die 29 Experten nach Vorteilen älterer Mitarbeiter gefragt, d.h. nach den Fähigkeiten, in denen diese tendenziell für besser als jüngere Mitarbeiter gehalten werden dürfen. Dabei konnte die These bestätigt werden, dass als Vorteile die bessere Kommunikationsfähigkeit und ihre Erfahrungen mit vorausgegangenen Projekten angesehen werden. Die Qualifikationsmerkmale „Erfahrung" und „soziale Kompetenz" werden von den Experten ganz überwiegend bei älter werdenden Entwicklern stärker ausgeprägt angesehen als bei jüngeren. Insbesondere zeigte die Delphi-Expertenbefragung, dass sich aus einer Zustimmung zu dieser These für die Experten z.B. nicht automatisch als Folgerung ergibt, ältere Entwickler würden sich generell besser für den Kundenkontakt eignen. Diese Frage wurde im Delphi II durch eine Analyse der in den verschiedenen Phasen einer Softwareentwicklung besonders benötigten Fähigkeiten vertieft (vgl. Abb. 11). Die Bedeutung der sozialen Verantwortung wird in den primär mit Kundenkontakt verbundenen Entwicklungsphasen zu Beginn und zum Ende der Softwareentwicklung gesehen.

Als Schlussfolgerungen für die Verwendung älter werdender Softwareentwickler (also Mitarbeitern der Softwareentwicklung ab etwa einem Alter von 40 Jahren), denen in der ersten Phase des Delphi eine Zunahme von Erfahrung und sozialer Kompetenz zugesprochen wurde, ergaben sich im Delphi II folgende

---

[97] Dabei bezeichnet „lang" in der Softwareentwicklung schon einen Zeitraum von 5–10 Jahren.

[98] Vgl. die Unternehmen-Fallbeispiele in Anhang 2.

[99] Vgl. Anhang 3.3.

differenzierte Aussagen für den Einsatz in bestimmten Phasen des Prozesses der Softwareentwicklung:

- Bei den älter werdenden Entwicklern sollte ein Einsatz in den Anfangsphasen der Softwareentwicklung angestrebt werden. Dabei kann die Aufgabenanalyse von Teams durchgeführt werden, in denen ältere Mitarbeiter in der Mehrzahl sind (vgl. die Spalte „Aufgabenanalyse" in Abb. 11). Für den Systementwurf, für den nach den Expertenaussagen Kreativität und das Einbringen neuer Ideen einen wichtigen Anteil bilden, ist ein stärker altersmäßig gemischtes Team wünschenswert (vgl. die Spalte „Systementwurf" in Abb. 11).

- Da es widersprüchliche Aussagen zur Veränderung des Leistungsmerkmals der Abstraktionsfähigkeit in der gerontologischen Literatur gibt, und auch im Delphi I dazu keine eindeutigen Aussagen erhalten wurden (vgl. die Zeile „Abstraktionsfähigkeit" in Abb. 11), ist zu vermuten, dass diese Leistungsfähigkeit eher eine individuelle Charakteristik darstellt oder stark von der erworbenen Qualifikation in der Erstausbildung abhängt. Für die in den ersten zwei Phasen des Softwareentwicklungsprozesses tätigen, älter werdenden Entwickler ist es wichtig, auf ein Erreichen und Halten dieses Leistungsmerkmals besonderen Wert zu legen. Denn mehr als zwei Drittel der Experten sind der Meinung, dass bei der Aufgabenanalyse und dem Systementwurf die Abstraktionsfähigkeit besonders wichtig sei (vgl. Abb. 11).

- In abgeschwächter Form gilt das zum Systementwurf Gesagte auch für den Modulentwurf. Allerdings spielt in diesen Entwicklungsphasen die Abstraktionsfähigkeit eine untergeordnete Rolle, so dass auch hier ältere Mitarbeiter in altersmäßig gemischten Teams eingesetzt werden können, wenn sie in diesem Leistungsmerkmal Probleme aufweisen.

- In den Phasen Codierung und Modultest sind kaum Leistungsmerkmale hervorgehoben worden (vgl. die entsprechenden Spalten in Abb. 11).[100] In diesen Phasen können möglicherweise auch Qualifizierte ohne Hochschulabschluss (Umschüler, Fachinformatiker) verstärkt eingesetzt werden, wobei zumindest beim Modultest die Anleitung durch ältere Entwickler angezeigt sein dürfte.

- In den Phasen Integration, Systemtest und Implementation wird wiederum stark Wert auf Erfahrung gelegt, so dass man dabei einen erhöhten Anteil älterer Mitarbeiter in den Teams empfehlen kann. Insbesondere gilt das für den Systemtest, aber auch für die Implementation, da hier das Vorhandensein von Verantwortungsbewusstsein nach Aussagen der Experten besonders wichtig ist. (Vgl. die Zeilen „Erfahrung" und „Verantwortungsbewusstsein" in Abb. 11.)

---

[100] Allerdings wird von manchen Experten das Vorhandensein erhöhten Verantwortungsbewusstseins beim Modultest gefordert.

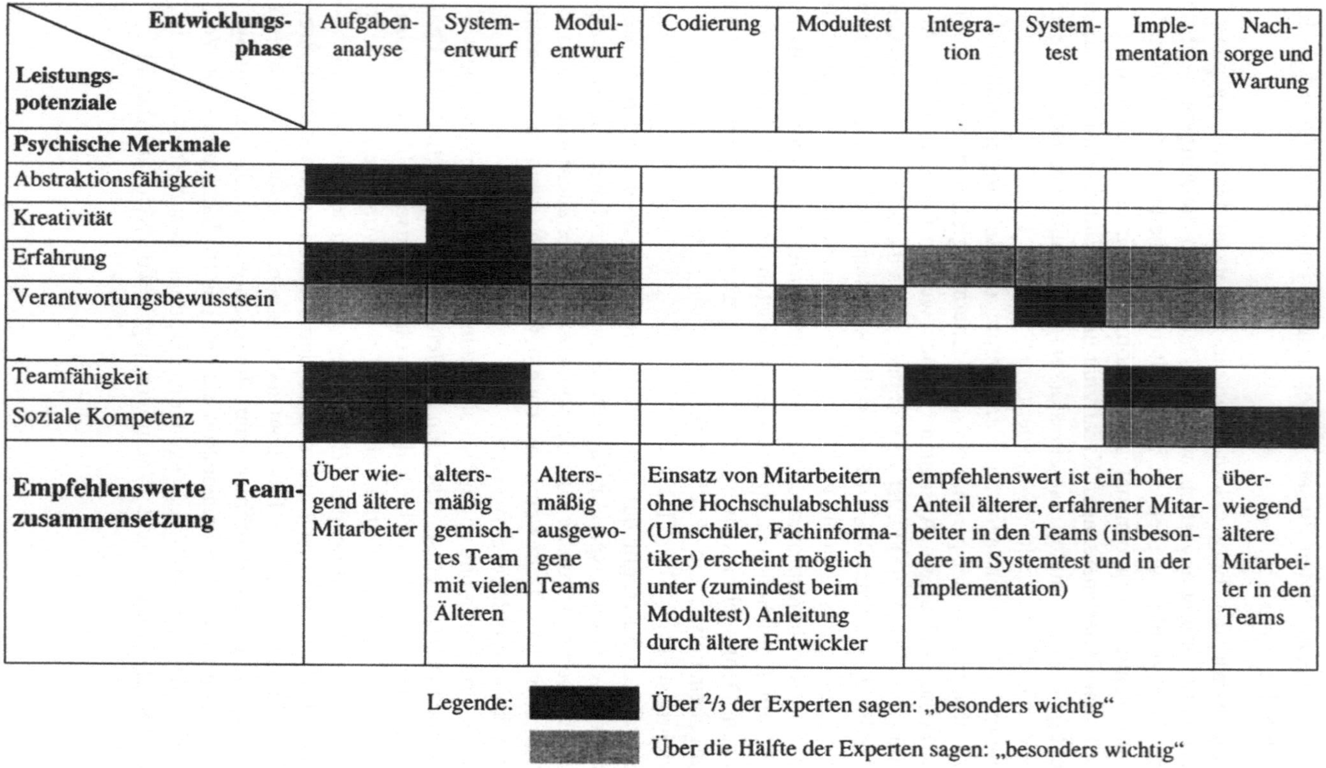

Entwicklungs-phase / Leistungs-potenziale	Aufgaben-analyse	System-entwurf	Modul-entwurf	Codierung	Modultest	Integra-tion	System-test	Imple-mentation	Nach-sorge und Wartung
Psychische Merkmale									
Abstraktionsfähigkeit									
Kreativität									
Erfahrung									
Verantwortungsbewusstsein									
Teamfähigkeit									
Soziale Kompetenz									
Empfehlenswerte Team-zusammensetzung	Über wiegend ältere Mitarbeiter	altersmäßig gemischtes Team mit vielen Älteren	Altersmäßig ausgewogene Teams	Einsatz von Mitarbeitern ohne Hochschulabschluss (Umschüler, Fachinformatiker) erscheint möglich unter (zumindest beim Modultest) Anleitung durch ältere Entwickler		empfehlenswert ist ein hoher Anteil älterer, erfahrener Mitarbeiter in den Teams (insbesondere im Systemtest und in der Implementation)			überwiegend ältere Mitarbeiter in den Teams

Legende:

◼ Über $^2/_3$ der Experten sagen: „besonders wichtig"

▧ Über die Hälfte der Experten sagen: „besonders wichtig"

Abb. 11: Einsatz von älteren Mitarbeitern nach dem Anforderungsprofil in den einzelnen Phasen der Softwareentwicklung

- Ähnlich wie in der Beurteilung der Anfangsphase des Entwicklungsprozesses gilt das Argument größerer Sozialkompetenz beim älter werdenden Entwickler auch in den abschließenden Phasen. Dort gibt es den Ausschlag zur Empfehlung von überwiegend älteren Mitarbeitern in den Teams, die sich um die Implementation und die Wartung kümmern. Sozialkompetenz im Umgang mit dem Kunden ist in dieser Entwicklungsphase bedeutsam, da der für die Akzeptanz des Produkts wichtige Kundenkontakt die entscheidende Rolle spielt.

Die Wertung der Unternehmenspraktiker unter den Befragten im Delphi weicht nur gering von denen der anderen Experten ab. Es herrscht insbesondere Einmütigkeit in den Voten über die Zuordnung von sehr bedeutsam gehaltenen Leistungsmerkmalen. Lediglich die Unternehmensvertreter betonen die Teamfähigkeit als Leistungsmerkmal über den gesamten Prozess der Softwareentwicklung hinweg etwas stärker als die andern Experten.

Übergang zu Kapitel 5

Für ausgeglichenere altersgemischte Teamzusammensetzungen unter den Softwareentwicklern zu sorgen, ist nur eine der grundlegenden Möglichkeiten, um die Weiterentwicklung von älter werdenden Mitarbeitern in der Softwareentwicklung zu fördern. Im folgenden Kapitel 5 werden auf der Grundlage von Fallstudien in Software-Unternehmen unterschiedlicher Größe mögliche Personalmanagement-Maßnahmen besprochen, die dieses Ziel verfolgen. Primär werden Vorschläge erstellt, in denen die Mitarbeiterentwicklung auf eine längerfristige Perspektive ausgerichtet wird. Dieses geschieht über Laufbahnmodelle, Tätigkeitsfelder für ältere, erfahrene Programmierer und durch die Einbindung eines innovationsorientierten Weiterbildungsmanagements in die Laufbahnplanung.

Kapitel 5

Maßnahmen des Personal- und Weiterbildungsmanagements

Das Personal- und Weiterbildungsmanagement in softwareentwickelnden Unternehmen ist in der Regel stark durch eine jugendzentrierte Perspektive geprägt, die nicht allein auf der Managementebene als Vorstellung verankert ist. Deshalb muss betont werden, dass parallel zur Durchführung von Maßnahmen das vielfach noch vorherrschende Bild des älter werdenden Entwicklers zum Positiven hin verändert werden sollte. Eine schrittweise Übernahme von herausfordernden, längerfristig ausbaubaren Aufgaben durch ältere Mitarbeiter in der Softwareentwicklung ist wegen dieser verbreiteten jugendzentrierten Einstellung eine Herausforderung an das Personalmanagement. Wenn nicht nur Maßnahmen für über 40-Jährige Softwareentwickler angestoßen werden, sondern sich auch das Bild des älteren Entwicklers zu demjenigen eines erfahrenen Kollegen wandelt, dann wird man sich in den softwareentwickelnden Unternehmen eher an altersgemischte Teams gewöhnen.

Dann wird es auch leichter sein, die vereinzelt auftretenden Fälle von Dequalifikation bei Höherqualifizierten nicht vorschnell als Alterserscheinung abzuqualifizieren, sondern entsprechend ihren spezifischen Entstehungsbedingungen zu diskutieren und Gegenmaßnahmen vorzusehen. Denn auch in den Unternehmen, die nicht aus organisatorischen Gründen zur Bildung fachlicher Nischen tendieren, findet man selbst unter Informatikern mit Hochschulabschluss Einzelfälle von Personen, die Probleme mit ihrer längerfristigen Verwendung bekommen haben. Es handelt sich dabei häufig um introvertierte Personen, in den meisten Fällen aber um Mitarbeiter mit einer ausschließlichen, langjährig ausgeübten Spezialisierung in einem engen fachlichen Bereich.

Das Grundproblem im Zusammenhang mit der beruflichen Weiterbildung ist hierbei, zu einer größeren Motivation entweder für übergeordnete oder für fachlich ausgeweitete Tätigkeiten zu kommen, um der Laufbahnentwicklung Impulse zu geben sowie für kontinuierliches Lernen zu sorgen. Die Wahl der Laufbahn sollte dabei von den grundlegenden Motivationen geprägt sein, die zu Beginn des Berufseinstiegs bestehen. Dabei muss berücksichtigt werden, dass auch berufliche Motivationen im Laufe der Jahre Wandlungen unterliegen können. Dementsprechend flexibel muss die Laufbahnplanung angelegt sein, ohne ihren orientierenden Charakter zu verlieren.

Die Fachkarriere sollte aus der engeren Spezialisierung zu einem größeren Verantwortungsbereich führen, mit Aufgabenkomplexen, die nicht unbedingt mit erhöhten Anforderungen an Personalverantwortung und Managementaufgaben verbunden sind. Die zukunftsträchtigen Kompetenzen an der Schnittstelle zwischen neuer Technologie und Kundenwünschen zu erlangen und zu nutzen, bildet dabei das Ziel.

Dem steht derzeit noch das negative Bild des älter werdenden Mitarbeiters entgegen. Zwar wird dem älteren Entwickler in den Unternehmen, in denen Fallstudien durchgeführt wurden, ganz generell eine steigende Erfahrung und erweitertes soziale Kompetenz bescheinigt. Diese Fähigkeiten kommen aber in der Softwareentwicklung nicht entsprechend zum Einsatz, da den älteren Mitarbeitern tendenziell eine blockierende Wirkung auf Innovationen nachgesagt wird. Nun ist es aufgrund der durchgeführten Fallstudien nicht zu bezweifeln, dass es Fälle gibt, in denen dieses Verhalten tatsächlich auftritt. Es wäre aber falsch, hier zu generalisieren. Bei steigendem Konkurrenzdruck ist die nüchterne Einschätzung der Marktschancen neuer Technologien für die Unternehmen der Softwareentwicklung zunehmend wichtig. Dabei könnten die älteren Entwickler durchaus ihren Platz finden, wenn sich ihre Kritik in konstruktiver Weise in das Unternehmen einbringen ließe.

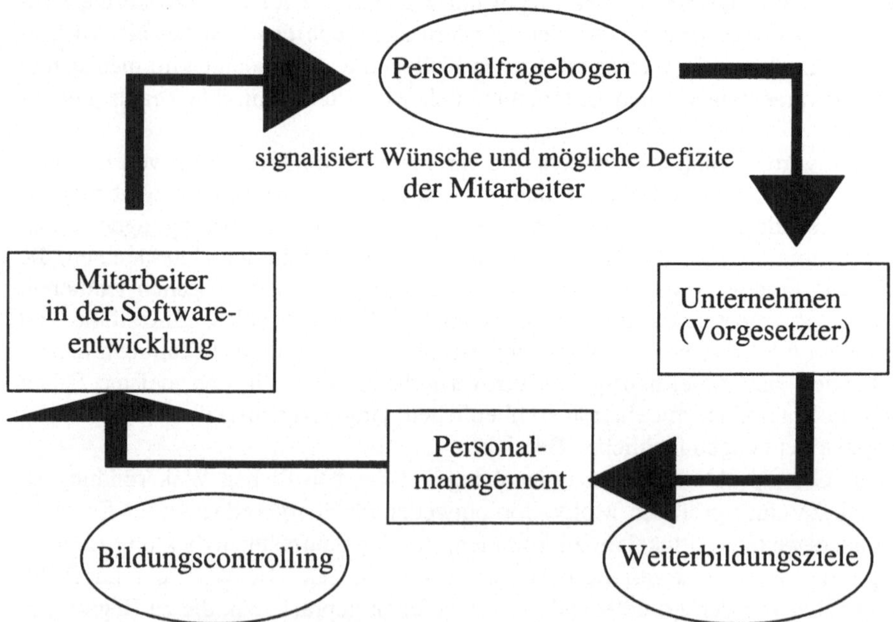

Abb. 12: Akteure im Unternehmen und ihre Kommunikation von Laufbahn- und Weiterbildungsfragen

Aus dieser kurzen Situationsanalyse können drei Schlussfolgerungen für Verbesserungsmaßnahmen gezogen werden:

1. Bewusstsein und Eigeninitiative des Mitarbeiters muss auf seine Laufbahnperspektive und langfristig orientierte Weiterbildung ausgerichtet werden. Älter werdende Mitarbeiter, die sich verstärkt an innovativen, zukunftsträchtigen Bereichen orientieren, werden – so ist aufgrund von positiven Beispielen und aufgrund der Ergebnisse der Alternsforschung zu vermuten – auch ihre Weiterbildung nicht mehr vernachlässigen.

   Vom Personalmanagement werden hier verstärkt Maßnahmen erwartet, die den Tätigkeitswechsel im Unternehmen und die Definition von Laufbahnen betreffen. In den Kleinunternehmen werden diese Aufgaben in der Regel eher informell angegangen und vom Geschäftsführer wahrgenommen. In jedem Fall ist ein ausgearbeiteter Fragebogen oder zumindest eine schriftliche Notiz zur Vorbereitung von Personalgesprächen anzuraten (vgl. Abb. 12). Dies dient der Orientierung des Mitarbeiters und sollte zu schriftlich fixierten Vereinbarungen über Weiterbildungsmaßnahmen und voraussehbaren, schrittweisen Ausweitungen von Verantwortungsbereichen für den einzelnen Entwickler im Unternehmen führen.

2. Impulse, insbesondere für problematische Mitarbeiter, müssen vom Unternehmen ausgehen. Weiterbildungsdefizite sollten dem Personalmanagement frühzeitig zur Kenntnis gelangen und es sollten Mittel zu deren Behebung bereitstehen. Um dieses fast selbstverständliche Ziel überhaupt zu erreichen, erscheint es aufgrund der Diskussionen in den softwareentwickelnden Großunternehmen während der Tiefenfallstudien als ein wichtiger und vordringlich durchzuführender Schritt, dass das Personalmanagement eine hinreichend aussagekräftige Rückmeldung von den Ergebnissen des jährlichen Personalgesprächs zwischen dem Entwickler und seinem direkten Vorgesetzten bekommt (wie in Abb. 12 angedeutet).

3. Je nach der grundlegenden beruflichen Motivation des Mitarbeiters, die sich wie gesagt während des Berufslebens verändern kann, können auch andere Tätigkeitsfelder im Rahmen der Softwareentwicklung gefunden werden. Für Großunternehmen bietet sich hierbei an, bestimmte Rollen zu definieren und dann Stellen zu schaffen. In Kleinunternehmen wären Zielvereinbarungen und Stellen mit wachsenden Verantwortungsbereichen die geeignete Maßnahme. Der älter werdende Entwickler würde dann in spezifischen Aufgaben einen Teil seiner Arbeitszeit investieren und sowohl die Motivation zu Weiterbildungsanstrengungen erhalten als auch weiterhin eine interessante, herausfordernde Aufgabe erfüllen können.

Die im Laufe des INVAS-Projekt erarbeiteten Konzepte zu Rollen für ältere Mitarbeiter, und zur Laufbahnplanung schließen an diese Empfehlungen an und führen zu entsprechenden Personalmanagement-Instrumenten. Die folgenden Abschnitte stellen jeweils die Instrumente und Konzepte vor und diskutieren diese anhand der drei Unternehmen, die an den Tiefenfallstudien teilgenommen haben. Abschließend wird das Untersuchungsergebnis zusammengefasst (vgl. Abb. 13).

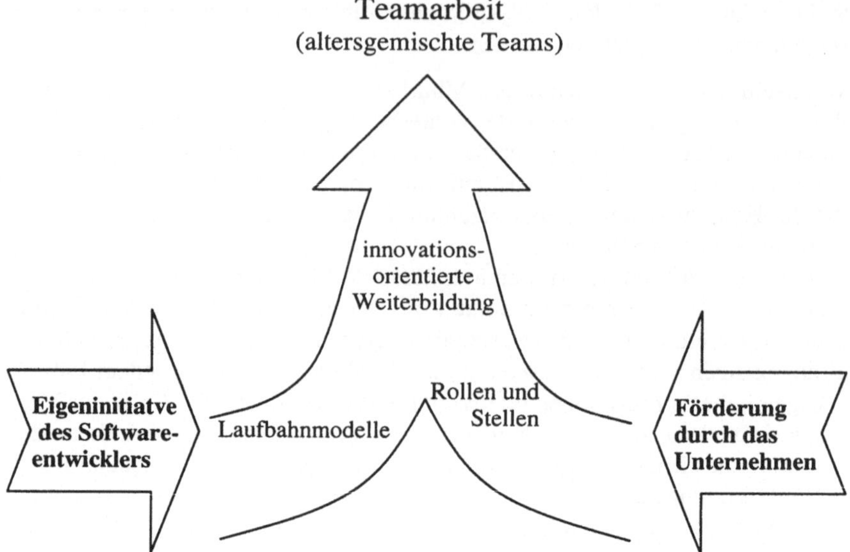

Abb. 13: Überblick über Maßnahmenbereiche für die Förderung älter werdender Software-entwickler

5.1 Tätigkeiten für ältere Mitarbeiter

Ziel des Konzeptes „Rollen für ältere Softwareentwickler" ist es, für älter werden-de Mitarbeiter, die sich primär mit der Programmierung beschäftigen und sich deshalb sehr stark spezialisiert haben, Tätigkeitsfelder[101] bzw. Stellen[102] (sog. Rollen) zu ermitteln und zu bewerten. Dabei sollen diejenigen Rollen ausgewählt werden, die für die Entwickler aufgrund ihrer durch Berufs- und Lebensalter positiv gewachsenen Leistungspotenziale besonders gut geeignet sind (vgl. Abb. 14).

---

[101] Folgende Aufgabenkomplexe (Tätigkeitsfelder) wurden den Unternehmenspraktikern in den Tiefenfallstudien und dem Workshop im Mai 1999 vorgeschlagen und von diesen beurteilt: *Aufgabenkomplexe der operativen Softwareentwicklung:* Projektleitung, Sys-temkonzeption/ -analyse, Systembetreuung/-verwaltung und Qualitätssicherung. *Indi-rekte Aufgabenkomplexe innerhalb der Softwareentwicklung:* Wissenstransfer, Innova-tionsmanagement, Hotline, Kundenschulung, Coaching und Marketing/Akquise.

[102] Die vorgeschlagenen Aufgaben sind nicht unbedingt und in jedem Fall als Vollzeitjobs zu verstehen. Je nach Unternehmen muss diesbezüglich individuell entschieden werden. Wenn der Arbeitsaufwand für die vorgeschlagenen Funktionen den Aufbau einer neuen Stelle nicht rechtfertigt, können diese auch zusätzlich auf Mitarbeiter mit freien oder zu schaffenden Kapazitäten übertragen werden.

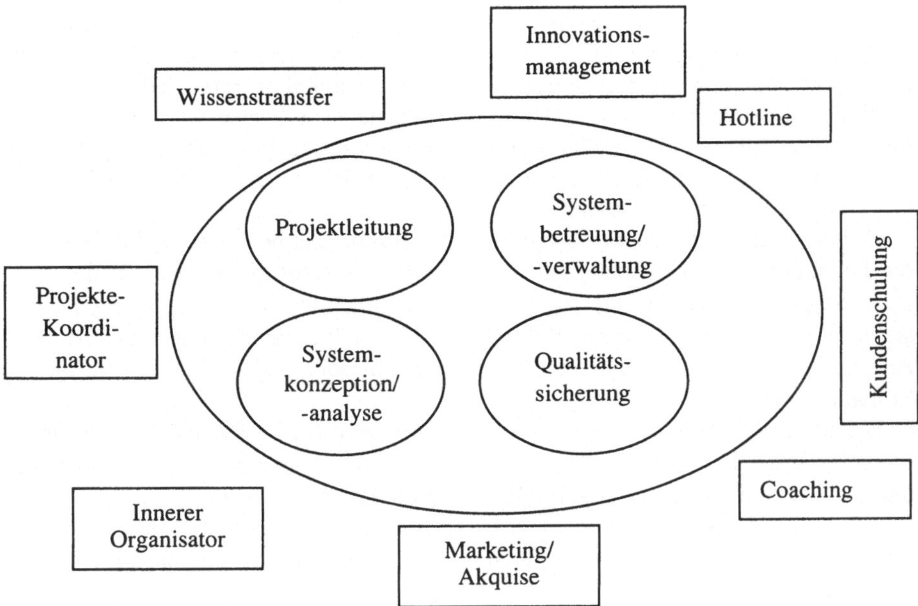

Abb. 14: Tätigkeitsbereiche im engeren und weiteren Umfeld der Softwareentwicklung, die besonders gut für ältere Entwickler geeignet erscheinen

Im folgenden werden die Anforderungsprofile[103] ermittelt und das methodische Konzept der Anwendung im Unternehmen, so wie sie in den Tiefenfallstudien erprobt wurde, dargestellt.[104] Dazu wird das jeweilige Anforderungsprofil der Auf-

---

[103] Anforderungsprofile beschreiben die für den Aufgabenkomplex notwendigen Qualifikationen und Eigenschaften des Stelleninhabers (vgl. Wittlage 1993, S. 86). Die Darstellung eines standardisierten Anforderungsprofils für die geplanten Stellen ist jedoch mit spezifischen Problemen behaftet. Jedes Unternehmen hat eine individuelle Aufbau- und Ablauforganisation. Selbst Unternehmen, die dasselbe Produkt in einem standardisierten Prozess produzieren, haben Unterschiede in ihrem Aufbau aufzuweisen, unterschiedliche Mitarbeiterzahlen, finanzielle Mittel und Ausbringungsmengen.

[104] Um genauestens über den Zweck einer Stelle überhaupt informiert zu sein und missverständliche Bezeichnungen zu vermeiden, müsste eine exakte Stellenbeschreibung mit dem erforderlichen Anforderungsprofil gegeben werden. Eine generalisierende Betrachtung wird dadurch erschwert, dass in der Unternehmenspraxis differierende Auffassungen über die Menge, den Kompetenzbereich, die Belastung, die erforderlichen Leistungspotenziale und die Art und Weise der zu erledigenden Tätigkeiten innerhalb der vorgeschlagenen Aufgaben für ältere Softwareentwickler bestehen. Nicht nur der Inhalt der Aufgaben erscheint unklar, sondern selbst die Bezeichnungen innerhalb der Software-Industrie für ein und die selbe Stelle variieren. In einer 1990 von der r&p management consulting durchgeführten Gehaltsuntersuchung für den DV-Bereich wurden die teilnehmenden Unternehmen gebeten, auch Angaben über Bezeichnungen von DV-Funktionen zu machen. Mehrere hundert verschiedene Berufsbezeichnungen wurden von den ca. 350 antwortenden Unternehmen angegeben, die sich schließlich auf 23 Hauptfunktionen reduzieren ließen (Rohr 1996, S. 21).

gabenkomplexe mit dem speziellen Leistungsprofil älterer Softwareentwickler verglichen und entsprechende Schlussfolgerungen gezogen. In der Literatur sind einige Versuche der Standardisierung von Funktionsinhalten verschiedener Stellen zu finden. Die Meinungen der Autoren gehen dabei teilweise weit auseinander. Für die hier getroffenen Stellenbeschreibungen wurden die empirisch gut gesicherten Definition der Stellen der operativen Softwareentwicklung nach Rohr (1996) als Grundlage verwendet.[105]

Es interessieren insbesondere die für ältere Entwickler besonders kritischen und die bei ihnen primär ausbau- und einsetzbaren Leistungspotenziale. In der Bestimmung der Tätigkeitsfelder wird deshalb lediglich auf die Anforderungen hinsichtlich sozialer Kompetenz, Erfahrung und resultierender Belastung aus den Aufgabenkomplexen eingegangen, da dies die entscheidenden Faktoren für ältere Softwareentwickler sind.[106]

Die folgenden Tabellen (Tab. 4 und 5) erläutern die Tätigkeitsmerkmale sowie die geforderten Leistungsmerkmale der Aufgabenkomplexe der operativen Ebene und der Ebene der indirekten Aufgaben der Softwareentwicklung.

Tabelle 4: Tätigkeitsfelder für ältere, erfahrene Softwareentwickler mit Aufgaben auf der operativen Ebene

Aufgaben der operativen Ebene	Erläuterungen zu den durchzuführenden Tätigkeiten
Projektleitung	Das Tätigkeitsspektrum des Projektleiters richtet sich stark nach dem Grad von Schwierigkeit und Umfang der Projekte. Dieses erstreckt sich entsprechend von einem Projektleiter, der kleinere Projekte mit wenigen Mitarbeitern leitet, bis hin zum Projektleiter, der mehrere Projekte überwacht und koordiniert als Programmanager.[107]
Systemkonzeption/ -analyse	Der Systemanalytiker analysiert die fachlichen Abläufe des Kunden und setzt diese in Konzepte um, die für die spätere programmtechnische Realisierung notwendig sind. Meist ist er dabei fachlich Vorgesetzter, verantwortlich für die Qualität und Güte der Anwendungssysteme und bildet gleichzeitig die Schnittstelle zum Kunden.[108]

---

[105] Die Beschreibung der Stellen der operativen Softwareentwicklung nach Rohr beruhen auf umfangreichen Untersuchungsergebnissen im Rahmen einer Gehaltsstudie (Befragung von 4949 EDV-Spezialisten in 356 Unternehmen, vgl. Rohr 1993, S. 76). Nach Rohr gibt es in der Softwareentwicklung ca. 23 verschiedene Kernfunktionen. Nicht alle dieser Funktionen sind für ältere Softwareentwickler geeignet.

[106] Diese Informationen genügen in den Unternehmen der Tiefenfallstudien, um das gesetzte Ziel zu erreichen und die Stellen ausreichend zu beschreiben. Bei abweichendem Aufbau und Inhalt von Stellen in den verschiedenen softwareentwickelnden Unternehmen muss die Transferierbarkeit der Ergebnisse überprüft und gegebenenfalls sind Anpassungen durchzuführen. (Vgl. Anmerkung 103).

[107] Rohr (1996) unterscheidet drei verschiedene Stufen der Projektleitung. Diese differieren hauptsächlich im Umfang der Berufserfahrung, der Größe des Kompetenzbereichs und der Verantwortung.

[108] Rohr (1996, S. 57).

Tabelle 4 (Fortsetzung)

Aufgaben der operativen Ebene	**Erläuterungen zu den durchzuführenden Tätigkeiten**
Systembetreuung/ -verwaltung	Die Aufgaben des Systembetreuers bestehen in der Verwaltung, Betreuung und Pflege der Systeme und Systemprogramme.[109] Bisher waren diese Tätigkeiten typischerweise „Abstellplätze" für ältere Softwareentwickler. An dieser Stelle soll deshalb die Definition dieser Rolle etwas verändert werden. Nach dieser neuen Vorstellung wechselt der Systembetreuer zu einem Kunden seines bisherigen Arbeitgebers und übernimmt dort die Betreuung der bestehenden Systeme.[110] Dort bekommt er einen eigenen Aufgaben- und Verantwortungsbereich zugewiesen, indem er für eine ständige Funktionsfähigkeit der Systeme und als „Gatekeeper" sowie als „Beeinflusser"[111] über die Einführung neuer Applikationen und Systeme mitentscheidet.
Qualitätssicherung	Die Aufgaben des Qualitätssicherers bestehen in der Überprüfung der Entwicklungsprodukte auf Methoden und Standards sowie auf korrekte und vollständige Verarbeitung. Meistens ist die Qualitätssicherung ein Bestandteil der Softwareentwicklung und dient als Kontrollorgan.[112]

---

[109] Rohr (1996, S. 71).

[110] Um weiterhin auf dem aktuellen Wissens- und Erfahrungsstand sein zu können, sollten die Kontakte zum ehemaligen Arbeitgeber aufrecht erhalten werden. Dies ist für beide Seiten ein Vorteil, denn auch der frühere Arbeitgeber kann sich aus einer solchen Kooperation einen dauerhaften Kunden erhoffen.

[111] Der Gatekeeper kontrolliert den Informationsfluss und der sog. Beeinflusser wirkt beträchtlich auf Kaufentscheidungen im Bying-Center-Modell ein (Meffert 1991, S. 174 f.). Der Systembetreuer kann aber auch weitere Funktionen diese Modells wahrnehmen, z.B. die des Entscheiders und Einkäufers.

[112] In großen Projekten existieren eigene Qualitätssicherungsabteilungen als Stabsstellen mit hoher Kompetenz. Bei kleineren Entwicklungen werden diese Aufgaben oft durch die Leiter der jeweiligen Abteilungen wahrgenommen (Rohr 1996, S. 74). Die hier ausgeschriebenen Stellen beziehen sich aber hauptsächlich auf projektübergreifende Maßnahmen zur Einführung und Durchsetzung von Qualitätsstandards oder -maßnahmen.

Tabelle 5: Tätigkeitsfelder für ältere, erfahrene Softwareentwickler auf der Ebene indirekter Aufgaben

Indirekte Aufgaben	Erläuterungen zu den durchzuführenden Tätigkeiten
Wissenstransfer	Ein funktionierender Wissenstransfer (WT) wird zwar nicht notwendigerweise für ein funktionierendes Projekt der Softwareentwicklung benötigt, kann diese aber effizienter gestalten und Doppelarbeiten verhindern.[113] Die Tätigkeiten für Mitarbeiter des WT können je nach Organisation und Erfordernissen kombiniert und intensiviert werden: Die WT-Mitarbeiter können ausschließlich für den Wissenstransfer zuständig sein und diesen mittels der ihnen zur Verfügung stehenden Instrumente organisieren oder sie transferieren das Wissen als Mitarbeiter zweier Projektgruppen nach dem System der überlappenden Gruppen.[114]
Innovationsmanagement	Der Innovationscoach[115] ist Auffangbecken und Ansprechpartner für innovative Ideen. Seine Aufgabe ist es, diese Ideen hinsichtlich ihrer Brauchbarkeit zu bewerten und gegebenenfalls für ihre Durchsetzung zu sorgen (Wolf 1998, S. 98).[116]

[113] Das Problem des mangelnden Wissenstransfers (WT) existiert nicht nur in der Softwareentwicklung sondern vermutlich in allen Bereichen der Dienstleistungs- und Produktionswirtschaft. Gerade aufgrund des hohen Anteils an sich zeitlich schnell wandelndem Know-how in der Softwareentwicklung ist ein guter Wissenstransfer als besonders wichtig. Unter Wissen wird hier das während der Projektarbeit erworbene Wissen, wie neue Routinen und Lösungsmöglichkeiten verstanden.
Zur Bewältigung des Wissenstransfers werden eine Reihe verschiedener Maßnahmen empfohlen. Das sind z.B. Wissensdatenbanken, Messen, „schwarze" Bretter und WT-Mitarbeiter. Diese Instrumente können einzeln, kombiniert und mit unterschiedlicher Intensität eingesetzt werden (Bullinger et al. 1998, S. 12 f.).

[114] Diese teamorientierte Struktur verbessert aufgrund ihrer stimulierenden und kommunikationsfördernden Eigenschaften den erforderlichen Innovationsprozess (Wittlage 1993, S. 172–175). Hier wäre der Wissenstransfer aber lediglich eine zusätzliche Aufgabe, die keine ganze Stelle erforderlich machen würde.

[115] Viele der Software-Unternehmen benötigen dringend Produkt- oder Prozessinnovationen. Sind diese dann einmal angestoßen, stellt sich die Umsetzung als sehr schwierig heraus. Junge Mitarbeiter haben häufig viele neue Ideen, die aber teilweise nicht praktikabel, effizient und realisierbar sind, so dass viele dieser Ideen erst gar nicht angegangen werden. Als ein möglicher Ausweg stellt sich dann der Innovationscoach dar.

[116] Da nach dem Bild, das bei jüngeren Mitarbeitern in der Softwareentwicklung herrscht, der ältere Softwareentwickler aufgrund geringerer Risikobereitschaft und längerer Entscheidungsfindung eher kritisch und innovationsbehindernd sein soll, erscheint er zunächst nicht dafür geeignet, diese Rolle zu übernehmen. Wird seine Leistung in dieser Aufgabe allerdings an der Durchsetzung wichtiger Innovationen gemessen, ist er gezwungen, sich kritisch-produktiv mit Neuerungsvorschlägen auseinander zusetzen. Genau das kann der richtige Mix für diese Aufgabe sein: Überblickswissen und Erfahrung einerseits, kritische Bewertung andererseits. Auf diese Weise würde der Innovationscoach zusätzlich eine Filterfunktion übernehmen, indem er unrealistische Neuerungen frühzeitig erkennt und aussortiert, und damit die Entscheidungstische entlastet.

Tabelle 5 (Fortsetzung)

Indirekte Aufgaben	Erläuterungen zu den durchzuführenden Tätigkeiten
Hotline	Im Bereich des Hotline-Service müssen die Kunden als Anwender umfassend beraten und betreut werden.[117] Diese Aufgaben wurden bisher weniger als Herausforderung sondern eher als Belastung empfunden.[118] Dabei sind die Aufgaben in der Hotline wichtiger Bestandteil des Kundenservice. Durch konsequente Auswertung der Anfragen kann das jeweilige Produkt und die Kundenzufriedenheit verbessert werden. Es entstehen hochwertige Aufgabenkomplexe: das Management der Anwendungsprobleme und Bedürfnisse.[119]
Kunden-schulung	Einige Unternehmen bieten ihren Kunden und deren Mitarbeitern umfangreiche Produktschulungen an, wenn diese bei ihnen Software erwerben.
Coaching	Die Aufgabe eines Coaches ist es, neuen Mitarbeitern (coachees) bei der Bewältigung ihrer neuen Arbeit zu unterstützen. Auf diese Weise sollen Basis- und Schlüsselqualifikationen vermittelt werden. Aufgrund der zunehmenden Komplexität der Arbeitswelt werden diese Aufgaben immer wichtiger.[120]
Marketing/ Akquise	Die Aufgabenkomplexe in diesem Feld können sehr vielfältig sein.[121] Gedacht sei hier an dieser Stelle hauptsächlich an Mitarbeiter des Marketings, die direkt beim potentiellen Kunden für die Produkte ihres Unternehmens werben.
Projekte-Koordinator	Im Zentrum der Tätigkeit steht die Koordination von projektübergreifenden Abläufen, Terminen und Arbeitspakten der Mitarbeiter in allen Softwareentwicklungs-Teams des Unternehmens bzw. der Abteilung.
Innerer Organisator	Der innere Organisator erledigt vielfältige Assistenztätigkeiten für die Geschäftsleitung, zu denen u.a. die Vorbereitung von Entscheidungen, die Zusammenstellung der rechtlichen Grundlagen für Vertragsabschlüsse, die Erstellung von Preis- und Leistungsübersichten sowie inhaltliche und terminliche Absprachen für Kundenschulungen gehören können.

---

[117] In kleineren Unternehmenseinheiten werden diese Aufgaben von den Koordinatoren, Systemanalytikern und Softwareentwicklern zusätzlich übernommen. Größere Unternehmen beschäftigen für diesen Zweck eigene Abteilungen. Darüber hinaus formt sich seit einiger Zeit ein neues eigenes Berufsbild, das mit dem Begriff des „Anwender-Beraters" bezeichnet wird.

[118] Ausschließlich telefonische Kundenanfragen zu bearbeiten, erscheint bisher nicht sonderlich motivierend und wird vielfach als „Abstellplatz" angesehen. Um diese Fehleinstellung zu vermeiden, wird deshalb vorgeschlagen, den Hotline-Mitarbeitern abwechselnd auch die Problemlösung beim Kunden vor Ort vornehmen zu lassen, damit er die Problematik der Fernberatung, aber auch den Erfolg seiner Arbeit spüren kann.

[119] Rohr (1996, S. 165 f.).

[120] Die Tätigkeiten eines Coaches füllen bisher allerdings keine ganze Stelle aus und werden deshalb noch als zusätzliche Aufgaben zu den bisherigen betrachtet. Das könnte sich jedoch ändern.

[121] Vgl. Meffert (1991).

Die folgenden Tabellen geben eine Übersicht über die benötigten Leistungspotenziale und vermutete Stärken der Belastung bei den jeweiligen Aufgaben ein (Tab. 6 und 7).[122]

Tabelle 6: Einschätzungen der Unternehmenspraktiker zu den Tätigkeitsfeldern für ältere, erfahrene Softwareentwickler mit Aufgaben auf der operativen Ebene

Aufgaben der operativen Ebene	benötigte Leistungspotenziale	Belastung
Projektleitung	– Projektleiter jeder Ebene[123] benötigen eine breite Berufserfahrung – zusätzlich zum Fachwissen Kenntnisse und gegebenenfalls praktische Erfahrungen im Bereich des Projektmanagements – Führungseigenschaften, Teamfähigkeit, Verantwortungsbereitschaft, Flexibilität, soziale Kompetenz – teilweise örtliche Mobilität sowie höhere soziale Kompetenz (bei Vorhandensein von Kundenkontakten)	– hohe Belastung durch Überstunden – wird Mobilität und örtliche Flexibilität verlangt, kann einem Anspruch des Mitarbeiters nach Familienorientierung kaum entsprochen werden
Systemkonzeption/ -analyse	Er muss die Bedürfnisse des Kunden erkennen, den Nutzen verschiedener Applikationen für den Kunden einschätzen und dies in Anforderungen für die Programmierung formulieren können. Erforderliche Qualifikationen sind: – breites fachliches Berufs- und Überblickswissen – fundierte betriebswirtschaftliche Kenntnisse zur Analyse der betriebswirtschaftlichen Prozesse[124] – Wissen über programmiertechnische Realisierungsmöglichkeiten, gute soziale Kompetenz im Umgang mit dem Kunden	Da die Belastung je nach spezifischer Aufgabenstellung in den Unternehmen unterschiedlich ausfallen kann, sind zu dieser Tätigkeit keine generalisierten Aussagen möglich.

---

[122] Die Angaben über die Inhalte der verschiedenen Funktionen erfolgen fast vollständig auf Grundlage eines vergleichenden Studiums der Literatur. Vgl. insbes. Rohr (1996), Becker (1995) und SVD/WIF (2000). Die aufgeführten erforderlichen Leistungspotenziale stellen hingegen aufgrund mangelnder Literaturangaben lediglich Übernahmen aus den Tätigkeitsbeschreibungen und den Ergebnissen der Fallstudien dar. Diese Annahmen bedürfen deshalb einer besonderen Überprüfung in den einzelnen Unternehmen.

[123] Rohr (1996, S. 85–95).

[124] Zumindest in den in den Tiefenfallstudien untersuchten Unternehmen (vgl. Anhang 2.2).

Tabelle 6 (Fortsetzung)

Aufgaben der operativen Ebene	benötigte Leistungspotenziale	Belastung
System- betreuung/ -verwaltung	– entsprechende Erfahrungen und Überblickswissen – Der Anteil an sozialer Kompetenz im geforderten Spektrum der Anforderungen erscheint hier geringfügig- außer bei der Kommunikation mit einem neuen Arbeitgeber oder wenn Führungsverantwortung mit übernommen wird (z.B. Gruppen- oder Abteilungsleiter).	– weniger belastend, da der Systembetreuer mit seiner Erfahrung und Routine diese Aufgaben in der Regel gut meistert
Qualitäts- sicherung	– umfangreiche Kenntnisse über das Qualitätsmanagement von Produkten und Prozessen – Zur Einschätzung der Realisierbarkeit und Effektivität müssen vertiefte Erfahrungen in der Softwareentwicklung vorhanden sein.[125]	Qualitätssicherungsmaß- nahmen unterliegen vermutlich keinem Projektdruck, so dass die Belastung in der Regel gering sein dürfte.

Tabelle 7: Einschätzungen der Unternehmenspraktiker zu den Tätigkeitsfeldern für ältere, erfahrene Softwareentwickler auf der Ebene indirekter Aufgaben

Indirekte Aufgaben	benötigte Leistungspotenziale	Belastung
Wissens- transfer	– Kernqualifikationen im Bereich der Verarbeitung und Verbreitung neu gewonnenen Wissens – aktuelles Fachwissen ist unumgänglich, ein höheres Maß an sozialer Kompetenz muss vorhanden sein	Der auftretende Stress ist als gering einzuschätzen, da weder Zeitdruck noch erhöhte Anforderungen an die Mobilität zu erwarten sind.
Innovations- management	– ein hohes Maß an Berufserfahrung und Überblickswissen, um den Kunden- und Unternehmensnutzen korrekt abschätzen zu können – hohe soziale Kompetenz: der Mitarbeiter muss als Ansprechpartner vertrauenswürdig sein	Die resultierende Belastung ist nur schwer einzuschätzen und kann, abhängig von der konkreten Situation im Unternehmen, verschieden ausfallen.

---

[125] Des Weiteren muss darauf verwiesen werden, dass die Qualitätssicherung in der Softwareentwicklung noch sehr stiefmütterlich behandelt wird (Conrad 1998, S. 22). Für eine erfolgreiche Umsetzung dieser Aufgaben wäre eine Unterstützung durch das Unternehmen, verbunden mit der Einräumung eines Kompetenzbereiches, dringend erforderlich. Trotzdem wird bei der Durchführung dieser Maßnahmen Widerstand zu erwarten sein, der nur durch entsprechende soziale und fachliche Kompetenz verringert werden kann.

Tabelle 7 (Fortsetzung)

Indirekte Aufgaben	benötigte Leistungspotenziale	Belastung
Hotline	– eine hohe Qualifikation im Bereich der DV und eine tiefgehende Kenntnis des zu betreuenden Systems – hohe soziale Kompetenz	Der zu erwartende Stress ist sehr schwer einzuschätzen.[126]
Kundenschulung	– sehr gute Kenntnis der Funktionalität der Software – hohes Maß an sozialer Kompetenz	vermutlich gering
Coaching	– hohe soziale Kompetenzen psychologische Kenntnisse Erfahrung und Fachwissen[127]	resultierende Belastungen minimal
Marketing/ Akquise	Glaubt man den Ansichten, dass inhaltliche Aussagen bei der Akquise einen eher geringen Einfluss[128] haben, so besteht das wichtigste Leistungspotenzial vor allem in der sozialen Kompetenz; das fachliche Wissen tritt in den Hintergrund.	hohe Belastung, da die Kunden selten direkt vor Ort zu finden sind und ablehnende Haltungen beim Kunden auftreten kann

Die Definition der oben genannten Tätigkeiten stellt ein Hilfswerkzeug für das Personalmanagement dar, mit dem man in den Unternehmen älter werdenden Softwareentwicklern Aufgaben entsprechend ihren Fähigkeiten anbieten kann. Ein Test des Instrumentes wurde in den Tiefenfallstudien durchgeführt. Zu diesem Zweck wurden die Gesprächspartner in den Unternehmen gebeten, die relativen Beziehungen zwischen den erforderlichen Eigenschaften der vorgeschlagenen Tätigkeiten darzustellen.[129]

---

[126] Durch Limitierung der Gesprächszeiten der Hotline kann die Anzahl von Überstunden eingegrenzt werden. Das Arbeitsvolumen wird nach dem Beratungsbedarf des Produktes bestimmt. Unzufriedene Kunden können ihren Ärger jedoch bei den Hotline-Mitarbeitern ablassen und dadurch die Stressbelastung wieder erheblich erhöhen.

[127] Je nach den zu vermittelnden Fertigkeiten und Fähigkeiten sind eventuell noch weitere Qualifikationen notwendig (vgl. Jung 1997, S. 543–551).

[128] Bei Kundenkontakten gelten als Erfolgsfaktoren: Körpersprache 55 %, Stimme 38 % und Inhalte nur 7 % (nach Gelb 1998, S. 116 f.).

[129] Dazu wurde den Gesprächspartnern die beschriebenen Tätigkeiten vorgestellt. Das Anliegen war, zu erfahren, ob es zu den vorgeschlagenen Tätigkeiten bereits Funktionsträger gibt, ob sie geplant sind und wie die grobe Gestaltung der Tätigkeitsstruktur aussieht. Gleichfalls wurden Aussagen zur Eignung dieser Aufgaben für älter werdende Softwareentwickler, über das notwendige Maß der sozialen Kompetenz und der Erfahrung sowie über den zu erwartendem Stress eingeholt.

5.2 Ein Portfolio für die Rollen älterer Mitarbeiter

In den Unternehmen der Tiefenfallstudien wurden exemplarisch 10 Tätigkeitsbereiche der mittelbaren und unmittelbaren Softwareentwicklung vorgestellt, die von den Gesprächspartnern hinsichtlich der Eignung für ältere Softwareentwickler bewertet wurden. Außerdem konnten zwei weitere Stellen ermittelt werden, die schon erfolgreich mit älteren ehemaligen Softwareentwicklern besetzt wurden.

Zur Darstellung der Anforderung bot sich dabei ein Portfolio mit dreidimensionaler Gestaltungsweise (soziale Kompetenz, Belastung und Erfahrung) an. Dieses Portfolio dient zwei Zwecken. Zum einen sollen die verschiedenen Stellen hinsichtlich der benötigten Leistungspotenziale und der resultierenden Belastung in relativen Beziehungen dargestellt werden. Zum anderen soll mit dem fertigen Portfolio dem Personalmanagement ein Instrument in die Hand gegeben werden, mit dem sie gemeinsam mit den Mitarbeitern, für diese aufgrund ihres persönlichen Leistungsprofils geeignete Laufbahnperspektiven ermitteln können.

Das Portfolio hat die in Abb. 15 dargestellte Struktur. Der Koordinatenursprung stellt in diesem Portfolio keinen Nullpunkt dar, sondern ein Minimum der Aspekte in den jeweiligen Achsen.

- Die X-Achse stellt das zur Aufgabenerfüllung notwendige Maß sozialer Kompetenz für die entsprechende Stelle dar.
- Mit der Y-Achse wird die zu erwartende Belastung der Aufgabe angezeigt. Um so höher sich der Aufgabenkomplex auf der Y-Achse befindet, um so mehr Stress ist auch bei der Aufgabenerfüllung zu erwarten.
- Die Stellen (A) selbst werden als Kreise unterschiedlicher Größe dargestellt. Die Größe der Kreisflächen gibt die Größe der benötigten Erfahrung in der Teamarbeit in Softwareentwicklungsprojekten an.

Für jedes Unternehmen wurde ein solches Portfolio als Hilfsinstrument des Personalmanagements erstellt. In diesem Portfolio sind die Aufgabenkomplexe mit den gewachsenen Leistungspotenzialen älterer Softwareentwickler und der aus diesen Aufgaben resultierenden Belastung dargestellt. Mit Hilfe des Portfolios kann das Personalmanagement gemeinsam mit dem älter werdenden Softwareentwickler für diesen Laufbahnperspektiven gemäß seines persönlichen Leistungsprofils ermitteln. Ein für die gesamte Softwareentwicklung unternehmensunabhängig geltendes Portfolio konnte nicht erstellt werden, lediglich übereinstimmende Tendenzen wurden in den Tiefenfallstudien ermittelt.

Die Gründe für die Differenzen sind vielfältiger Natur. Zum einen waren viele der Gesprächspartner mit der Problematik des älteren Softwareentwicklers nicht vertraut und hatten demzufolge Schwierigkeiten, sich die älteren Softwareentwickler in den verschiedenen Rollen vorzustellen. Gleichfalls waren die Definitionen der Aufgabenkomplexe in den untersuchten Unternehmen selbst zwischen den einzelnen Abteilungen so unterschiedlich, dass die Anforderungen bezüglich der Leistungspotenziale und der Belastung variierten. Weiterhin hatten die Unterneh-

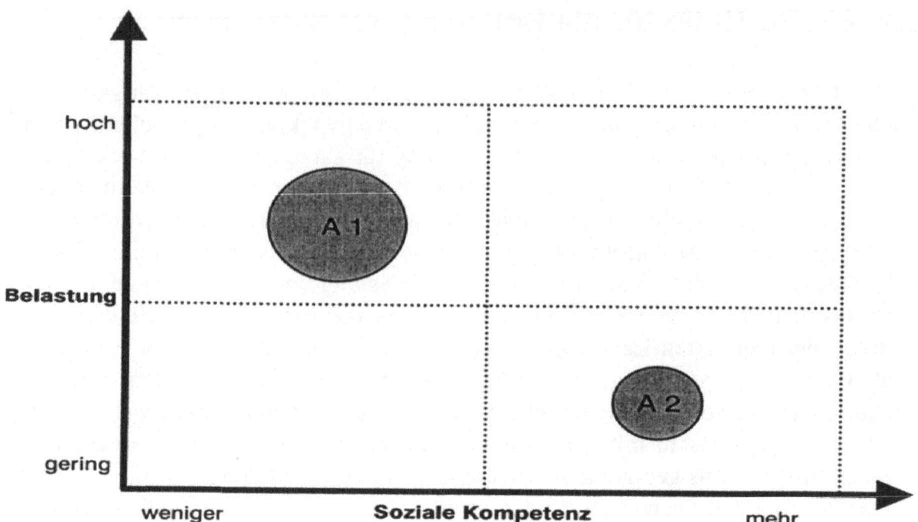

Abb. 15: Portfolio zur Darstellung der relativen Kompetenzbeziehungen der Aufgabekomplexe

mensvertreter aufgrund des Kostendrucks zum Teil Probleme mit dem Gedanken, Stellen für mittelbare Aufgaben einzurichten, die nicht direkt am Wertschöpfungsprozess beteiligt sind. Dabei berücksichtigten sie nicht den mittel- bis langfristigen Beitrag dieser Stellen, wie den des Wissenstransfer-Mitarbeiters oder des Qualitätssicherers. Fazit: Das Bewusstsein muss in dieser Beziehung noch geschärft werden.

Im folgenden werden zunächst Aussagen aus drei untersuchten Unternehmen mit unterschiedlicher Größe (Klein, Mittel, Groß) zu den vorher definierten Tätigkeitsfeldern benötigten Leistungspotenzialen, zur Belastung sowie zur Einschätzung der Eignung älterer Softwareentwickler für diese Rollen in tabellarischer Form wiedergegeben in Tabelle 8–13 (in Analoge zu den Tabellen in 5.1). Danach werden diese, soweit möglich, in der übersichtlichen Form des eingangs vorgestellten Eignungs-Portfolios grafisch dargestellt.

5.2.1 Kleinunternehmen (KU)

Zu den für die einzelnen Aufgabenkomplexe benötigten Qualifikationen wurde in diesem kleinen Unternehmen speziell folgende Meinungen[130] vertreten (Tab. 8):

---

[130] Die hier getroffenen Aussagen zu den vorgeschlagenen Tätigkeitsfeldern bzw. Aufgabenkomplexen und deren Eignung für älter werdende Softwareentwickler basieren in diesem Unternehmen weitgehend nicht auf Erfahrungen der dortigen Leitung oder der Mitarbeiter und stellen daher lediglich Meinungen und Erwartungshaltungen dar.

Tabelle 8: Meinungen der Unternehmenspraktiker im Kleinunternehmen zu den Tätigkeitsfeldern für ältere Entwickler mit Aufgaben auf der operativen Ebene

Aufgaben der operativen Ebene	Aussagen im Unternehmen KU zu benötigten Leistungspotenzialen und Stressbelastung sowie zur Einschätzung der Eignung älterer Softwareentwickler für diese Rollen
Projektleitung[131] und Systemkonzeption/-analyse[132]	– Ein hohes Maß an sozialer Kompetenz – Die Zusammenarbeit mit dem Kunden verlangt von den Projektleitern viel Sensibilität – Fundierte betriebswirtschaftliche Kenntnisse (für die Aufgaben der Systemkonzeption) – Die Projektleiter müssen das Produkt im Detail kennen und Überblickswissen besitzen (zur Abschätzung der Realisierungsmöglichkeiten von Kundenanforderungen) – Aktuelle programmiertechnische Kenntnisse sind nicht unbedingt erforderlich – Aussagen der interviewten Projektleiter: Stressbelastung sei zwar überdurchschnittlich häufig, aber durchaus beherrschbar – Fachinformatiker[133] sind als Projektleiter im Gegensatz zu Hochschulabsolventen speziell anzuleiten
Systembetreuung/-verwaltung	Sehr geeignet für die älter werdenden Softwareentwickler. Allerdings enthalten diese Tätigkeiten häufig Routinearbeiten. Sie sind dann wenig herausfordernd und können demotivierend wirken.
Qualitätssicherung	Keine Meinungsbildung hierzu im Unternehmen feststellbar.

---

[131] Die Projektleiter in diesem Unternehmen nehmen eine Vielzahl von Aufgaben wahr. Sie arbeiten meist mit den Kunden zusammen. Gemeinsam mit ihnen analysieren sie dessen Ablauforganisation und erstellen aus dem Ergebnis ein Pflichtenheft für die Softwareentwickler. Während der Programmierung der Software stehen sie den Entwicklern als Ansprechpartner bei auftretenden Problemen und Fragen zur Verfügung. Gleichzeitig überwachen sie die korrekte Umsetzung der Kundenanforderungen während der Softwareentwicklung. Nach Fertigstellung der Software sind sie für die Implementation des Produktes beim Kunden zuständig.

[132] Nach der hier verwendeten Definition der Aufgabenkomplexe übernehmen die Projektleiter in Teilen gleich zwei Tätigkeitsbereiche, und zwar die Aufgaben der Projektleitung und der Systemkonzeption.

[133] Unter „Fachinformatikern" versteht der Geschäftsführer dieses Unternehmens Programmierer, die kein Studium absolviert haben.

Tabelle 9: Meinungen der Unternehmenspraktiker im Kleinunternehmen zu den Tätigkeitsfeldern für ältere Entwickler im Bereich indirekter Aufgaben

Indirekte Aufgaben	Aussagen im Unternehmen KU
Wissenstransfer	Den Beteiligten ist zwar bewusst, dass der Entwicklungsprozess durch die Intensivierung des Wissenstransfers (und eine größere Anzahl durchgesetzter Innovationen dadurch) verbessert werden kann. Konkrete Vorstellungen über unterstützende Maßnahmen oder gar Stellen gibt es aber nicht.
Innovations-management	Es liegen keine konkreten Vorstellungen vor.
Hotline[134]	– Soziale Kompetenz – Fundierte Kenntnisse über das Produkt – Die Belastung durch diese Arbeit ist, verglichen zum sonstigen Projektdruck, als gering einzuschätzen[135] Die Besetzung einer solchen Stelle durch einen älteren Softwareentwickler erscheint für die Befragten durchaus denkbar.
Kundenschulung	Die Eignung von älteren Mitarbeitern für die Durchführung von Kundenschulungen wurde mehrfach betont. Erforderliche Leistungspotenziale und resultierende Stressbelastung entsprechen etwa denen der Hotline. Lediglich die soziale Kompetenz muss im Vergleich dazu höher gewichtet werden.
Coaching	Es gibt gegenläufige Ansichten im Unternehmen: „Ältere Softwareentwickler sind durchaus zur Erfüllung dieser Aufgabe befähigt." versus „Den älteren Softwareentwickler kann man nicht als Coach des jüngeren einsetzen, da sich die Programmiersprachen und Konzepte zu schnell verändern."
Marketing/ Akquise	Besonders viel Fachwissen aus der Softwareentwicklung sei nicht erforderlich, aber Akquise sei sehr belastend. Ältere Softwareentwickler könnten durchaus im Marketing- und Akquisebereich tätig werden, so die einhellige Meinung der Befragten.[136]

---

[134] Nach Aussage des Geschäftsführers ist die Schaffung und Besetzung einer solchen Stelle in naher Zukunft geplant. Bisher wurde die Hotline-Arbeit auf alle Mitarbeiter, zusätzlich zu deren sonstigen Aufgaben, verteilt.

[135] Von den Softwareentwicklern, die bisher diese Aufgabe *neben* ihrer Codiertätigkeit ausüben, ist demgegenüber eine Belastung geäußert worden. Sie empfanden diese Arbeit als Unterbrechung ihrer sonstigen Arbeit.

[136] Leider gab es auch für diese Behauptung keine praktischen Erfahrungen. Lediglich der Geschäftsführer konnte von seiner eigenen Erfahrung berichten. Allerdings hatte dieser keine typische Entwickler-Karriere durchlaufen, so dass nur schwer Parallelen gezogen werden konnten.

Die folgende Abbildung 16 zeigt die gewonnenen Ergebnisse im Portfolio zusammengefasst.[137]

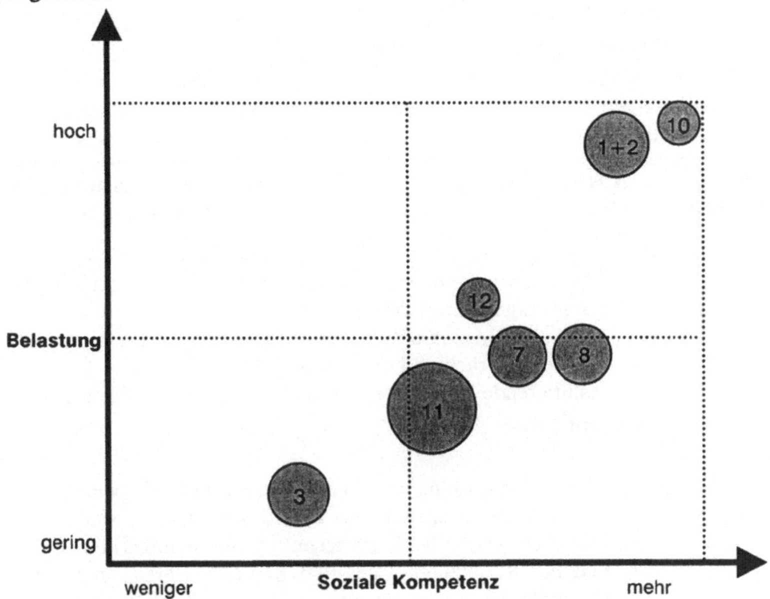

(1) Projektleitung	(7) Hotline
(2) Systemkonzeption/ Analyse	(8) Kundenschulung
(3) Systembetreuung/ Verwaltung	(9) Coaching[138]
(4) Qualitätssicherung[139]	(10) Marketing/Akquise
(5) Wissenstransfer[140]	(11) Projekte-Koordinator[141]
(6) Innovationsmanagement[142]	(12) Innerer Organisator[143]

Abb. 16: Portfolio zur Darstellung der relativen Kompetenzbeziehungen der Aufgabenkomplexe im Unternehmen (KU)

---

[137] Während der Befragungen divergierten die Meinungen zur Notwendigkeit der Aufgabenkomplexe und deren Eignung für älteren Softwareentwickler auch zwischen verschiedenen Gesprächspartnern innerhalb ein und desselben Unternehmens. Es wird aber nicht jede einzelne Meinung zu den Stellen dargestellt, sondern eine gewichtete Unternehmenstendenz mit „Für"- und „Gegen"-Argumenten.

[138] Nicht aufgenommen, da in diesem Unternehmen keine hinreichend differenzierte Meinungsbildung dazu.

[139] Keine hinreichend differenzierte Meinungsbildung hierzu.

[140] Keine hinreichend differenzierte Meinungsbildung hierzu.

[141] In diesem Unternehmen ist bereits eine entsprechende Stelle für einen älteren Software-Entwickler vorhanden. Die ausführliche Beschreibung der Tätigkeit findet sich in Kolodzik (1999, S. 58f).

[142] Keine hinreichend differenzierte Meinungsbildung hierzu.

[143] Dies ist eine bereits vorhandene Stelle für einen älteren Mitarbeiter. Unter geeigneten Rahmenbedingungen wäre sie auch für andere Unternehmen, zumal Kleinunternehmen, eine interessante Stelle für einen entsprechend engagierten älteren Software-Entwickler. Eine Erläuterung der außerhalb des engeren Bereichs der Softwareentwicklung gelegenen Tätigkeit findet sich in Kolodzik (1999, S. 60).

5.2.2 Mittelgroßes Unternehmen (MU)

Aus diesem Unternehmen können folgende Meinungen zu den vorgeschlagenen Aufgabenkomplexen wiedergegeben werden (Tab. 10 und 11):

Tabelle 10: Meinungen der Unternehmenspraktiker im mittelgroßen Unternehmen zu den Tätigkeitsfeldern für ältere Entwickler mit Aufgaben auf der operativen Ebene

Aufgaben der operativen Ebene	Aussagen im Unternehmen MU zu benötigten Leistungspotenzialen und Stressbelastung sowie zur Einschätzung der Eignung älterer Softwareentwickler für diese Rollen
Projektleitung[144]	– Überblickswissen im jeweiligen Fachbereich und grundlegende Projektmanagementerfahrungen – Ein hohes Maß an Kommunikations- und Teamfähigkeit (für das Kundengespräch und die Führung der Projektgruppe) – resultierende hohe Stressbelastung aufgrund der Mehrfachbelastung
System-konzeption/ -analyse[145]	Es gilt entsprechendes.
System-betreuung/ -verwaltung	– Soziale Kompetenz wird eher in geringem Maße benötigt – Gewachsene Erfahrung über das zu betreuende System – Für älter werdende Softwareentwickler unumstritten gut geeignet und bereits jetzt eine gängige Karriere. Bereits zum Kunden als Systembetreuer gewechselte ehemalige Mitarbeiter berichteten von einer geruhsamen Arbeitsatmosphäre, hoher Verantwortung und großem Kompetenzbereich.
Qualitätssicherung	Durch ein positives Beispiel eines in diesem Tätigkeitsfeld beschäftigten älteren Entwicklers als Rolle für ältere Mitarbeiter bestätigt.[146]

---

[144] Die Projektleiter im Unternehmen MU sind die Gesamtverantwortlichen eines Projekts. Die Projekte werden gewöhnlich nach folgendem Ablauf durchgeführt:
  1. Die Projektleiter analysieren gemeinsam mit dem Kunden deren Organisationsablauf und erstellen daraus das Pflichtenheft.
  2. Anschließend wird durch den Projektleiter eine Angebotsschätzung erstellt, welche die Basis für den Rahmenvertrag darstellt.
  3. Der Projektleiter sucht sich zur Durchführung des Projektes die Mitarbeiter aus und verteilt die Arbeitspakete.
  4. In der Konzeptions-, Realisierungs- und Implementierungsphase trägt er die Verantwortung.
  Das Unternehmen MU hat Schwierigkeiten, Projektleiter zu finden, da nach Meinung der Befragten einer erhöhten Verantwortung und der notwendige werdenden neue Wissensaufnahme keine adäquate höhere Entlohnung gegenüberstehe.

[145] Das Tätigkeitsfeld der Systemanalyse/-konzeption wird im Unternehmen MU durch den Projektleiter wahrgenommen. Es gab keine Pläne bzw. Gründe, die Aufgaben des Projektleiters aufzuspalten, so dass die Systemanalyse als eigenständiger Aufgabenkomplex nicht zur Debatte stand.

[146] Zwar entsprachen die durchgeführten Tätigkeiten nicht der hier zugrundegelegten Definition eines im Softwareentwicklungsprozess tätigen Qualitätssicherers, trotzdem wurde als einhellige Meinung geäußert, eine Übertragbarkeit der erforderlichen Kompetenzen und der Belastung könne angenommen werden.

Tabelle 11: Meinungen der Unternehmenspraktiker im mittelgroßen Unternehmen zu den Tätigkeitsfeldern für ältere Entwickler im Bereich indirekter Aufgaben

Indirekte Aufgaben	Aussagen im Unternehmen MU
Wissenstransfer[147]	Unterschiedliche Meinungen zur speziellen Eignung älterer Softwareentwickler für diese Aufgabe: Überblickswissen und Erfahrung werden als Positiva hervorgehoben, andererseits wird befürchtet, dass ältere Mitarbeiter nicht auf dem neuesten Kenntnisstand seien und deshalb den Wissenstransfer nicht organisieren können. Eine Kombination des Überblickswissens der älteren Mitarbeiter und dem aktuellen Know-how der jungen Mitarbeiter wird demhingegen für sinnvoll erachtet.[148]
Innovationsmanagement	Innovationsmanager werden von den Gesprächspartnern generell abgelehnt. Die Notwendigkeit dieser Aufgabe nicht gesehen.[149]
Hotline	– Detaillierte Produktkenntnisse, eher weniger Informatikkenntnisse – Gewisses Maß sozialer Kompetenz (für den Umgang mit dem Kunden) – Der Stress hält sich aufgrund fester Hotline-Zeiten in Grenzen, teilweise sind die Mitarbeiter hier aber „Prellböcke" für unzufriedene Kunden.[150] – Im Unternehmen wird bereits ein älterer, ehemaliger Softwareentwickler für die Aufgabe in der Hotline-Arbeit geschult und eingesetzt. Dementsprechend positiv war die Meinung der Befragten zu diesem Aufgabenkomplex.
Kundenschulung	Diese Tätigkeiten weisen insgesamt eine große Ähnlichkeit zur Hotline auf und erfordern funktionstechnische Kenntnisse über das Produkt. Die soziale Kompetenz wurde etwas höher gewichtet als in der Hotline-Tätigkeit, die Stress- und Arbeitsbelastung hingegen geringer eingestuft. Die Gesprächspartner waren sich mehrheitlich einig über die gute Eignung dieser Tätigkeiten für älter werdende Softwareentwickler.

---

[147] Der Wissenstransfer ist nach Aussagen aller Gesprächspartner im Unternehmen B unzureichend bzw. kaum vorhanden. Die Notwendigkeit unterstützender Maßnahmen wurde erkannt, konkrete Konzepte liegen aber nach Aussagen fast aller Beteiligten nicht vor. Der Vorschlag, ältere Softwareentwickler für diese Wissenstransfer-Aufgaben einzusetzen, passt allerdings nach Ansicht des Personalleiters aufgrund dieser Definition einer nicht unmittelbar wertschöpfenden Tätigkeit nicht zur Unternehmensstrategie und -kultur.

[148] Über die Belastung und die erforderliche soziale Kompetenz wurden mangels konkreter Vorstellungen über die Ausgestaltung dieser Rolle keine verwertbaren Angaben gemacht.

[149] Es gibt in dem Unternehmen eine Kollegin als Anlaufpunkt für Ideen. Für sie ist diese Aufgabe aber kein aus- und erfüllender Job, eher ein zusätzlicher Aufgabenbereich. Da eine gesonderte Stelle eines Innovationsmanagers in diesem Unternehmen kurz- bis mittelfristig keine Chance hat, wurde auf die Abfrage der erforderlichen Kompetenzen und der Stressbelastung verzichtet.

[150] Einige der Gesprächspartner wiesen darauf hin, dass die Hotline-Arbeit frustrierend sein kann. Deshalb sind die Hotline-Mitarbeiter teilweise auch vor Ort beim Kunden helfend tätig.

Tabelle 11 (Fortsetzung)

Indirekte Aufgaben	Aussagen im Unternehmen MU
Coaching	Es existiert z.T. „Coaching" von jüngeren durch ältere Mitarbeiter (ist aber nicht organisiert), wobei dieser Aufgabenkomplex als zusätzliche Aufgabe delegiert wird. Die meisten Befragten waren aber der Meinung, dass das Coaching bezüglich der Programmiertechniken eher von jung zu alt erfolgt, da die jungen das neue Know-how besitzen. Ein Coaching durch ältere Mitarbeiter ist in der Weitergabe von Projektmanagementerfahrung und Überblickswissen vorstellbar.
Marketing/ Akquise	Die Arbeit im Marketing-Bereich[151] als Zukunftsperspektive für ältere Softwareentwickler kommt nach mehrheitlichen Aussagen nur dann in Frage, wenn diese im Hintergrund z.B. bei der Erstellung von Konzepten und Strategien mitwirken. Die Mitarbeit in der telefonischen oder persönlichen Akquise wird für ältere Mitarbeiter (wegen ungewohntem Erfolgsdruck) als zu stressbelastet eingeschätzt.

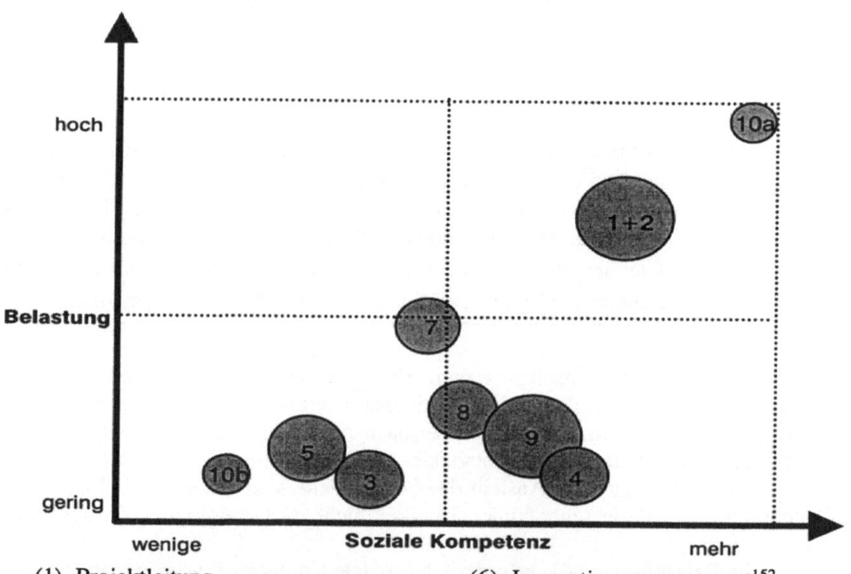

(1) Projektleitung
(2) Systemkonzeption/ Analyse
(3) Systembetreuung/ Verwaltung
(4) Qualitätssicherung
(5) Wissenstransfer
(6) Innovationsmanagement[152]
(7) Hotline
(8) Kundenschulung
(9) Coaching
(10) Marketing (a)/Akquise (b)

Abb. 17: Portfolio zur Darstellung der relativen Kompetenzbeziehungen der Aufgabenkomplexe im Unternehmen MU

---

[151] Im Unternehmen MU gibt es insgesamt 18 Stellen für diese Rollen im Marketingbereich.
[152] Nicht aufgenommen, da in diesem Unternehmen eine generell ablehnende Meinung zur Schaffung einer Stelle für diese Tätigkeiten besteht.

Während der einzelnen Interviews wurden die Gesprächspartner gebeten, die relativen Beziehungen der Aufgabenkomplexe im vorbereiteten Portfolio darzustellen. Trotz unterschiedlicher Ansichten waren eindeutige Tendenzen zu erkennen, die in dem folgenden Portfolio (Abb. 17) wiedergegeben sind.

5.2.3 Großes Unternehmen (GU)

In diesem Großunternehmen wurden die folgenden Meinungen und Aussagen zu den vorgeschlagenen Aufgaben vertreten (Tab. 12 und 13):

Tabelle 12: Meinungen der Unternehmenspraktiker im Großunternehmen zu den Tätigkeitsfeldern für ältere Entwickler mit Aufgaben auf der operativen Ebene

Aufgaben der operativen Ebene	**Aussagen im Unternehmen GU zu benötigten Leistungspotenzialen und Stressbelastung sowie zur Einschätzung der Eignung älterer Softwareentwickler für diese Rollen**
Projektleitung[153]	– Neben fachlichen[154] auch organisatorische Kompetenzen[155] – Größere soziale Kompetenz und eine entsprechende Persönlichkeit – Durch die erforderliche Überblicksbeurteilung und die vielen zu fällenden Entscheidungen sehr stressanfällig – Die Aufgaben des Projektleiters sollten nach einhelliger Meinung schon in jüngeren Jahren ausgeübt werden.
Systemkonzeption/ -analyse	Diese Aufgabe wird in diesem Unternehmen als Teilaufgabe des Projektleiters verstanden.
Systembetreuung/ -verwaltung	Niemand möchte freiwillig diese Aufgaben über einen längeren Zeitraum ausüben. Im Unternehmen war das bisher ein gängiger „Abstellplatz".[156]
Qualitätssicherung	Ältere Softwareentwickler wären geeignet. Unterstützt wird diese Behauptung durch die Tätigkeit eines älteren ehemaligen Softwareentwickler in dieser Tätigkeit (Beratungsfunktionen zur Qualitätssicherung).

---

[153] Im Unternehmen GU bestand zum Zeitpunkt der Befragung ein Mangel an Projektleitern. Die befragten Projektleiter waren der Ansicht, dass in den Reihen der Softwareentwickler Personen zu finden sein müssten, die durchaus das Potenzial zur Erfüllung dieser Aufgabe besitzen. Nur gibt es für dieses Tätigkeitsfeld kaum Anreize und die Situation der momentanen Projektleiter ist eher abschreckend, so dass kaum jemand diese Tätigkeiten freiwillig übernehmen möchte.

[154] Die Gesprächspartner waren auch der Meinung, dass die Leitungsfunktion des Projektleiters ineffizient wird, wenn dieser den konkreten fachlichen Hintergrund, nämlich die Programmierarbeit, nicht mehr kennt. Das heißt nicht, das dieser auch programmieren sollte; so wurde von einem langjährigen Projekt- und Forschungsleiter argumentiert, denn Projektleitertätigkeit und Detailarbeit schlössen sich (aufgrund der unterschiedlichen mentalen Stile des Codierens und des Entscheidens) aus. Zwischen beidem könne nicht andauernd umgedacht werden.

[155] Das Unternehmen GU schult die zukünftigen Projektleiter im Kundenkontakt und im Projektmanagement.

[156] Nach Einschätzung mehrerer Gesprächspartner könnte dieser Aufgabenkomplex als Tätigkeit beim Kunden und versehen mit einem entsprechenden Kompetenz- und Verantwortungsbereich aber durchaus eine herausfordernde Aufgabe für Ältere sein.

Tabelle 13: Meinungen der Unternehmenspraktiker im Großunternehmen zu den Tätigkeitsfeldern für ältere Entwickler im Bereich indirekter Aufgaben

Indirekte Aufgaben	Aussagen im Unternehmen GU
Wissenstransfer	Sehr gute Eignung älterer Mitarbeiter für die Aufgaben eines Wissensmanagers, da das Überblickswissen vorhanden sei und Perspektiven gesehen würden.[157]
Innovationsmanagement	Der mögliche Einsatz älter werdender Softwareentwickler als Innovationsmanager ist bei den Gesprächspartnern umstritten. Ältere könnten nach diesen Ansichten eher den Wissenstransfer (Wissen beschaffen) organisieren als Neuerungen durchsetzen.[158]
Hotline und Kundenschulung	Durchweg befürwortende Meinungen bezüglich der Eignung älter werdender Softwareentwickler.
Coaching	Ältere Softwareentwickler seien als Coach nur bedingt einsetzbar, da eher die jüngeren Mitarbeiter das neueste Know-how mitbringen.[159]
Marketing/ Akquise	Unterschiedliche Ansichten hierzu, aber viele waren der Meinung, dass diese Aufgaben aufgrund des Stresses und der besonderen Anforderungen nur schwer im Alter zu bewältigen wären.

Das folgende Portfolio (Abb. 18) zeigt zusammenfassend, wie die Gesprächspartner aus dem Unternehmen GU die notwendigen Leistungspotenziale und die Belastungen zu den Stellen sahen.

Fazit aus der Befragung der Unternehmenspraktiker in den Unternehmen der drei Tiefenfallstudien zu den möglichen Rollen für ältere Softwareentwickler: Im Überblick über die drei Unternehmen kann gesagt werden, dass in der Diskussion der Tätigkeitsfelder die generellen Vor- und Nachteile der Schaffung von Stellen für ältere Softwareentwickler in diesen Aufgabenkomplexen im jeweiligen Unternehmen deutlich gemacht werden konnten.

Mit der Portfolio-Strukturierung ist eine einfache Arbeitshilfe für das Personalmanagement geschaffen, das – gerade für eine überlastete Personalabteilung im Großunternehmen – eine Erleichterung der Einordnung von Weiterentwicklungsmöglichkeiten älter werdender Softwareentwickler bietet.

---

[157] Für den Wissenstransfers müssten allerdings extra neue Mitarbeiter eingestellt werden, da dieser im Unternehmen GU nach Ansicht aller Gesprächspartner kaum stattfindet.

[158] Außerdem äußerte der Personalleiter sich pessimistisch über die Realisierungsmöglichkeit einer solchen Stelle, da der Innovationsmanager keine produktive Stelle darstelle und damit schwer budgetierbar sei.

[159] Entgegen diesem Tenor werden jedoch die älteren Mitarbeiter im Unternehmen GU bereits teilweise dazu angehalten, die neuen Mitarbeiter einzuführen. Es soll dadurch ein gleichwertiger Ersatz an qualifizierten Mitarbeitern geschaffen werden, die dann die Aufgaben übernehmen, wenn die älteren Entwickler krank oder im Urlaub sind.

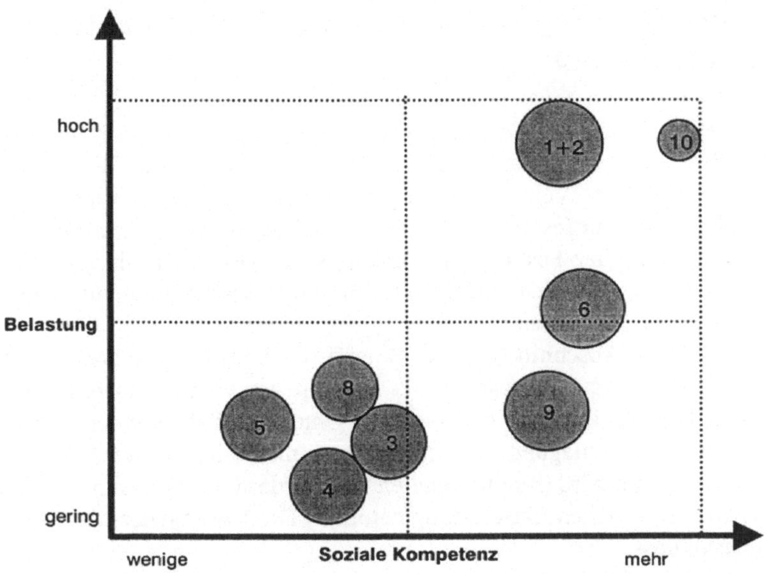

(1) Projektleitung
(2) Systemkonzeption/ Analyse
(3) Systembetreuung/ Verwaltung
(4) Qualitätssicherung
(5) Wissenstransfer
(6) Innovationsmanagement
(7) Hotline[160]
(8) Kundenschulung
(9) Coaching
(10) Marketing/Akquise

Abb. 18: Portfolio zur Darstellung der relativen Kompetenzbeziehungen der Aufgaben-komplexe im Unternehmen GU

Die besprochenen Tätigkeitsfelder erheben natürlich keinen Anspruch auf Vollständigkeit. Sie standen allerdings in den drei eingehender untersuchten Unternehmen im Zentrum der Diskussion. Ohne eine entsprechend frühzeitige Weiterbildung der Mitarbeiter für spezielle Aspekte der Tätigkeiten und eine entsprechende motivatorische Einstellung der Mitarbeiter bleibt das Hilfsmittel allerdings kraftlos. Es erübrigt keineswegs ein längerfristiges Denken in der Mitarbeiterentwicklung.

---

[160] Nicht aufgenommen, da in diesem Unternehmen keine hinreichend differenzierte Meinungsbildung dazu.

5.3 Unterstützung älter werdender Softwareentwickler durch Laufbahnplanung[161]

In der zweiten Phase der Delphi-Expertenbefragung wurde nach den primär für die Laufbahnplanung Verantwortlichen gefragt sowie nach den wesentlichen Problemen, die einer Verwirklichung dieser Planung entgegenstehen. Aufgrund des Ergebnisses kann festgestellt werden: Laufbahnplanung ist derzeit kaum Angelegenheit tariflicher Festlegung, sondern wird wesentlich als eigene Aufgabe des Entwicklers empfunden und der Abstimmung zwischen ihm und seinem direkten Vorgesetzten überlassen.

Der in diesem Abschnitt benutzte Begriff der Laufbahnentwicklung setzt sich ab vom Begriff „Karrierewege"[162], da er nicht am voraussehbaren Durchlaufen stringenter Hierarchieebenen orientiert ist. Unter Laufbahnentwicklung soll dementsprechend die Festlegung auf ein *Spektrum* möglicher weiterer Wege verstanden werden. Damit wird das Offenhalten und Fördern dieser bestimmten Optionen der weiteren beruflichen Entwicklung betont.[163] Die Vorteile der Laufbahnplanung liegen darin, dass

- eine langfristige Perspektive gegeben wird,
- ein begrenztes, aber ausbaubares Tätigkeitsspektrum auf eine für den Software-Bereich langfristige Zeitdauer von etwa 10 Jahren angestrebt werden kann. es ist an Tätigkeiten gedacht, welche jenseits der hochspezialisierten Tätigkeit liegen, die in der Regel das erste Jahrzehnt der Berufstätigkeit des hochqualifizierten Mitarbeiters im Bereich der Softwareentwicklung ausfüllt.

Primär soll ein übersichtliches Spektrum von Weiterentwicklungsmöglichkeiten für die berufliche Laufbahn des Softwareentwicklers offen gehalten werden. Daher ist das Festlegen und Erreichen bestimmter Meilensteine[164] der Weiterbildung nach der Erstausbildung nur als ein Planungsinstrument unter mehreren von Interesse. Als weiterer Aspekt ist das kontinuierliche Element der Verarbeitung

---

[161] 55 % der Experten (der Unternehmensvertreter unter ihnen: 37 %) sehen derzeit („Ist-Situation") kein großes Engagement der Personalleitung oder Geschäftsführung in Fragen der Laufbahnplanung, aber 74 % (Unternehmensvertreter: 76 %) würden dieses wünschen. Der Wunsch, dass sich der Mitarbeiter selbst darum kümmert, ist etwa gleich groß. Primär wird aber dem direkten Vorgesetzten diese Aufgabe übertragen. 60 % (Unternehmensvertreter: 76 %) sehen dies schon als erreicht an und 90 % (Unternehmensvertreter: 88 %) wünschen es.

[162] Vgl. Mentzel (1997, S. 132). Diese Begriffsdefinition muss betont werden, da der Begriff Karriere beispielsweise im untersuchten Großunternehmen GU, das aus historischen Gründen derzeit noch teilweise eine „bürokratische" Prägung besitzt, durchaus noch mit langjährig voraussehbaren Karrierestufen in Zusammenhang gebracht wird.

[163] Vgl. Behrens (1993) und (1996).

[164] Diese Meilensteine geben Zeitpunkte für die Neuerwerbung von Fachwissen an und konkretisieren somit Zwischenziele für Maßnahmen zur Erlangung einer zukunftsfähigen Qualifikation. Diese längerfristig angelegte Planung von bestimmten Weiterbildungsmaßnahmen ist ein wichtiger Aspekt unter anderen.

gemachter Erfahrungen ebenso bedeutsam. Dasselbe gilt auch für die Frage, wie lange die bisherige Tätigkeit noch herausfordernd genug ist. Diese Frage muss im Bewusstsein des älter werdenden Softwareentwicklers verankert werden.

Für die nachhaltige Arbeitsmarktfähigkeit des Entwicklers und für den Einsatz des Mitarbeiters im Unternehmen ergeben sich durch die Laufbahnplanung spezifische Vorteile. Mit ihrer Hilfe soll den bisher auftretenden Problemen vorgebeugt werden, die bei langjähriger, eng spezialisierter Tätigkeit überwiegend im produktionsnahen Dienstleistungsbereich der Softwareentwicklung auftreten. Bestimmte, z.B. in der Hochschulausbildung erworbene Fähigkeiten können bei langjähriger Arbeit mit Routinecharakter oder einseitiger Spezialisierung verkümmern. Diese berufsbiographischen Phänomene tragen eher zum Abbau von Fähigkeiten wie Lernleistungen und der Lernmotivation bei als dies die generellen Effekte des Älterwerdens tun.[165]

Eine längerfristig orientierte Laufbahnentwicklung erscheint besonders deshalb angebracht, um von vornherein durch entsprechende Maßnahmen die Gefahren fachlicher Nischenbildung nicht entstehen zu lassen. Es handelt sich dabei um Maßnahmen, die eine kontinuierliche Entwicklung des Mitarbeiters vorsehen. Diese muss vom Unternehmen angestoßen und gefördert werden. Besonders wichtig erscheint die Laufbahnplanung für diejenigen Mitarbeiter, die zur Zeit in einer starken Wachstumsphase in expandierenden Softwarehäusern eingestellt werden. Denn sie werden die älteren Mitarbeiter von morgen sein. Deshalb besteht die Möglichkeit und Notwendigkeit, gleich von Beginn der beruflichen Laufbahn an ein starkes Bewusstsein für die Ziele und die Probleme der Laufbahnentwicklung zu schaffen. Der Unternehmensführung und dem Mitarbeiter muss bewusst sein, dass es in einem sich so schnell wandelnden Ingenieurbereich auf Dauer nicht ausreicht, eine Spezialisierungsnische zu suchen.

Wenn die Tendenzen des Wandels in der Softwareentwicklung dem Muster der vergangenen Jahrzehnte folgen, wird eine interessante, herausfordernde Arbeitsaufgabe in dieser Weise nicht für mehr als ein Jahrzehnt Bestand haben. Beim nächsten Wechsel des Basiskonzepts gehört der älter werdende Mitarbeiter aufgrund der organisatorischen Strukturentscheidungen im Unternehmen oder durch die Herabsetzung kognitiver Flexibilität in einer lernentwöhnenden Arbeitssituation zu denjenigen, die sich in der – vielleicht dann weniger gefragten Nische – „festgesetzt" haben.

Wenn es gelingt, von Beginn der Berufsausübung an dem Mitarbeiter eine Perspektive für eine Laufbahnentwicklung zu vermitteln und in verbindliche Vereinbarungen zwischen Mitarbeiter und Personalleitung[166] münden zu lassen, könnten

---

[165] Berufsbiographische Einschnitte werden von Studien betont, in denen Berufsbiographien empirisch untersucht wurden (Hermanns 1982, Bröcker 1991, Hartmann 1995).

[166] Sicherlich wird es zukünftig schwieriger werden, die notwendig werdenden Schritte weg von einer Fixierung des Personalmanagements auf eine Führungskarriere durchzusetzen. Der älter werdende Softwareentwickler hatte bisher in wachsenden Unternehmensstrukturen oft keine allzu großen Probleme, von der fachlichen Arbeit zur Führungsebene vorzudringen, wenn eine generelle Eignung und Motivation für Projekt-

zukünftige Softwareentwickler eher vor dem Los bewahrt werden, sich in Nischen festzusetzen - ein Los, das schwer korrigierbar ist. Generell erscheint es für die längerfristige Laufbahnplanung sowohl für das Unternehmen als auch für den Mitarbeiter interessant, verschiedene Optionen zu entwickeln, indem systematisch Erfahrung in unterschiedlichen Projekten und in mehreren Tätigkeitsschwerpunkten gesammelt wird.[167] Das eröffnet die Perspektive auf einen Einsatz als Projektleiter, bereitet aber auch eine Fachkarriere als Berater gegenüber dem Kunden oder als Berater mit Überblickskenntnissen für die jüngeren Softwareentwickler (als sog. „Senior-Berater") vor.

Wichtig ist, dass diese Übergänge ohne große Sprünge in den Anforderungen, zugewiesenen Aufgabenbereichen und subjektiven Statusvorstellungen vor sich gehen, sodass Ängste vor dem Verlust der Position oder finanziellen Einbußen die Motivation nicht vermindern. Dazu müssen Formen der Zusammenarbeit mit jüngeren Mitarbeitern gefunden werden, die frei sind von untergründigen Vorurteilen und Überschätzungen des eigenen Arbeitsstils.[168]

5.3.1 Ein Laufbahnmodell

Man kann die Laufbahnentwicklung eines Mitarbeiters in der Softwareentwicklung als eine Abfolge von sechs Phasen[169] darstellen und sie nach den Bereichen des Erwerbs von Qualifikationen[170] und der Ausübung verschiedener Tätigkeiten im Beruf unterscheiden (vgl. Abb. 19). Es sei aber sogleich darauf hingewiesen,

---

managementaufgaben und Menschenführung vorlag. In etablierten Unternehmen, deren Softwarebereich nicht mehr so rapide wächst, und bei zunehmender Einführung flacher Hierarchien wird eine solche Art der Karriere in Zukunft schwerer werden. Andere, bisher durchgeführte Alternativen, der Einsatz in der Pflege älterer Systeme und in der Dokumentation, werden in der Regel nicht als herausfordernd empfunden. In sie kann man zwar das Fachwissen aber kaum die erworbene Erfahrung einbringen, und damit wirken diese Aufgaben eher demotivierend auf den Mitarbeiter.

[167] Behrens (1993).

[168] In der jetzigen Arbeitsatmosphäre, die z.T. durch die „Hacker-Mentalität" und durch Überstunden geprägt wird (Simonsmeier 1992), ist eine geregelte Projektorganisation vielleicht nur dadurch erreichbar, indem nicht nur eine Zuweisung von Tätigkeitsbereichen erfolgt, sondern jüngere und ältere Mitarbeiter bewusst in spezifischen Rollen innerhalb des Teams eingesetzt werden.

[169] Diese Phaseneinteilung ist angelehnt an Ergebnisse empirischer Studien zur Berufsbiographie. Für eine Studie zu Ingenieur-Berufsbiographien siehe Hermanns (1982), der ebenfalls ein Phasen-Modell entwirft. Für ein (nicht spezifisch auf Ingenieure bezogenes) in der betrieblichen Praxis diskutiertes „Lebenszyklus-Modell des Personalmanagements" siehe Cisik (1998). Eine Übersicht über Laufbahnalternativen im FuE-Management in der Industrie gibt Domsch (1993), „Allgemeine Laufbahnmodelle" diskutiert Mentzel (1997, S 147 ff.).

[170] Die in der Abbildung auftretende Kurve soll die „kritische Qualifikation" angeben, die ein Indiz für die Arbeitsmarktfähigkeit des Softwareentwicklers darstellt.

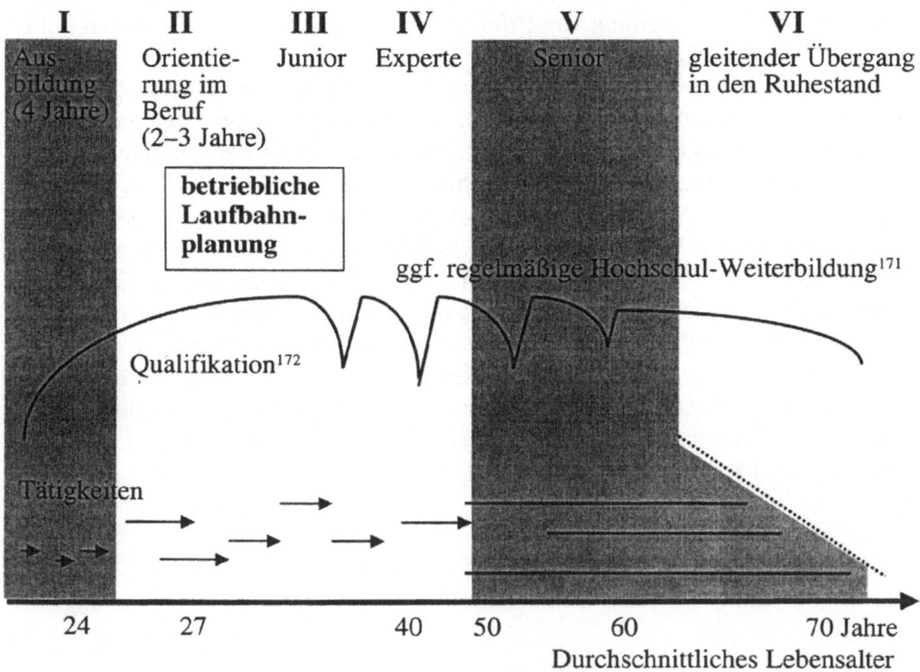

Abb. 19: Phasenmodell der flexiblen Laufbahnentwicklung

dass diese Unterscheidung zwischen Lernen und Arbeiten keineswegs streng gemeint sein kann. Sich weiterzubilden und tätig sein wird sich immer stärker miteinander verbinden, u.a. durch die Notwendigkeit, ein kontinuierliches Lernen im Unternehmen einzuführen, das zugleich für die Erneuerung von Wissen sowie die

---

[171] Wichtiges Element der Laufbahnentwicklung ist auch das Training der abstrakten Denkfähigkeit im fachlichen Bereich. Dazu erscheint es sinnvoll, einen breiteren Kenntnisstand im Informatik-Bereich nach einem gewissen Zeitraum wieder aufzufrischen (Hochschul-Weiterbildung). Hier wird für diesen Zeitraum, der kürzer sein muss als der Zyklus wesentlicher Paradigmen- oder Konzeptwechsel in der Informatik, ein Wert von sechs Jahren angesetzt. Hochschul-Sabbaticals bleiben im Rahmen der für Weiterbildung vorgesehenen Budgets, wenn der Softwareentwickler etwa die Hälfte der Mittel für Weiterbildungsmaßnahmen insgesamt für ein Sabbatical über den Zeitraum von sechs Jahren „anspart". Das sollte dem Entwickler dann die Möglichkeit geben, sich mehrere Monate an der Hochschule mit abstrakteren Denkinhalten als in der Alltagspraxis zu konfrontieren und seine Denkfähigkeit in diesem Bereich aufzufrischen. Diese Art des Hochschulkontaktes kann nicht durch den gelegentlichen Besuch von Vorträgen ersetzt werden, da sein Sinn im Training des abstrakten Denkvermögens durch den täglichen Umgang mit nicht kurzfristig praxisrelevanten Konzepten besteht.

[172] Die schematische Darstellung soll eine idealtypische Entwicklung der für die Arbeitsmarktfähigkeit beim Softwareentwickler bedeutsamen Qualifikation wiedergeben (vgl. Abb. 20).

Generierung und Auswertung von Erfahrung sorgt und zu einem effizienten Innovationsprozess beiträgt.

In der Phase der Ausbildung sollte man sich neben der fachlichen Bildung schon in einem ersten Schritt bewusst machen, dass lebenslanges Lernen notwendig ist und wechselnde Tätigkeitsbereiche im Laufe der Berufsbiographie vernünftig sind. Ausführliche Kontakte zur unternehmerischen Praxis sind dazu dringend erforderlich, um die Situation der Arbeit in der Industrie, die in der Arbeit zusätzlich zum fachlichen Wissen benötigten Qualifikationen kennengelernt zu haben. Ein Hochschulstudium sollte hierzu Grundlage und erste Einblicke gewähren, ansonsten sollte man mit der Spezialisierung nicht zu weit gehen.

Der Hochschulabgänger und Computerenthusiast ist daran interessiert, neueste Technik und das erworbene Wissen umsetzen zu können, er will aber auch eine spezialisierte Einarbeitung absolvieren und betriebliche Erfahrung in einer kontinuierlichen Tätigkeit gewinnen. Deshalb sollte vor den Gesprächen zur Laufbahnplanung eine Orientierungsphase von 2–3 Jahren vorgeschaltet sein.[173]

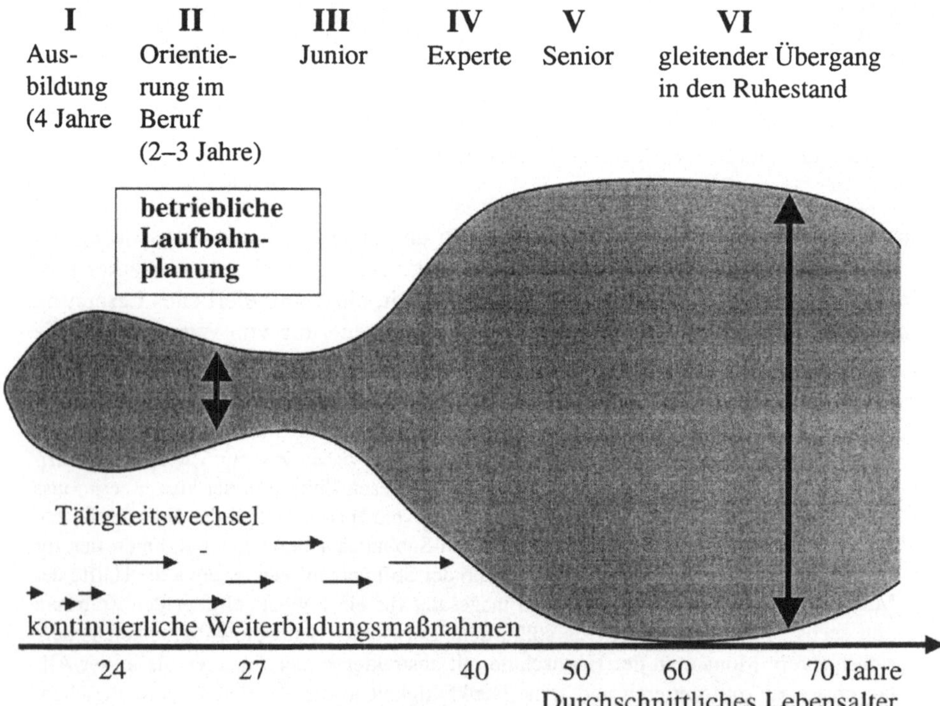

Abb. 20: Phasenmodell mit schematischer Qualifikationsentwicklung (vgl. Abb. 19)

---

[173] Vgl. dazu die Definition einer „Übergangsphase" in Berufsbiographien von Ingenieuren bei Hermanns (1982, S. 187f).

Die Phasen III bis V können je nach der Organisation des Unternehmens eine unterschiedliche zeitliche Streckung besitzen oder auch miteinander verwoben sein. Wichtig ist, dass Mechanismen des breiteren Einsatzes der Softwareentwickler gefunden werden, um die Erfahrungsgrundlage zu stärken, die sich nicht allein auf die Arbeit in einem Tätigkeitsfeld stützen kann. Dieses kann durch Tätigkeitswechsel (Phase III) und an die Experten-Phase IV anschließende parallele Tätigkeiten (Phase V) erfolgen. Der Tätigkeitswechsel soll sowohl zu vermehrten Kenntnissen und Fertigkeiten führen als auch generell dazu dienen, im Lernprozess zu verbleiben. Erfahrungsgemäß dient er auch der Arbeitsmotivation. Die verschiedenen parallelen Tätigkeiten der Phase V erleichtern eine Beschäftigung auf verschiedenen Ebenen, die auch Management- oder Coaching-Anteile beinhalten.[174]

5.3.2 Zielbestimmung der Maßnahmen zur Mitarbeiterentwicklung

Zusammenfassend kann festgehalten werden, dass durch die Maßnahmen der Laufbahnplanung[175] folgende Ziele[176] verfolgt werden:

- Strukturieren der Weiterbildungsmaßnahmen,
- Ermöglichen und Verarbeiten von Erfahrungen aus dem Geschäftsfeld, den spezifischen Bedingungen im Unternehmen und aus dem Kundenkontakt,

---

[174] Vgl. bei Hermanns (1982), die „Phase des Substanzaufbaus" und die „Phase der Bewährung" in den Berufsbiographien von Ingenieuren. Während eines der durchgeführten Workshops entstand eine Diskussion mit den Unternehmensvertretern darüber, ob ältere Softwareentwickler aufgrund eines angenommenen drastischen Abfalls der Leistungsfähigkeit „Schonarbeitsplätze" brauchen oder eher eine herausfordernde, motivierende Tätigkeit (bzw. ergänzende Rollen, die motivierende Wirkung besitzen). Da es in Einzelfällen auch sinnvoll sein mag, Schonarbeitsplätze zu schaffen, dieses aber in vielen Fällen weder notwendig noch sinnvoll ist, sollte folgende Prioritäten-Reihenfolge beachtet werden: 1) Einsatz dort, wo der Entwickler aktuell am besten eingesetzt ist und gebraucht wird, 2) Entwicklungsperspektiven geben (insbesondere Tätigkeitswechsel anregen, vorbereiten und durchführen), 3) Wechsel auf Arbeitsplätze mit geringerer Belastung, wenn die anderen Möglichkeiten ausgeschöpft sind.

[175] Vgl. damit die allgemeinen Ziele der Personalentwicklung, z.B. in Jung (1997, S. 246–252). Von den Unternehmenspraktikern der softwareentwickelnden Unternehmen wird das Modell der Laufbahnphasen im groben Umriss, d.h. als Schema, und von der generellen Konzeption her bestätigt. Betont wurde dabei die Bedeutung einer Orientierungsphase ohne Impulse zur Laufbahnplanung für eine Entscheidung über die Laufbahnrichtung, also im Alter von Anfang 30 Jahren. An noch längerfristige berufliche Perspektiven (Altersbereich des ca. 40-Jährigen) wird aber meist nicht mehr gedacht, so dass Rollen für Ältere (in Phase V) im Personalmanagement der Unternehmen nicht thematisiert werden.

[176] Von den Unternehmenspraktikern wurden als Gütekriterien für die Zielerreichung und für die Anwendbarkeit der Laufbahnmodelle benannt: 1) Ermöglichung einer mittelfristigen Weiterbildungs-Planung in eine Richtung, 2) Umsetzbarkeit (z.B. der Schaffung der entsprechenden Stellen).

- Ermöglichen der berufsbiographischen Weiterentwicklung der Mitarbeiter in der Softwareentwicklung,[177]
- Ermöglichen und Durchführen lebenslangen Lernens und Erwerb von Spezialisierungen in einem zweiten, zukunftsfähigen Softwarebereich,
- Erhalt der Fähigkeit abstrakten Denkens, um Übergänge zu anderen Konzepten der Hard- und Software zu ermöglichen,[178]
- Verwerten speziell der Erfahrung im Rahmen des Kundenkontaktes im Zusammenhang mit dem Erlernen von unternehmerischem Denken, gegebenenfalls bis hin, eine gewerblichen Selbständigkeit des Entwicklers zu ermöglichen,
- Verhandeln und Finden von Vereinbarungen über die Laufbahnplanung aufgrund der Möglichkeiten des Unternehmens und der Wünsche des Entwicklers,[179]
- stärkere Bindung des Kompetenzträger an das Unternehmen.[180]

---

[177] Dass die längerfristige Perspektive für den Entwickler gegeben sein muss, sehen die Unternehmenspraktiker der Fallstudien, Workshops und der Expertenbefragung ebenfalls. Vielfach wird aber von ihnen argumentiert, dass primär die Entwickler sich mehr um ihre Laufbahn kümmern sollen. Es ist sicherlich richtig, dass dieser Aspekt ein wichtiges Element darstellt. Das Argument sollte aber nicht die mögliche und notwendige Initiative des Personalmanagements z.B. gegenüber introvertierten Personen verhindern.

[178] Von den Unternehmenspraktikern wurde angezweifelt, dass zur Aufrechterhaltung dieser Fähigkeit von den Unternehmen die Möglichkeit einer Weiterbildung an Hochschulen in regelmäßigen Abständen von ca. 6 Jahren angeboten werden kann. Ein Unternehmensvertreter errechnete, dass derartige Weiterbildungsmaßnahmen in Form von Hochschul-Sabbaticals in seinem Unternehmen finanziell tragbar sind (d.h. im Rahmen des jetzt bestehenden Budgets bleiben), wenn man die gesamten Leistungen der Weiterbildungsfinanzierung des einzelnen Mitarbeiters auf diese Maßnahme konzentrieren würde. Dieses Finanzierungsproblem mindert nicht die mögliche Bedeutung von Hochschulkontakten für das Training abstrakter Denkfähigkeit und der Fähigkeit des Umgehens mit neuen Konzepten.

[179] Als Anmerkung zu dieser Zielstellung muss ein weiteres Mal betont werden (wie das auch viele Unternehmenspraktiker aus softwareentwickelnden Unternehmen während der Untersuchung getan haben), dass die Planung der Laufbahnentwicklung des Mitarbeiters nicht die Vorgabe von hierarchischen Schritten in einer Karriere sein sollte, auch wenn sich der Mitarbeiter oder das Unternehmen dies wünschen würden. Die Laufbahnplanung dient der Orientierung über Möglichkeiten des Fortschreitens zu neuen Tätigkeiten und Stellen. Diese sind nicht nach vorgegebenen Betriebszugehörigkeitsdauern zu erreichen, sondern müssen von den Mitarbeitern angestrebt werden. Es gibt keine Aufstiegs-Automatik und keine Erfolgsgarantie.

[180] Mitarbeiter im Bereich hochqualifizierter Dienstleistung, zumal im „Tätigkeitsbereich Softwareentwicklung", werden nicht allein durch Aspekte des formalen Status im Unternehmen gehalten, sondern auch wesentlich durch informelle Aspekte. D.h. nicht so sehr die Stellung im Organigramm sorgt für eine größere Unternehmensbindung und auch die Höhe des Gehaltes hat geringeren Einfluss auf die Motivation des Softwareentwicklers. Eine hohe Bedeutung hat die Zufriedenheit mit der Arbeit, also die Frage,

Diese Ziele kann man wie folgt begründen:

Langfristige Laufbahnplanung strukturiert die Weiterbildung. Die Übersicht über die eingeschlagene Laufbahn führt zur Konzentration und zur zeitlichen Koordination von Maßnahmen zur Weiterbildung. Dadurch wird der Tendenz entgegengewirkt, allein kurzfristige Defizite und kurzfristig benötigtes Wissen zu erwerben. Andererseits ermöglicht die Konzentration eher ein Verfolgen der Fachliteratur dadurch, dass eine Vorauswahl durch den festzulegenden Bereich getroffen werden kann und dadurch, dass die Motivation größer wird, sich mit längerfristigen Zukunftstrends auseinanderzusetzen.

Weiterbildung beruht sowohl auf der Neuerwerbung oder Auffrischung von Fachwissen und von Fertigkeiten als auch auf der Ermöglichung und der Strukturierung von Erfahrung. Erfahrung kann nur dann optimal ausgewertet werden, wenn übergreifende Kenntnisse aus verschiedenen Bereichen vorliegen und Zusammenhänge gedanklich hergestellt werden können. Somit ist ein breites Hintergrundverständnis Vorbedingung für die Verarbeitung von Erfahrung. Aber diese Verarbeitung der Erfahrung aus verschiedenen Tätigkeitsbereichen hält andererseits auch die Fähigkeit, Zusammenhänge zu sehen, aufrecht und ermöglicht das aktive Training des breiten Hintergrundwissens.[181]

Eine andere Frage ist, ob nicht vielleicht noch die falschen Inhalte qualifiziert werden bzw. Zusatzqualifikationen in der Erstausbildung noch zu kurz kommen.[182] Diese Frage wird nahegelegt durch vielfache Bemerkungen aus den Unternehmen, die sich über fehlende Fähigkeiten zum Projektmanagement, zur Kommunikationsfähigkeit gegenüber dem Kunden und ähnlichen, nicht direkt fachspezifischen Kenntnissen und Fertigkeiten[183] beklagen.

Zur berufsbiographischen Weiterentwicklung ist von vielen Gesprächspartnern betont worden, dass ab etwa einem Alter von Mitte 30 ein Wandel in der Einstellung zur Arbeit beim Entwickler stattfindet. Wandel heißt hier in der Regel nicht Leistungsminderung, sondern betrifft die Verschiebung des Interesses auf bestimmte Arten von Tätigkeiten, die einen größeren Anteil von Erfahrung und ei-

---

ob diese herausfordernd und interessant genug ist. Dabei ist der informelle Status entscheidend: Man will gefragt werden und als fachliche Autorität im Team anerkannt sein. Die Bedeutung von Anerkennung und Arbeitsumfeld für das Halten des Kompetenzträgers bei Vorhandensein großer Fluktuationsraten wird in der Informatik-Fachpresse hervorgehoben, z.B.: InformationWeek Nr. 3 (24. Juli 1997), S. 20 ff., unter dem Titel „Die Talentjagd ist in vollem Gange".

[181] Unter dem Aspekt der Laufbahnentwicklung muss die neuere Entwicklung zur Beschäftigung geringer Qualifizierter in der Softwareentwicklung (vgl. Dostal, 1997, S. 74) kritisiert werden. Es ist nicht zu erkennen, wie für diese Beschäftigten, die kein abstraktes Hintergrundverständnis der Informatik an der Hochschule erlernt haben, eine adäquate Laufbahnplanung (die eine Weiterentwicklung ihrer Qualifikation und Tätigkeitswechsel in der Softwareentwicklung ermöglichen soll) entwickelt werden könnte.

[182] Vgl. zu dieser Fragestellung Kornwachs (1997).

[183] Eine empirische Studie zur Marketing-Qualifikation bei Ingenieuren hat Späth (1992) vorgelegt.

nen geringeren Anteil von Detailwissen erfordern, oder auf einen Arbeitsstil der mit „eher systematisch und pragmatisch" bezeichnet werden kann. Mit anderen Worten, es findet ein Wandel vom Computerenthusiasten zum Computerpragmatiker statt. In den Vorurteilen der jüngeren Entwickler, die sich als Computerfreaks betrachten, ruft dieser Wandel, der bei älteren Mitarbeitern beobachtet wird, dann oft Unverständnis, Vorurteile und insgesamt eine Geringschätzung dieser pragmatischen Herangehensweise hervor. Aber natürlich findet man in dieser Reaktion auch die öfters berechtigte Kritik daran, dass sich manche Entwickler mit zunehmender Betriebszugehörigkeitsdauer immer weniger um die aktuellen technologischen Entwicklungen kümmern.

Nicht-dequalifizierende Formen berufsbiographischer Weiterentwicklung müssen in Zukunft für eine große Zahl von Entwicklern ermöglicht werden. Dies war vielfach bisher nur denjenigen möglich, die in das Management aufstiegen. Dort konnten sie ihre Erfahrung, den Überblick und Führungsfähigkeiten einbringen ohne dem Druck zu unterliegen, die technologische Entwicklung en detail verfolgen zu müssen.

Laufbahnplanung kann dazu beitragen, die Kontinuität des Lernens und der Weiterbildung sicherzustellen. In der jetzigen Situation muss leider festgestellt werden, dass der Begriff „Lebenslanges Lernen" bisher zumeist noch eine konzeptionelle Vision geblieben ist.[184] Man weiß, wo man hin will, aber man weiß noch nicht, wie das geschehen kann. Als erste Bedingung dafür muss aber jedenfalls angesehen werden, dass die Lernfähigkeit der Softwareentwickler aufrechterhalten wird. Nach unseren Untersuchungen findet ihre Herabsetzung insbesondere dann statt, wenn eine langjährige Spezialisierung des Mitarbeiters auf einen engen Tätigkeitsbereich vorliegt. Dabei treten die wesentlichen Defizite nicht in der Erweiterung der Spezialkenntnisse in geringerem Umfang auf, sehr wohl jedoch bei darüber hinausgehenden Lernsituationen. Die Defizite werden insbesondere dann sichtbar, wenn ein Übergang auf ein anderes Geschäftsfeld oder eine Zweitspezialisierung vorgenommen werden muss.[185]

An einer Spezialisierung in einem zweiten Softwarebereich geht beim Wechsel in eine andere „Generation" der Hard- oder Software nichts vorbei. Bisher war ein solcher Wechsel etwa einmal im Jahrzehnt entlang wesentlicher Paradigmen- oder Konzeptänderungen in der Technologie von Hard- und Software durchzuführen, wenn die aktuelle Arbeitsmarktfähigkeit nicht gefährdet werden sollte. Man kann sich beim bestehenden Zeitdruck, dem die Entwickler unterliegen, das Hineinwachsen in eine Zweitspezialisierung nicht anders als ein kontinuierliches „Lernen

---

[184] Vgl. den Beitrag von Wittwer (1997).

[185] Abzugrenzen ist diese Verminderung der Lernfähigkeit durch Defizite im Umgang mit Lernsituationen von einem ggf. durch dieselben Umstände bedingten Mangel an Lernmotivation. Die Unterscheidung von Lernfähigkeit und Lernmotivation wird dann wichtig, wenn weitere Ursachen das Motivationsdefizit entscheidend beeinflussen, wie etwa Positions-Ängste, die in Situationen des organisatorischen Wandels im Unternehmen fast zwangsläufig auftreten.

im Unternehmen" vorstellen, da unter „Zweitspezialisierung" neu erworbene Kenntnisse und Fertigkeiten, also ein volles working knowledge und nicht nur durch Anlesen vertiefte oder in einem kurzen Weiterbildungskurs angeeignete Kenntnisse verstanden werden. Kenntnisse aus Fachzeitschriften und Kurse können nur als vorbereitend dazu angesehen werden, sich derartige geschäftsverwertbare Fertigkeiten anzueignen.[186]

Die in der Hochschulausbildung des Informatikers angeeignete fachbezogene abstrakte Denkfähigkeit muss erhalten werden. Auch das erfordert eine gewisse Kontinuität. Wer etwa alle 10 Jahre einen Generationswechsel in der herrschenden Technologie mitmachen muss, benötigt dazu die Fähigkeit des abstrakten Denkens. Diese Fähigkeit kann in der Hochschulausbildung durch die Beschäftigung mit abstrakten Konzepten der Informatik, mathematisch-physikalischen Grundlagen und durch den Überblick über den Wandel der Software- und Hardware-Generationen erlernt und aufgefrischt werden. Deshalb werden als mögliche Maßnahmen im Rahmen der Laufbahnentwicklung des Softwareentwicklers Hochschul-Sabbaticals während des beruflichen Werdegangs zur Diskussion gestellt.

Nur durch andauernde Auswertung von Information über die Entwicklung von Markt und Technologie kann das innovative Unternehmen erfolgreich sein. Diese Aufgabe können nur Mitarbeiter wahrnehmen, die unternehmerisch denken gelernt haben.[187] Als übergreifendes, generelles Ziel sollte deshalb formuliert werden, möglichst viele Entwickler zur beruflichen Selbständigkeit fähig zu machen. Für die Unternehmen, in denen Entwickler beschäftigt sind wird zumindest die wichtigste Grundlage dazu ebenfalls nützlich sein: die Fähigkeit zur Beurteilung des Marktes, des Kundennutzens von bestimmten neuen Technologien. Das Denken in diesem Koordinatensystem kann nur durch Kundenkontakt sowie dem Willen und einer gelernten Befähigung zum Denken in Marktbegriffen, also nicht der alleinigen Konzentration auf technologische Entwicklungen, liegen.

Eine wichtige Forderung ist, dass die Laufbahnplanung gemeinsam von Unternehmen und Mitarbeiter erarbeitet werden muss. Für das Unternehmen ist es natürlich zunächst einmal wichtig, dass zu den kurzfristig anstehenden Tätigkeiten Mitarbeiter mit entsprechenden Qualifikationen vorhanden sind und dass erfahrene Entwickler im Unternehmen gehalten werden können. Für den Entwickler ist primär die Sicherheit des Arbeitsplatzes bzw. seine Konkurrenzfähigkeit am Arbeitsmarkt bedeutsam. Für das innovative Unternehmen ist die Diskussion und Antizipation von zukünftigen Trends wichtig, für den Mitarbeiter die interessante Tätigkeit und damit eine gewisse berufliche Weiterentwicklung.

---

[186] Um keine Missverständnisse aufkommen zu lassen, muss aber angemerkt werden, dass dem innovativen Unternehmen selbst natürlich nicht nur die Fertigkeiten, sondern in der Vorbereitungsphase zu Innovationen auch die tätigkeitsübergreifenden Kenntnisse bereits von Nutzen sind. Bei einem zumindest in kleineren Unternehmen häufig anzutreffenden Personalmangel auf den erweiterten Kenntnisbereichen ist eine solche Art der Randkompetenz bei jedem Mitarbeiter sogar notwendig um Innovationen in diesen Bereichen anstoßen zu können.

[187] Vgl. Späth (1992).

Wenn sich das innovative Unternehmen Optionen der Erweiterung des Geschäftsfeldes eröffnen möchte, so ist eine vorausschauende Entwicklung der Qualifikationen der Mitarbeiter sinnvoll. Deshalb sollte in der gemeinsamen Erarbeitung der Laufbahnplanung das Passen der Qualifikationen in das zukünftige Geschäftsfeld ein Thema sein. Die Sicherheit des Arbeitsplatzes ist damit verknüpft, da man sich nicht mehr darauf verlassen kann, dass Spezialisierung auf ein heute aktuelles Geschäftsfeld auch schon für spätere Arbeitsplatzsicherheit sorgt. Derartige Sicherheit wird mehr und mehr dadurch gegeben sein, dass eine Vorsorge für zukünftige Geschäftsfelder und entsprechende Qualifikationen getroffen wird. Innerhalb eines Unternehmens sollte das nur auf gemeinsamem Vorgehen von Softwareentwickler und Personal- bzw. Geschäftsleitung beruhen.

Priorität für das Personalmanagement sollte bei der Laufbahnentwicklung des Softwareentwicklers[188] das Ziel der Erhaltung seiner Arbeitsmarktfähigkeit haben. Die Erhaltung der Arbeitsmarktfähigkeit des Beschäftigten ist im Unternehmensinteresse, da zugleich dessen Innovationsfähigkeit verbessert wird. Schon aus diesen Zielstellungen ergeben sich Schlussfolgerungen für die primären Ziele der Laufbahnplanung. Die Weiterbildung muss sowohl an den Vorstellungen des Mitarbeiters über seine persönliche Laufbahnentwicklung ausgerichtet werden als auch an den Möglichkeiten im Unternehmen. Dazu ist hilfreich, wenn auch die Abteilung, in der der Softwareentwickler eingesetzt ist, eine längerfristige strategische Ausrichtung erarbeitet hat und entsprechende Ideen und Vorentscheidungen in Form von Leitbildern für einen Zeitraum von 10 Jahren als Orientierung auch für die Laufbahnentwicklung des Mitarbeiters dienen können. Weiterhin müssen vom Personalmanagement Vorstellungen darüber vorliegen oder entwickelt werden, welche Übergänge von der einen zu einer anderen Spezialisierung oder hin zu vergrößerter Verantwortung möglich sein werden.[189]

---

[188] Leider konnten die Möglichkeiten einer Laufbahnentwicklung für Fachinformatiker (also für Personen mit Qualifikationen unterhalb eines Hochschulabschlusses) nicht thematisiert werden, da in den untersuchten Unternehmen keine Gelegenheit zu Interviews mit solchen Personen bestand, so dass sich diese Überlegungen allein auf Fallstudienergebnisse von Hochschulabgängern (sei es Informatikern oder von Physikern, Ingenieuren, etc.) beziehen. Aussagen von Unternehmensvertretern z.B. im Großunternehmen, bei Fachinformatikern würden bezüglich der Karriere keine Unterschiede zu Hochschulabsolventen gemacht, können somit nicht belegt werden. Darüber hinaus ist die weitere Entwicklung in diesem jungen, erste ein paar Jahre bestehenden Ausbildungsgang erst noch abzuwarten.

[189] Es sei nochmals betont, dass der Entwurf von Laufbahnmodellen nur hinweisenden Charakter haben kann und keine Festlegung treffen kann noch soll. In diesem Sinne wird ein solcher Entwurf als Hilfsmittel des Personal- und Weiterbildungsmanagements verstanden. In den Unternehmen gegebenenfalls bestehende, einfache Orientierungen (z.B. nach Entwicklung/Systembetreuung, Beratung, Vertrieb), die von den Unternehmensvertretern z.T. als Lösungsmöglichkeit angesehen wurden, können dabei zwar ein erster Ansatz sein, reichen aber für die Orientierung des primär fachlich interessierten Softwareentwicklers nicht aus. Ihm liegt überwiegend an einer Differenzierung seiner Fachkarriere, deren Ausgestaltung weitgehend unternehmensspezifisch zu definieren ist.

Aufbauend auf diesen Einsichten lassen sich Teilziele formulieren. Zu empfehlen wäre, folgende Maßnahmen vorrangig umzusetzen:[190]

- Abstimmung der Mitarbeiterentwicklung zwischen Entwickler und Vorgesetztem
- Längerfristige Vorbereitung des Wechsels zu anderen Tätigkeitsbereichen
- Ständige Weiterbildung für das Spezialgebiet
- Vorbereitung auf neue Konzepte und Paradigmen

Nach den Ergebnissen der Fallstudien muss man aber bereits einen gewissen Erfolg darin sehen, wenn in Zukunft zunächst einmal die Standard-Hilfsmittel ernster genommen werden. So bestehen vielfach Richtlinien und Formulare für Personalgespräche, die in der Regel einmal im Jahr vom Mitarbeiter und seinem direkten Vorgesetzten durchgeführt werden. Oft wird das Ergebnis dabei auch schriftlich fixiert. Trotzdem ist es vielfach noch so, dass erst beim Auftreten größerer Probleme das Personalmanagement hinzugezogen wird.

Hier werden Möglichkeiten des frühzeitigeren Eingreifens benötigt. Die Ergebnisse der Gespräche sollten generell ausgewertet und schriftlich fixiert werden. Hierzu könnten z.B. Laufbahnschemata entwickelt und genutzt werden. Diese sollen nicht direkt einzelne Stellen beschreiben, sondern vielmehr diejenigen Maßnahmen erleichtern, die dem Erhalt der Qualifikation dienen. Als weiteres wichtiges Auswertehilfsmittel sei die Skill-Datenbank erwähnt, in der Qualifikationen der Mitarbeiter verzeichnet sind. Hierfür sind Schemata zur Auswertung erforderlich, die das zu sammelnde Material strukturieren und auch in größeren Unternehmen handhabbar halten. Eine fortschrittliche Variante der Weiterbildungsförderung ist das Angebot einer Beratung über individuell zugeschnittene Weiterbildungsangebote. In Großunternehmen ist möglicherweise sogar die Einrichtung eines Profit-Centers rentabel, das intern entsprechende Dienstleistungen anbietet.[191]

5.3.3 Lösungsansätze durch die Laufbahnplanung

Betrachtet man die Probleme in den verschiedenen Unternehmens- und Innovationstypen in der Softwareentwicklung, welche in der in Kapitel 2 besprochenen Matrix (vgl. Tab. 1) benannt werden, so muss man nach den INVAS-Studien folgende Aufgaben schwerpunktmäßig angehen (Tab. 14):

---

[190] Das Personalmanagement sollte zwei Funktionen erfüllen, eine Warnfunktion sowie eine Weiterbildungsfunktion. Dequalifizierungstendenzen müssen frühzeitig erkannt werden (Warnfunktion) und die Weiterbildung ist in eine längerfristig angelegte Laufbahnentwicklung einzubeziehen. Dazu sind entsprechende Instrumente zu schaffen.

[191] In einem der Unternehmen, die in den Tiefenfallstudien untersucht wurden, konnten wir sehr unterstützenswerte und ausbaufähige Ansätze zu solch einem Konzept erkennen.

Große und mittlere Unternehmen mit Innovationsprozess I (schneller Produktzyklus): Der Übergang des erfahrenen Softwareentwicklers in das neue Projektteam, welches die Software für das neue Produkt erstellt, muss durch Weiterbildung auch unter den Bedingungen des Zeitdrucks unterstützt werden. Diese ist als integraler Bestandteil des Lernens im Unternehmen zu etablieren. Der Problematik des Zeitdrucks, welcher die Planung und Durchführung von Weiterbildungsmaßnahmen erschwert, wird im Rahmen des Konzeptes der Laufbahnentwicklung durch die nähere Bestimmung von langfristigen Weiterbildungs-Schwerpunkten entgegengewirkt. Dadurch erreicht man eine Konzentration auf im softwareentwickelnden Unternehmen mögliche, zukünftige Tätigkeitsbereiche des Mitarbeiters und mittelbar auf bestimmte Meilensteine bei den Weiterbildungsmaßnahmen und im fachlichen Engagement des Softwareentwicklers.

Große und mittlere Unternehmen mit Innovationsprozess II (langsamer Produktzyklus): Der Softwareentwickler muss im Laufe seiner berufsbiographischen Entwicklung seine Qualifikation in Richtung Überblicksfähigkeiten durch die Gewinnung und Verwertung von Erfahrung erweitern. Bei langjährig im Unternehmen verbleibenden Softwareentwicklern, bei denen die Gefahr der zu engen Spezialisierung durch den Verbleib in einer fachlich eng ausgelegten Abteilung besteht, muss demnach im Rahmen der Laufbahnplanung vor allem darauf geachtet werden, dass Erfahrungen in verschiedenen Tätigkeiten erworben werden und dass die aktuellen Qualifikationen zukunftsfähig bleiben. D.h. bei der Verfolgung der Innovationsstrategie II (langsamer Produktzyklus), bei der vornehmlich die jün-

Tabelle 14: Lösungsmöglichkeiten durch Maßnahmen (Auswahl wichtiger Beispiele) im Rahmen der Laufbahnentwicklung, gegliedert nach Innovationsart und Unternehmensgröße

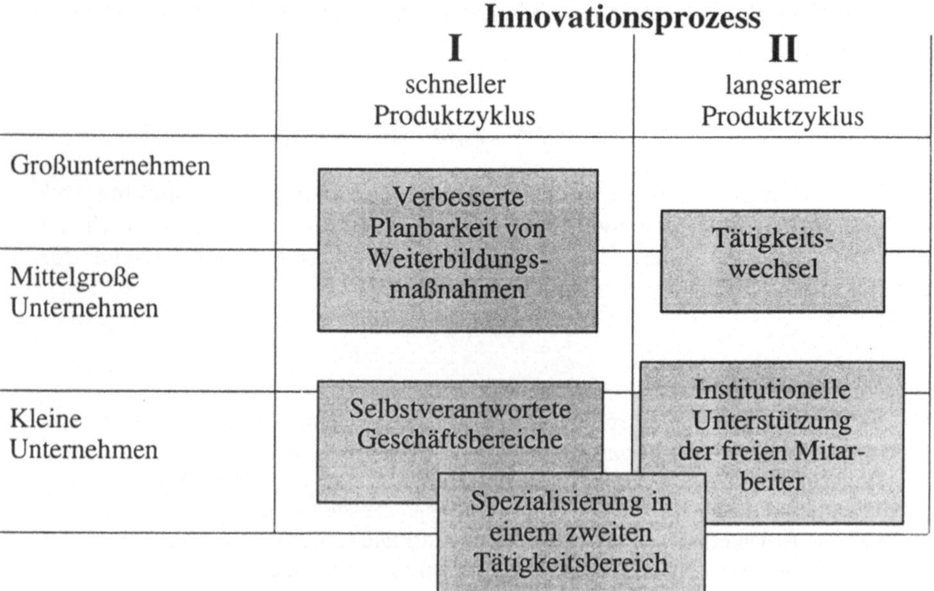

geren Entwickler im innovativen Bereich der neuen Technologien arbeiten, werden die im Konzept der Laufbahnentwicklung auftretenden Elemente des Tätigkeitswechsels hervorgehoben werden. Dazu ist eine entsprechende Gestaltung schon der Orientierungsphase eine gute Möglichkeit, die sich in der Projektarbeit in verschiedenen Tätigkeitsbereichen fortsetzt.

Kleinunternehmen mit Innovationsprozess I (schneller Produktzyklus): In kleineren Unternehmen müssen die im Vergleich mit den größeren Unternehmen geringeren Aufstiegschancen durch Status und Anerkennung in der täglichen Teamarbeit kompensiert werden. Wichtig erscheint, dass durch Laufbahnplanung eine mögliche Entwicklungsrichtung vorgezeichnet wird, um dem Mitarbeiter eine längerfristige Perspektive aufzuzeigen. Diese kann dazu beitragen, ein Sicherheitsgefühl bezüglich der beruflichen Weiterentwicklung im Unternehmen zu vermitteln und die Unternehmensbindung des Entwicklers zu vergrößern.

Die Vorteile, die kleinere Unternehmen gegenüber größeren Einheiten besitzen, könnten im Rahmen der Mitarbeiterentwicklung dazu genutzt werden, den Verantwortungsbereich der älter werdenden Softwareentwickler stufenweise auszuweiten bis hin zur Übernahme selbst verantworteter kompletter Geschäftsbereiche. Für Entwickler, die dauerhaft in spezialisierter Tätigkeit arbeiten möchten, ist nach der bisherigen historischen Entwicklung im Softwaresektor vorauszusehen, dass sie spätestens nach jeweils 10 Jahren auf einen anderen Zweig wechseln müssen, um am Arbeitsmarkt konkurrenzfähig zu bleiben. Diesen älter werdenden Entwicklern ist also dringend anzuraten, neben ihrer bestehenden Qualifikation eine weitere zu entwickeln, die aktuelleren Trends im Softwarebereich entgegenkommt. Ob aber insgesamt der Weg enger Spezialisierung während des gesamten Berufslebens überhaupt noch ein gangbarer Weg ist, bleibt auch bei einer solchen Weiterbildungs-Strategie fraglich, da ihr Erfolg nicht unerheblich von den nur vage voraussehbaren[192] zukünftig benötigten Qualifikationen abhängt.

Kleine und mittelgroße Unternehmen mit Innovationsprozess II (langsamer Produktzyklus): Für die freien Mitarbeiter (Freelancer) müssen durch Intermediäre (Verbände der Software-Unternehmen bzw. Vereinigungen der Informatik) institutionelle Hilfen geschaffen werden, die insbesondere seine Möglichkeiten der Weiterbildung begünstigen. Dazu gehört auch ein Grundkonzept für die Laufbahnplanung, durch das der freie Softwareentwickler eine Orientierung über den zukünftigen beruflichen Werdegang bekommen kann. Insbesondere sind Möglichkeiten der Verbreiterung und Veränderung des geschäftlichen Tätigkeitsfeldes des Freelancers mit einzubeziehen, also der Konsolidierung seiner Geschäftsgrundlage als Selbständiger. Eine im Rahmen der Laufbahnentwicklung gewonnene breitere Spanne an Erfahrung erhöht ebenfalls die Möglichkeit der Nutzung der Qualifikation des freien Mitarbeiters bei einem Übergang in ein Unternehmen. D.h. die generelle Perspektive der Laufbahnentwicklung freier Mitarbeiter wäre, dass die Qualifikation des älter werdenden, erfahrenen Freelancers für Unternehmen interessanter werden sollte, so dass unter Unständen auch ein Übergang in die Kernbelegschaft begünstigt wird.

---

[192] Vgl. zu Aussagen über Trends und Perspektiven z.B. Kapitel 5 in Rohr (1996).

5.3.4 Weiterbildung im Rahmen der Laufbahnentwicklung

Ein bedeutendes Kernelement der Laufbahnplanung sind der Erhalt und die Weiterentwicklung der Qualifikation des Mitarbeiters durch Weiterbildungsmaßnahmen. Unter den gegebenen Arbeitsbedingungen in der Softwareentwicklung kann nicht davon ausgegangen werden, dass in jedem Fall die Weiterbildung zielgerichtet ohne eine unterstützende Begleitung durch das Unternehmen erfolgt bzw. erfolgreich verlaufen kann. Auf der anderen Seite ist es ebenfalls im kurz- und mittelfristigen Interesse des Unternehmens, die Kompetenzträger zu halten und deren jeweiligen Qualifikationen weiter zu entwickeln, die zur Antizipation und Bewältigung zukünftiger Aufgaben beitragen.

Schon aus einzelnen positiven Beispielen der Weiterbildung älterer Entwickler, wie sie in den Fallstudien (vgl. Anhang A 2.1) genannt wurden, können Lehren für deren allgemeine Gestaltung gezogen werden. Im Einzelfall sind natürlich die speziellen Stärken und Schwächen des jeweiligen Mitarbeiters primär zu beachten. Wenn davon abstrahiert wird, können aber Aussagen über begünstigende Rahmenbedingungen formuliert werden. Zu deren Stützung und als zusätzliche Hinweise sind die Ergebnisse gerontologischer Untersuchungen[193] heranzuziehen. Im Rahmen der INVAS-Fallstudien ergab sich, dass es zum Gelingen der Weiterbildung älterer Softwareentwickler notwendig bzw. hilfreich ist, wenn

- ein Teil des erworbenen, speziellen Fachwissens weiterhin nutzbringend eingesetzt werden kann oder sogar an dieses mit der neuen Aufgabe angeknüpft wird,
- die Erfahrung aus der bisherigen Projektarbeit, die insbesondere in Überblickswissen besteht, vom älter werdenden Entwickler in den neuen Projekten eingebracht werden kann, wozu eine entsprechende Unternehmenskultur und eine dafür förderliche Atmosphäre im Team herrschen muss,
- nicht nur eine einmalige Umschulungsmaßnahme durchgeführt wird, sondern eine längerfristige Hilfestellung im neuen Kenntnisbereich und das „Lernen im Unternehmen" ermöglicht wird, insbesondere, wenn diese Hilfe in der Zusammenarbeit mit Kollegen erfolgt, die umgekehrt die Erfahrung und das Wissen des älteren Mitarbeiters auch in informeller Kommunikation nachfragen und anerkennen,
- Erfolgserlebnisse nicht dadurch erschwert werden, dass der ältere Mitarbeiter sofort in einem Tätigkeitsbereich arbeitet, in dem er mit dem neu erworbenen Wissen in direkter Leistungskonkurrenz zu jüngeren Mitarbeitern mit frischer Hochschulbildung steht,
- die Annahme der neuen Aufgabe als positive Herausforderung relativ schnell durch Erfolgserlebnisse gefördert und angespornt wird.

---

[193] Siehe z.B. Lehr (1991, S. 109–113), Fleischmann (1990), Weinert (1992), Barkholdt et al. (1997).

Weiterbildung bei älteren Mitarbeitern

Als Zusammenfassung einer bei Lehr (1991, S.109) gegebenen Übersicht können folgende weitere Hinweise speziell zu Maßnahmen der Weiterbildung bei älteren Personen gegeben werden:

- Betont wird die Beachtung allgemeiner und je nach Person unterschiedlich ausfallender Faktoren wie Gesundheit, Ausgangsbegabung und -bildung, Geübtheit im Lernen, Kenntnis und Gebrauch von Lerntechniken sowie intrinsische Motivation.
- Einen besonders positiven Effekt scheint eine didaktische Verbesserung der Darbietung des Lernmaterials zu haben. Die Weiterbildung älterer Personen stellt damit an die Durchführenden höhere didaktische Anforderungen. Bei jüngeren Personen scheint die Missachtung von Regeln der Didaktik geringere Folgen zu haben. Das erfolgreiche Lernen bei älteren Personen wird insbesondere gefördert durch eine übersichtliche Gliederung des Lernstoffes und das Herstellen von Sinnzusammenhängen. Hilfreich ist dabei, wenn an vorliegende Erfahrungen und Vorstellungen angeknüpft werden kann. Das bedeutet für den Lehrenden, dass eine Auseinandersetzung mit den bisherigen Wissensinhalten und Erfahrungen der Lernenden und eine Einbeziehung dieser in den Lernstoff durchzuführen ist. Wenn diese Einarbeitung nicht vor der Weiterbildungsmaßnahme stattfinden kann, so muss das didaktische Konzept der Maßnahme selbst eine oder mehrere „Kennlern- und Anknüpfungsphasen" enthalten. Diese geben dem Lernenden die Möglichkeit den Lernstoff auf bekannte kognitive Strukturen aufzubauen, erfordern aber eine gewisse Flexibilität und didaktisches Geschick in der Vermittlung. Weiterhin sollte man in der Weiterbildung von älteren Personen öfter Wiederholungen einplanen und keinen Zeitdruck beim Lernen entstehen lassen.
- Ältere „lernen im Ganzen", und zwar sowohl was die Übersichtlichkeit des Stoffes betrifft als auch die Zeitspanne. Deshalb soll man sie konzentriert in einer längeren Zeitdauer lernen lassen und nicht, wie das bei jüngeren üblich und sinnvoll ist, viele Pausen einschalten.
- Gerade bei Lernungewohnten wird der Lernerfolg durch Unsicherheiten beeinträchtigt. Geeignete atmosphärische Rahmenbedingungen, die Sichtbarmachung von Erfolg und ggf. die Einübung von Lerntechniken sind hier angezeigt.

Allgemeine Hinweise für die Erwachsenenbildung ergeben sich zusätzlich aus Lerntheorien und lernpsychologischen Untersuchungen[194]:

- Die Aktivität des Lernenden fördern (Erhöhung des Beteiligungsgrades).
- Einübung des Differenzierungsvermögens durch spezielle Aufgaben (die Analyse ähnlicher Situationen oder Beispielfälle, die aber eine unterschiedliche Reaktion oder Bewertung erfordern).

---

[194] Nach H. Löwe in Lehr (1991, S. 111–113).

- Eine Rückmeldung über den Erfolg soll verständlich und eindeutig erfolgen sowie die positive Bewertung unmittelbar auf die Leistung folgen. Bei erneutem Erfolg im selben Bereich soll eine fortlaufende und nicht nur einmalige Bekräftigung stattfinden. (Dieses ist abzustimmen auf die Persönlichkeit und die Reaktion des Lernenden.)
- Misserfolge sollen nicht durch „Bestrafung" eliminiert werden sondern durch Nichtbekräftigung.
- Die Lernsituationen sollen angstfrei gestaltet sein.
- Beachtung des individuellen Charakters und der Handlungsweisen des Lernenden.

5.3.5 Hilfsmittel zur Umsetzung

Um die besprochenen Instrumente des Personalmanagements, wie Personalgesprächsfragebogen und Skill-(Qualifikations-)Datenbank, effektiv nutzen zu können, ist die Erarbeitung von Mitarbeiter-Portfolios notwendig, welche die Auswertungen und Analysen unterstützen, ohne einen zu hohen Arbeitsaufwand zu verursachen. Im folgenden wird eine grundsätzliche Überlegung für die Schaffung solcher schematischen Hilfsmittel, die für das Personalmanagement zur Verfügung gestellt werden könnten, besprochen. Betriebsspezifische Festlegungen können daran angeknüpft werden.

Wichtige Orientierungsmarken für die Vorstellungen der Entwickler über ihre Laufbahn sind die jeweils eigenen Motivationen. Generell ist eine Mischung aus der Motivation zum Aufstieg, also zu einer Management-Karriere, und aus der Motivation zu fachlich-inhaltlichen Aufgaben in der Softwareentwicklung gerade für den Informatiker von entscheidender Bedeutung. Deshalb ist es sinnvoll, diese beiden Motivationstypen als Grundlage für ein Portfolio zu nehmen (Abb. 21). Entsprechend dieser Motivationen ergeben sich wesentlich andere Lerntypen, die die Art der Weiterbildung bestimmen. Nun kann es im Laufe der berufsbiographischen Entwicklung durchaus einen Wandel der Motivation geben. Der Softwareentwickler ist deshalb nicht statisch in das Portfolio einzuordnen. Mögliche Entwicklungswege und Veränderungen können darin übersichtlich dargestellt werden (vgl. Abb. 21). Eine überwiegende Aufstiegsorientierung macht das Erlernen von Management- und Führungstechniken notwendig. Hohe fachliche Motivation führt hingegen oft zu sehr spezialisiertem Lernen. Wir haben erfahren, dass diese Mitarbeiter vielfach Fachliteratur in der Freizeit lesen. Demgegenüber werden Mitarbeiter, die weder ein großes fachliches Interesse noch eine Aufstiegsmotivation aufweisen, höchstwahrscheinlich zu „Nichtlernern" werden und auch beruflich in eine Sackgasse geraten.

Langfristig gesehen – also gerade für älter werdende Softwareentwickler – ist die Lernorientierung über längerfristige technologische Trends und Entwicklungen am Markt besonders interessant. Die Mitarbeiter, die sich entsprechend dieser Orientierung weiterbilden, werden sich eher eine übergreifende Erfahrung aneignen und deshalb entscheidend zur Innovationsfähigkeit des Unternehmens beitragen.[195]

---

[195] Für eine Diskussion der Aspekte eines innovationsorientierten Weiterbildungsmanagements in den Unternehmens-Fallbeispielen siehe Anhang 2.2.

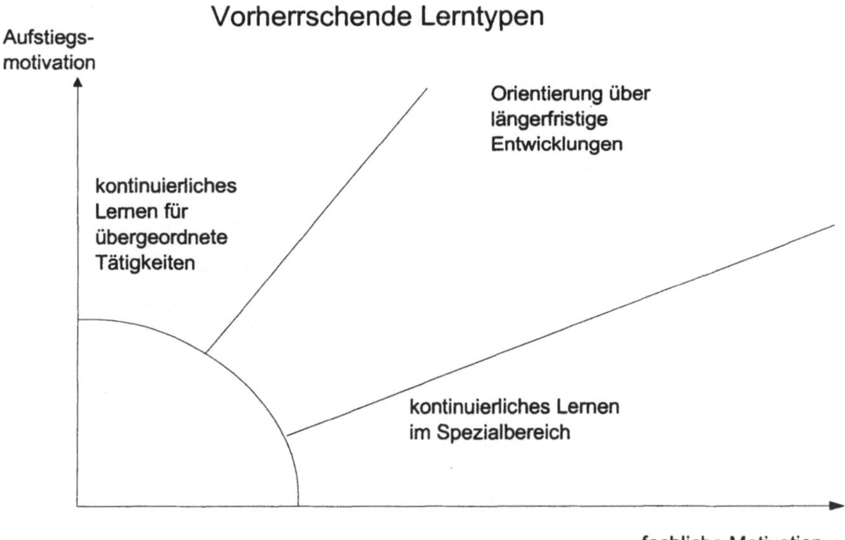

Abb. 21: Die Typen des Lernens sind abhängig von der laufbahnbezogenen Motivation

Worauf es bei der Laufbahnplanung ankommt, ist die Orientierung über Laufbahnmöglichkeiten, die man ebenfalls in diesem Portfolio darstellen kann (vgl. Abb. 22). Die Laufbahnvorstellung „Manager" setzt überwiegend eine Aufstiegsmotivation voraus. Dass solch eine Karriere zunehmend schwieriger werden wird und nur für wenige verfügbar ist, scheint aber nur wenigen wirklich bewusst zu sein.[196] Unter einer „Sportler"-Karriere ist eine von vornherein beschränkte Perspektive zu verstehen, die oft von der primären Motivation des Geldverdienens ausgeht. Man macht sich keine Gedanken, welche Tätigkeit in 5 oder 10 Jahren ausgeübt werden soll, sondern sieht zu, im Augenblick möglichst leistungsfähig und angepasst zu sein. Der Sportler weiß ja, dass er seinen „Beruf" mit 40 Jahren nicht mehr wird ausüben können.

In einem der untersuchten Unternehmen war diese Mentalität sehr ausgeprägt. Gleichwohl haben wir aber feststellen können, dass die Weiterbildung recht gut lief. Es handelte sich um ein Unternehmen, das SAP-Beratung anbietet und in dem ein größerer Anteil an variablen Lohnanteilen vergeben wird. Dieses erschwert zwar die Teilnahme an Kursen der Fort- oder Weiterbildung, da in der dafür verwendeten Zeit natürlich keine Erfolgslohnanteile aufgebaut werden können. Trotzdem ist es für die Berater im Tagesgeschäft unabdingbar, die neuesten Veränderungen der SAP-Software zu kennen und dort auch spezialisierte Kenntnisse, z.B. über einzelne Bausteine zu erwerben. Somit erscheint im reinen Entwick-

---

[196] Allein schon wegen dieser Problematik kommt die Managementkarriere nicht für das Gros der Entwickler in Frage. Deswegen wurde dieser mögliche Karriereweg in Abb. 23 dunkel unterlegt.

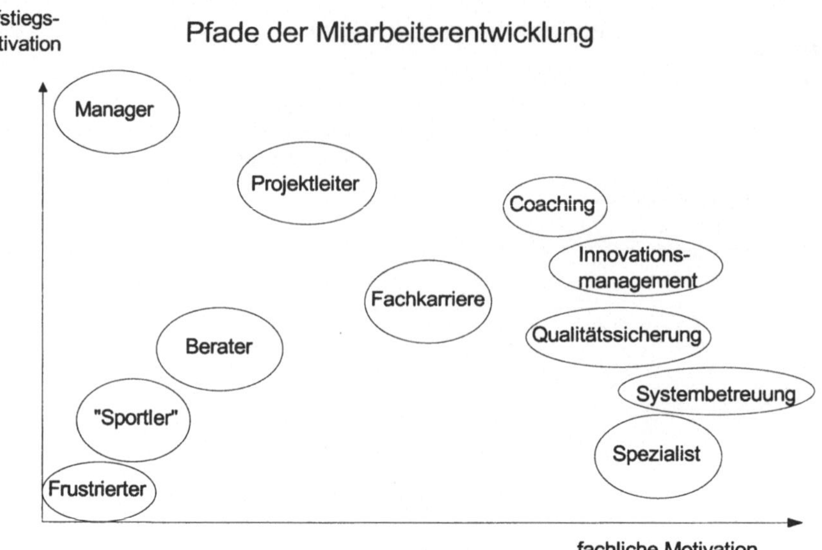

Abb. 22: Mögliche Arten der Mitarbeiterentwicklung in der Softwarebranche

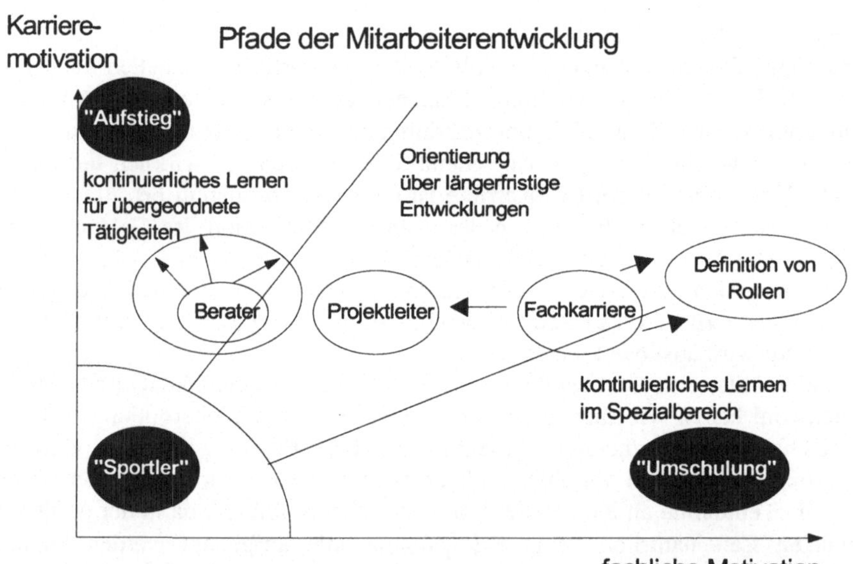

Abb. 23: Pfade der Mitarbeiterentwicklung[197] (vgl. Abb. 21 und 22)

---

[197] Mögliche Weiterentwicklungen und Änderungen des Tätigkeitsfeldes sind durch Pfeile gekennzeichnet, langfristig und für das Gros der Entwickler nicht zu empfehlende Karrieretypen sind dunkel hinterlegt.

lungsbereich die Berater-Position günstiger als die des „Sportlers".[198] Beratung kann sehr wohl als eine zukunftsträchtige Entwicklungsrichtung angesehen werden, die bei Beibehalten der Lernmotivation nicht nur ausbaufähig, sondern auch unkritisch für die Laufbahn ist (vgl. Abb. 23).

Kritischer ist demhingegen die Situation des langjährig in einer *sehr engen* fachlichen Ausrichtung arbeitenden „Spezialisten" zu sehen. Bei einem raschen technologischen Wandel, in dessen Verlauf Konzeptänderungen auftreten, ist es nahezu unvermeidlich, dass hier eine Dequalifizierung einsetzt. Das wird selbst bei hoher Motivation zur Weiterbildung im Spezialbereich der Fall sein. Als Konsequenz ergibt sich oft die Notwendigkeit, sich umschulen zu lassen. Für ältere Mitarbeiter[199] ist aber eine Umschulung in Crash-Kursen nach Ergebnissen der Forschungen der Erwachsenenpädagogik[200] denkbar ungeeignet.[201]

Als Option sollte es innerhalb des Unternehmens immer möglich sein, in die Tätigkeit des älter werdenden Mitarbeiters verschiedene Rollen einzubeziehen. Zum Beispiel wäre an die Möglichkeit zu denken, die 40–45-Jährigen zumindest in Teilen ihrer Arbeitszeit zu bestimmten, für die Mitarbeiter selbst und für das Unternehmen interessanten Tätigkeiten heranzuziehen.[202] Tendenziell wird mit diesen Rollen aber auch versucht, die vergrößerte Erfahrung des älteren Entwicklers zu nutzen und enthalten. Aus diesem Grund enthalten diese Aufgaben in der Regel ebenfalls mehr Management-Elemente.[203] Um die Erfahrung der älter werdenden Mitarbeiter zu entwickeln, wäre es natürlich auch hierbei sinnvoll, die Tätigkeit in solchen Rollen längerfristig zu planen.

Für eine Laufbahnplanung prädestiniert ist die Fachkarriere, die in Schritten von einer spezialisierten Tätigkeit zu einem ausgeweiteten Verantwortungsbereich führt. Dabei besteht die Möglichkeit, einen hohen Anteil fachlicher Arbeit beizubehalten. Aber es gibt fließende Übergänge zu Projektleitertätigkeiten, die mehr und mehr Managementanteile enthalten können, abhängig z.B. von der Größe des Projektes und der Projektgruppe.[204] Die ersten Schritte müssen z.B. das Kennenlernen von Projektmanagement-Techniken umfassen, so dass sich der Informatiker nicht nur seine eigenen Regeln der Führung „zurechtbasteln" muss.

---

[198] Vgl. die „Abdunklung" dieses „Karrieretyps" in Abb. 23, welche kennzeichnen soll, dass dieser Typ in *langfristiger* Perspektive nicht zu empfehlen ist.

[199] D.h. für Softwareentwickler im Alter um die 40 Jahre, um diese Größenordnung noch einmal in Erinnerung zu rufen.

[200] Vgl. Löwe (1970 und 1971) sowie die Zusammenfassung in Lehr (1991, S. 109–113).

[201] Da eine solche Art der Weiterbildung nicht empfohlen werden kann, wurde die Option in Abb. 23 dunkel hinterlegt.

[202] Die hierzu mögliche Definition von Rollen für ältere Softwareentwickler wurde im vorangegangenen Abschnitt 5.1 bereits ausführlich behandelt.

[203] Vgl. Abb. 22, in der als Beispiele für Rollen die Tätigkeitsbereiche Coaching, Innovationsmanagement, Qualitätssicherung und Systembetreuung genannt sind.

[204] Vgl. Abb. 23.

In den von uns betrachteten Unternehmen war vielfach bei den einzelnen Mitarbeitern[205] zu beobachten, dass derartige Kurse eher vernachlässigt werden. Es ist wichtig, dass eine längerfristig ausgelegte Laufbahnplanung, die vom Personalmanagement überprüft wird, solche Aspekte verbindlich regelt.

5.3.6 Mitarbeiterentwicklung durch Laufbahnplanung

Die im untersuchten Kleinunternehmen KU vorhandenen jüngeren Mitarbeiter in der Softwareentwicklung befinden sich beispielsweise in der Orientierungsphase und sollten nach spätestens dreijähriger Betriebszugehörigkeit auf Möglichkeiten ihrer Weiterentwicklung hingewiesen werden. Dabei sollte sowohl die Vertiefung von Spezialkenntnissen als auch die Verbreiterung von Kenntnissen und Fähigkeiten im jährlich durchgeführten Personalgespräch angesprochen werden. Nur so wäre eine langfristige Perspektive für eine Fachkarriere gegeben.

Im Laufe der nächsten Jahre sollte eine Festlegung auf mögliche Richtungen der fachlichen Weiterentwicklung und eine Vergrößerungen des Verantwortungsbereichs durchgeführt werden. Da im Unternehmen eine Einführung solcher Bereiche mittelfristig vorgesehen ist, könnten diese eine Stützung der gewünschten Orientierung sehr befördern. Die Planung von Weiterbildungsmaßnahmen, die den angestrebten Laufbahnzielen entsprechen, sollte in den Gesprächen vorbereitet und etwa halbjährlich überprüft werden.

Die Laufbahnentwicklung im Unternehmen MU ist gekennzeichnet durch die Möglichkeit des schnellen Durchlaufens der Karrierestufen. Eine Verbreiterung des Tätigkeitsfeldes, verbunden mit einer Zunahme an Verantwortung, ist über die Spezialisierung auf bestimmte SAP-Module, die zusätzlich zur allgemeinen Beratungsfähigkeit hinzukommt, oder auch über die Gründung und Leitung von Geschäftsstellen möglich. Auch eine verstärkte Durchführung von Tätigkeitswechseln wäre auf Wunsch der Mitarbeiter möglich.

Die derzeit in ihrer Mehrheit jungen Entwickler/Berater besitzen eine hohe Motivation und Leistungsorientierung sowie in Bezug auf finanzielle Vorteile auch eine Karriereorientierung. Es ist nicht auszuschließen, dass sich letztere mit zunehmendem Alter wandelt und Freizeit und Familie als Wert zunehmende Bedeutung gewinnen. Einzelne Äußerungen der Mitarbeiter lassen aber erkennen, dass eine Tätigkeit als Berater und ein befriedigendes Familienleben wenn nicht gar unvereinbar, so doch mit voraussehbaren Friktionen behaftet ist. Beim fraglichen Unternehmen besteht eine Leistungskontrolle, so dass nachträglich beim jährlichen Personalgespräch ein Absinken der Leistungsfähigkeit eines Mitarbeiters auffällt und dann generell Gegenmaßnahmen durch das Personalmanagement er-

---

[205] Von einem grundsätzlichen Managementproblem bei der Weiterbildung in Projektmanagementtechniken kann aber in den Unternehmen, die wir in den Tiefenfallstudien untersucht haben, dennoch nicht gesprochen werden, da die Missstände nachweislich nicht aufgrund fehlender Unterstützung durch Vorgesetzte und das Personalmanagement auftreten.

griffen werden. Im Unternehmen MU ergaben sich im Gespräch die folgenden möglichen Maßnahmen:

- Ältere Mitarbeiter müssten anders in Umschulungen einbezogen werden. Crash-Kurse sind für die meisten älteren Entwickler ungeeignet, um einen Einstieg in ein neues Betätigungsfeld zu finden.
- Das Personalmanagement könnte generell den Tätigkeitswechsel erleichtern, indem es eine gewisse Orientierung schafft. Möglichkeiten des Wechsels sollten dargestellt und offeriert werden.
- Eine vorausschauende Planung durch das Personalmanagement sollte die bestehende nachträgliche Leistungskontrolle ergänzen. Möglicherweise ist dazu bereits eine Auswertung schon anlaufender Weiterbildungsmaßnahmen über ihre Durchführung ausreichend.[206]
- Ein Budget für Weiterbildungsmaßnahmen sollte aufgebaut werden, um das Problem der finanziellen Schlechterstellung[207] von Mitarbeitern auszugleichen. Es ist auch möglich, die Zeitdauer von Weiterbildungsmaßnahmen mit Überstunden zu verrechnen, wenn eine Feststellung der Dauer der Arbeitszeiten wieder eingeführt wird. Anhand der Arbeitszeitdauern kann das Personalmanagement gegebenenfalls auch kritische Stresssituationen bei einzelnen Personen erkennen, wenn Arbeitszeiten ehrlich abgerechnet werden.

Im Unternehmen GU wird primär das Problem der bereits in spezialisierten und als Tätigkeitsfeld mittelfristig auslaufenden fachlichen Nischen befangenen älteren Softwareentwickler gesehen. Um diese „Spezialisierungsfalle" zu umgehen, käme es hier darauf an, Zukunftsperspektiven auf neuen Tätigkeitsfeldern zu eröffnen. Zukunftsträchtige Tätigkeiten, in denen berufliche Erfahrung eingebracht werden kann, wurden im Rahmen dieser Forschungsarbeit durch die Definition von 12 Rollen geleistet, die im vorausgegangenen Abschnitt diskutiert wurden.

Eine generelle Unterstützung der Laufbahnentwicklung durch das Personalmanagement im Großunternehmen ließe sich wohl erst dann erreichen, wenn die in Aussicht stehende Skill-Datenbank, die einen Überblick über die Qualifikationen der Entwickler geben soll, installiert werden kann. Damit bekämen die Personalverantwortlichen ein Instrument, das ihnen einen Überblick über mögliche Weiterentwicklungen der Softwareentwickler in den verschiedenen Abteilungen und Positionen erlauben würde. Zusammen mit der Definition von Rollen und Tätigkeitsfeldern für älter werdende Entwickler wäre eine Hilfestellung für die Laufbahnplanung, die in enger Abstimmung zwischen Mitarbeiter und Abteilungsleiter erfolgen muss, möglich. Solange aber dieses Instrument nicht zur Verfügung steht, bleibt die Betreuung auf kritisch gewordene und vom Abteilungsleiter an die Per-

---

[206] Dazu ist eine Kontrolle der Maßnahmen, die im jährlich stattfindenden Personalgespräch zwischen Mitarbeiter und direktem Vorgesetzten vereinbart werden, durch die Personalverantwortlichen erforderlich.

[207] Durch den Wegfall der leistungsbezogenen Projektprämien während der Weiterbildungsmaßnahme.

sonalabteilung weitergemeldete Einzelfälle lernschwacher Mitarbeiter beschränkt. Solange sich diese Situation nicht ändert, wird es alleinige Aufgabe des Vorgesetzten sein, frühzeitig die Weiterentwicklungsmöglichkeiten der Mitarbeiter zu berücksichtigen und ihnen Weiterbildungswünsche im Rahmen der Abteilungsausrichtung nachzukommen und dafür Finanzierungsmöglichkeiten zu eröffnen.

5.4 Zusammenfassung: Konzepte und Untersuchungsergebnisse der Fallstudien

5.4.1 Rollen für ältere Mitarbeiter in der Softwareentwicklung

Durch die Definition von Rollen soll dem Personalmanagement ein Instrument an die Hand geben, das es erlaubt, für bestimmte ältere Entwickler passende Stellen oder Aufgabenbereiche in individueller Form zu finden. Das Instrument kann sowohl für die Weiterbeschäftigung älterer Entwickler als auch für die längerfristige Planung von Aufgaben für älter werdende Entwickler eingesetzt werden. Es beruht auf einer Analyse der möglichen Stellen/ Rollen (Aufgabenkomplexe) hinsichtlich des Merkmals der Erfahrung[208] sowie der sozialen Kompetenz im Umgang mit dem Kunden.

Um dieses Instrument für die genauere Einschätzung der Eignung individueller Kandidaten für bestimmte Stellen oder Rollen einzusetzen, muss in dieser Bewertung ebenfalls die individuell stark variierende Fähigkeit der Belastbarkeit (Stressresistenz) enthalten sein. Mit diesen drei Größen wurde ein Bewertungs- und Entscheidungsportfolio anhand von zehn Aufgabenkomplexen als (Teil-) Tätigkeitsbereichen aufgebaut, das in den drei Unternehmen der Tiefenfallstudien getestet wurde.

Aus der Diskussion zu den Rollen für älter werdende Softwareentwickler ergibt sich folgendes Fazit: In allen drei Unternehmen der Tiefenfallstudien, d.h. unabhängig von den verschiedenen Größenordnungen der Unternehmen, wurden von den Interviewpartnern Defizite beim Wissenstransfer und der Qualitätssicherung benannt. Teilweise war man für die Anregung aufgeschlossen, derartige Funktionen als Aufgabenkomplexe für ältere Softwareentwickler zu definieren. Eine kontinuierliche Mitarbeit älterer Mitarbeiter an der Hotlinie wurde ebenfalls allgemein als möglich und sinnvoll empfunden. Für das Coaching solle man demhingegen nur ganz speziell befähigte ältere Entwickler hinzuziehen. Eine größere Skepsis der Unternehmenspraktiker ergab sich auch bezüglich einer thematisierten Mitarbeit Älterer im Bereich Marketing/Akquise, da man sich nicht immer vorstellen kann, dass die Belastung durch Erfolgsdruck und Reisetätigkeit diese Aufgabe für

---

[208] Dieses Leistungspotenzial ist beim älteren Mitarbeiter nach den Aussagen von Unternehmenspraktikern, Experten und der Gerontologie besonders entwickelbar. Vgl. Baltes (1995), Lehr (1991), S. 93, und König (1994), S. 74 ff.

ältere Entwickler hinreichend attraktiv erschienen lassen könnte. In den Geschäftsleitungen der Unternehmen, aber auch bei den Mitarbeitern selbst, war immer noch die Neigung auszumachen, dem älter werdenden Entwickler einen Übergang in die mit größerem Routineanteil behaftete Tätigkeit der Systembetreuung und -verwaltung zu empfehlen. Dass deutet darauf hin, dass eine Perspektive „Schonarbeitsplatz" immer noch eine naheliegende Option zu sein scheint.

Im Kleinunternehmen KU wurde die Eignung der Projektleitertätigkeit für einen mehrere Tätigkeiten der Softwareentwicklung überspannenden Verantwortungsbereich erkannt. In diesem Unternehmen werden in nächster Zeit entsprechende Differenzierungen stattfinden, die die Anzahl der Hierarchiestufen der – bisher bis auf die herausragende Unternehmerpersönlichkeit kaum hierarchische – Gliederung anheben wird, damit gerade solche Verantwortungsbereiche gegeneinander abgegrenzt werden können.

Im mittelgroßen Unternehmen MU wird die Qualitätssicherung bereits einem älteren Softwareentwickler als Hauptarbeitsgebiet anvertraut. Hinsichtlich der Eignung von älteren Mitarbeitern für die Stelle des Wissenstransfer-Managers waren die Meinungen im Unternehmen nicht einheitlich. Einen späten Einstieg in die Stellung eines Projektleiters (etwa ab Mitte 45) hielt man im Großunternehmen GU nicht mehr für möglich, da sich die fachlichen und organisatorischen Fähigkeiten dann nicht mehr aneignen ließen. Die Aufgabe der Qualitätssicherung könnte sicherlich ein älterer Mitarbeiter übernehmen, jedoch sind in diesem Unternehmen durch schlechte Erfahrungen der Vergangenheit die Entwickler generell negativ auf dieses Thema zu sprechen. Man kann sich nicht wirklich vorstellen, dass ein älterer Entwickler als Innovationsmanager erfolgreich eingesetzt werden kann, im Gegensatz zum Aufgabenkomplex des Wissenstransfer-Beauftragten, da älteren Softwareentwicklern ohne Führungskarriere oder vorherige Projektleitererfahrung kaum das Durchsetzen von Innovationen zuzutrauen sei, jedoch durchaus das Organisieren der Wissensbeschaffung und -distribution.

5.4.2 Laufbahnentwicklung bei Mitarbeitern in der Softwareentwicklung

Überlegungen zur Laufbahnentwicklung vertiefen den Aspekt der längerfristigen Vorausschau und sensibilisieren für dessen Notwendigkeit, insbesondere für die Ermöglichung von Tätigkeitswechseln und aufeinander aufbauender Weiterbildungsmaßnahmen. Zusammenfassend kann zur Thematik der Laufbahnplanung in softwareentwickelnden Unternehmen ein Fazit in fünf Feststellungen gezogen werden:

1. *Es mangelt an Laufbahnkonzepten:* Es werden Konzepte benötigt, die sowohl für die generelle Orientierung der Softwareentwickler als auch als Grundlage der Arbeit des Personalmanagements dienen können.
2. *Auch das Personalmanagement muss sich kümmern:* Das Engagement des Personalverantwortlichen kann nur im Zusammenspiel mit dem engagierten Mitar-

beiter und seinem Vorgesetzten geschehen, also in gegenseitiger Abstimmung und Aufgabenteilung. Dieser muss generell Weiterbildung begrüßen und fördern. Das Personalmanagement muss Laufbahnperspektiven vermitteln und Leistungs-Bewertungen durchführen, so dass die beiden wesentlichen Funktionen des Warnens vor drohender Dequalifizierung und der Anregung zur Weiterbildung adäquat erfüllt werden.

3. *Zu beachten sind Rahmenbedingungen der betrieblichen Laufbahnplanung:* Verminderte Aufstiegschancen und schnelle technische Entwicklung machen die Planung von Fachkarrieren der Softwareentwickler sinnvoll und notwendig.

4. *Zu entwickeln sind Hilfsmitteln für das Personal- und Weiterbildungsmanagement:* Als Hilfsmittel sind der Personalfragebogen und die Skill-Datenbank hervorzuheben, für die schematische Überprüfungsraster[209] erarbeitet werden müssen.

5. *Durch schematische Laufbahnentwürfe Orientierung geben:* Um den üblicherweise eingesetzten Fragebogen beim jährlichen Personalgespräch zwischen Mitarbeiter und Vorgesetztem und die Datenbank zu wertvollen Hilfsmitteln werden zu lassen, müssen Bewertungs- und Einteilungsschemata erarbeitet werden. Dazu stellt das hier vorgestellte Portfolio einen Ansatz dar.

In die Mitarbeiterentwicklung in den Software-Unternehmen muss eine Weiterbildung mit Perspektive integriert sein. dabei soll ein innovationsorientiertes Weiterbildungsmanagement im Rahmen der Innovationsstrategie des Unternehmen gesehen werden. Denn in der Innovationsfähigkeit hochtechnologischer Unternehmen muss die Weiterbildung einen wichtigen Platz erhalten. Weiterbildung und lebenslanges Lernen – gerade auch von abstrakteren Inhalten der Informatik und übergreifenden IT-Konzepten – ist ein Faktor für die Erhaltung der Innovationsfähigkeit des Unternehmens. Die doppelte Zielstellung besteht darin, Weiterbildungsdefiziten bei den einzelnen, älter werdenden Softwareentwicklern vorzubeugen und die Innovationsfähigkeit der softwareentwickelnden Unternehmen zu stärken.

Als Fazit zur Betrachtung der Weiterbildungsmaßnahmen in den Tiefenfallstudien-Unternehmen seien fünf Punkte hervorgehoben:

1. Weiterqualifikation wird meist nur dann durchgeführt, wenn der Zwang dazu gegeben ist, d.h. wenn das Wissen im nächstfolgenden Projekt aktuell benötigt wird. In der Projektarbeit findet sich in der Regel kaum Zeit für Weiterbildung.

2. Bei der Planung von Weiterbildung wird die Marktsituation nicht genügend oder überhaupt nicht berücksichtigt. Das liegt vor allem daran, dass die Mitarbeiter bei der Entscheidung über die strategische Ausrichtung nicht mit herangezogen werden. Es kann nicht oft genug betont werden: Die Betrachtung des Marktgeschehens und daraus resultierende Prognosen der Marktentwicklung ist

---

[209] Solche Schemata erst ermöglichen die steuernde Funktion. Allerdings bleibt eine realistische Erwartungshaltung gegenüber den Instrumenten wichtige Voraussetzung für deren adäquaten und effizienten Einsatz.

aber von großer Bedeutung für den erfolgreichen Innovationsprozess und sollte deshalb im Mittelpunkt eines innovationsorientierten Weiterbildungs-Managements stehen.

3. Weiterbildung findet vorwiegend bei jüngeren Softwareentwicklern statt. Für die Unternehmen bedeutet dies zukünftige Fachkompetenz. Bei älteren Softwareentwicklern hingegen steht meist die Erfahrung in einem eng spezialisierten Bereich im Vordergrund, mit der Begründung, dass sie mit ihren Aufgaben der Pflege und Wartung älterer Systeme bestens vertraut seien.

4. Das Eigenengagement in der Weiterbildung, die vielfach vorwiegend in der Freizeit der Mitarbeiter stattfindet (Literatur, informelle Kommunikation usw.), wird bei der Planung von Weiterbildungsmaßnahmen nicht genügend berücksichtigt. Es muss dringend empfohlen werden, dass Interessen und Neigungen der Mitarbeiter vom Personalmanagement stärker berücksichtigt werden, wenn es um die längerfristige Laufbahnplanung geht.

5. Die Zusammenarbeit der Unternehmen mit den Hochschulen wird noch nicht sonderlich viel genutzt. Hochschulkontakte sollten zum Ausbau der Förderung von Weiterbildung ausgebaut werden. Sabbaticals in Form von Hochschulbesuchen sind insbesondere bei der Laufbahnplanung (Übergang zu neuen Softwarekonzepten) mit einzubeziehen.

Unter Beachtung der Rahmenbedingungen für älter werdende Softwareentwickler und der Durchführung der angezeigten Maßnahmen ist zu erwarten, dass ein Großteil der älteren Softwareentwickler im Tätigkeitsbereich der Softwareentwicklung weiterhin wird arbeiten können. Unterschiede zu jüngeren Kollegen würden dann – wie in anderen Tätigkeitsfeldern mit hoher Qualifikation der Beschäftigten auch – nur in der Art des Lernens und dem Einsatz in übergeordneten und anderen Tätigkeiten bestehen, die ihre Leistungspotenziale speziell nutzen und fördern.

Die dem älteren Mitarbeiter eigene stärkere Ausrichtung auf problemorientiertes Lernen und ein größeres Maß an Produkt- und kundenorientierter Erfahrung sowie an Verantwortungsübernahme liegt auch im Interesse der stark innovationsorientierten Unternehmen der Softwareentwicklung, die bisher die Bedeutung dieses Potenzials noch unterschätzen und die sich aufgrund von Vorbehalten des Managements den älteren Mitarbeitern noch nicht zugewandt haben.

Zu den einzelnen Unternehmen der Tiefenfallstudien seien einige abschließende Hinweise gestattet:

Im Kleinunternehmen KU sollte nach spätestens dreijähriger Betriebszugehörigkeitsdauer eine Orientierungsphase für die Mitarbeiter stattfinden und sich erste Schritte der Laufbahnplanung anschließen. Die vorgesehene Schaffung von Verantwortungsbereichen, die die Hierarchiestufen erhöhen, können dieser Orientierung und der Schaffung von Laufbahnperspektiven für Neueingestellte dienen. Es muss allerdings für die neu Eingestellten sichtbar werden, dass ihnen vom Unternehmen in einigen Jahren ebenfalls derartige Stellen angeboten werden können.

Im mittelgroßen Unternehmen MU ist eine rasche Karriere möglich, die durch die Ausbildung von Spezialisierungen auf bestimmte SAP-Module ausgebaut werden kann. Damit kann auf längere Dauer das Bestehen einer herausfordernden Tätigkeit gewährleistet werden. Eine zusätzliche Komponente könnte die schrittweise Einführung und Förderung von Tätigkeitswechseln bedeuten. Tätigkeitswechsel finden bisher nur in Einzelfällen statt. Könnte sie häufiger durchgeführt werden, würde auch der informelle Informationsaustausch im Unternehmen unterstützt.

Über die Einrichtung einer Skill-Datenbank könnte es dem Großunternehmen GU in Zukunft möglich sein, verstärkt und systematisch Rollen und Tätigkeitsfelder für älter werdende Softwareentwickler zu entwickeln und zu besetzen. Allerdings scheinen einige „Betriebsmythen" dazu beizutragen, ältere Entwickler sich selbst zu überlassen und von vorausschauender Laufbahnplanung keinen Gebrauch zu machen.

Kapitel 6

Ausblick: Die Ergebnisse des Verbundprojektes

In der öffentlichen wie fachlichen Diskussion über die demographische Entwicklung, die in der Bundesrepublik seit dem Jahre 1992[210] geführt wird, lassen sich im Nachgang zu den Projekten, zu denen das in diesem Band vorgestellte ebenfalls gehört (vgl. Anhang A1), die Stimmen vernehmen, die von einer Entdramatisierung der Situation sprechen.

Allerdings spricht der Zukunftsreport Demographischer Wandel[211] eine deutliche, aber differenzierte Sprache. Danach werde die Erwerbsbevölkerung ab dem Jahre 2040 ständig um insgesamt knapp ein Fünftel sinken. Dabei setzt der Zukunftsreport voraus, dass es weder Zuwanderung noch eine merkliche Erhöhung der Geburtenrate geben wird. Zwar werde es nach dieser Einschätzung in absehbarer Zeit kaum zu einem generellen Arbeitskräftemangel kommen, da Produktionssteigerungen, eine höhere Ausschöpfung des Potenzials der Erwerbspersonen und Arbeitslosen wie auch der Teilzeitkräfte, eine mittlerweile schrumpfende Inlandsnachfrage, sog. Wanderungsgewinne und weitere Beschäftigungsrückgänge in großen Teilen des sekundären wie in Bereichen des tertiären Sektors als gegenläufige Effekte in Betracht zu ziehen seien.[212] Aber:

> „Viel dramatischer als der Rückgang der absoluten Zahl der Erwerbsfähigen ist allerdings die Veränderung ihrer Alterzusammensetzung, da die Zahl an Nachwuchskräften langsam aber kontinuierlich abnimmt und die Gruppe der älteren Erwerbsfähigen bis 2020 ständig wächst."[213]

Im abschließenden Kapitel 6 wollen die Autoren einen Ausblick geben. Hierzu seien zunächst einige Ergebnisse der Teilprojekte genannt, die sich jeweils in den Verbünden organisiert haben.

---

[210] Der Kongress „Alter und Erwerbsarbeit der Zukunft" des BMBF im November 1992 kann hier als Beginn einer breiteren öffentlichen Debatte angesehen werden. Kongressbericht: Bullinger et al. (1993).

[211] Pack et al. (1999), S. 8 f.

[212] Pack et al. (1999), S. 8.

[213] Pack et al. (1999), S. 9.

Im zweiten Teil dieses Ausblicks wollen wir dann kurz die Problematik als mittlerweile begonnenen Nachfolgeprojekt SUFAW („Beratung von softwareentwickelnden Unternehmen zu Folgen des altersstrukturellen Wandels") vorstellen. Denn es geht nicht nur um die Erforschung und Beschreibung der Situation, sondern auch darum, diejenigen für die Probleme des demographischen Wandels zu sensibilisieren, welche diese Veränderungen später, aber wenn unvorbereitet, mit voller Härte treffen werden.

Diese Ergebnisse, die auch den Projektkontext unseres Teilprojektes darstellen, geben nun zum dritten Teil Anlass, einige allgemeine Ausführungen über das Thema Alter und Arbeit zu machen, das in einer so jugendzentrierten Branche um so kontrastreicher, vielleicht sogar kontra intuitiv empfunden werden mag. Gleichwohl werfen die demographischen und technologischen Entwicklungen Fragen auf, die über eine politische Pragmatik weit hinausgehen.

6.1 Einige Ergebnisse des Gesamtprojektes

Im *Verbund 1* wurde die Frage nach dem Wandel des Arbeits- und Innovationspotenzials gestellt. Neben den rein demographischen Prognosen kam der Forschungsverbund 1 zum Schluss:

> „Mehr sogar als die Frage der rein zahlenmäßigen Abnahme von Jüngeren stellt sich zeitparallel die der Abnahme des Potenzials an Fachkräften mit mittleren und höheren Qualifikationen, beispielsweise bei den Fachhandwerkern, Facharbeitern, Ingenieuren und Informatikern. Die daraus resultierenden Lücken in den Belegschaften vieler Unternehmen aus dem produzierenden Gewerbe und aus Unternehmen mit High-Tech-, FuE- bzw. technischen Dienstleistungen schlechthin wirken problemverschärfend. Auf diese Situation sind die meisten deutschen Unternehmen überhaupt nicht vorbereitet, die Problematik wird noch kaum gesehen oder eher verdrängt."[214]

Auf dramatische Ergebnisse verweist der *Forschungsverbund 2* über zukünftige Anforderungen und Strategien im Handwerk. So lasse die Situation beispielsweise im KfZ-Handwerk die Experten Alarm schlagen – hier seien Tausende Betriebe und Zehntausende Arbeitsplätze im Kfz-Gewerbe gefährdet. Bis 2002 werde die Schließung von bis zu 8 000 Betrieben und der Verlust von bis zu 80 000 Arbeitsplätzen befürchtet. Als Hauptursachen sieht der Forschungsverbund 2 die sinkende Reparaturanfälligkeit, die weiter rückläufigen Wartungsintervalle und die Verkleinerung der Markennetze. Viele „ältere Arbeitskräfte" (dazu zählen im Kfz-Handwerk bereits 35- bis 40-Jährige) seien den Anforderungen, wie hohe körperliche Beanspruchung, Arbeit nach Arbeitswertvorgaben und vielfältige Stress-Faktoren, nicht mehr gewachsen.

Das bisherige verbreitete „Lösungsmuster" der Abwanderung in andere Branchen funktioniere immer weniger: der Großteil der früher „aufnehmenden" Berei-

---

[214] Pack et al. (1999), S. 10.

che baue selbst Personal ab und die wenigen expandierenden Sektoren hätten kaum Bedarf an Arbeitskräften aus dem Handwerk. Deshalb seien erhebliche innerbetriebliche Friktionen und Beschäftigungsprobleme zu erwarten.[215].

Auch sieht der *Forschungsverbund 3*, der über das Problem der begrenzten Tätigkeitsdauer und neuer Arbeitszeitmodelle für Ältere Erhebungen angestellt hat, eine ähnliche Tendenz. Für die gesamte Maschinenbaubranche in Westdeutschland sei es als typisch anzunehmen, dass der Anteil der unter 30-Jährigen Beschäftigten sich von 33,1 Prozent im Jahr 1991 auf 22,7 Prozent im Jahr 1997 verringert habe; die personenstärkste Altersgruppe seien somit nicht mehr die 25- bis 29-Jährigen, sondern die 30- bis 34-Jährigen. Die Untersuchungen ergaben, dass im Jahr 1991 noch die Hälfte aller Arbeitnehmer im Maschinenbau unter 36,8 Jahre als war, dieser Wert (Median) bis zum Jahr 1997 jedoch auf 38,8 Jahre angestiegen ist.

Die Grundproblematik sei übrigens ähnlich wie in Ostdeutschland, wenn auch mit zeitlicher Verzögerung. Wenn in 20 bis 30 Jahren ein relativ großer Teil der Belegschaft in den Ruhestand gehe und ersetzt werden müsse, würden jüngere qualifizierte Nachwuchskräfte zumindest in dieser Branche knapper werden. Man könne dann auch absehen, so der Forschungsverbund 3, dass dann die größtenteils kleinen und mittleren Maschinenbauer (regional unterschiedlich ausgeprägt) in Konkurrenz zu Großbetrieben, die z. B. deutlich attraktivere Löhne zahlen können, treten würden. Diese Situation trete regional unterschiedlich auch heute schon auf, so würden z. B. KMU-Betriebe in Baden-Württemberg bereits heute über einen Mangel an CNC-Facharbeitern klagen.[216]

Zur Illustration sei aus einer Fallstudie dieses Projektes zitiert:

„Bei der Altersstruktur der untersuchten Dachdeckerbetriebe fällt auf, dass fast Zweidrittel der Beschäftigten jünger als 35 Jahre ist, während die Altersgruppen ab dem 35. Lebensjahr weit schwächer besetzt sind. Besonders stark vertreten ist die Altersgruppe der 25- bis 34-Jährigen mit 38 %. Vorausgesetzt die Abwanderung der über 35-Jährigen setzt sich in den nächsten 10 Jahren so fort, ist mit einem massiven Nachwuchsmangel in diesem Gewerk und in der Folge mit möglichen Betriebseinschränkungen oder -schließungen zu rechnen, wenn sich zukünftig das Nachwuchspotenzial weiter verringert."[217]

Auch das Teilprojekt „Veränderte Altersstrukturen in der Serienmontage", das ebenso wie das in diesem Buch vorgestellte Teilprojekt „Softwareentwicklung" zum *Forschungsverbund 4* „Innovation bei veränderten Altersstrukturen" gehört, kommt zu ähnlichen Ergebnissen und spitzt das Problem auf die Qualifikationsfrage zu. Da die Fallstudie paradigmatisch ist, sei abermals ein Zitat erlaubt:

„Im Beispielbetrieb wurden in der Vergangenheit Elektrokleingeräte mit geringer Typen- und Variantenvielfalt in einer Massen- bzw. Großserienmontage hergestellt. In diesem Bereich arbeitet ein hoher Anteil (ca. ²/₃) angelernter Älterer (über 40 Jahre) mit

---

[215] Vgl. Pack et al. (1999), S. 49.
[216] Vgl. Pack et al. (1999), S. 18.
[217] Pack et al. (1999), S. 19.

langer Betriebzugehörigkeit (25 Jahre und mehr). Auf die allmähliche Veränderung der Marktanforderungen reagierte der Betrieb so, dass die nach seiner Meinung höher motivierten, fachlich höher qualifizierten und lernfähigen jüngeren Mitarbeiter in neuen hoch flexiblen Montagen für Produktbereiche mit hoher Typen- und Variantenvielfalt eingesetzt wurden. Durch diese qualifikatorische Selektion erfolgte zugleich eine altersmäßige Segmentierung.

Dies war im Sinne einer kurzfristigen Optimierung eine sehr rationale Reaktion, da so ohne größere Kosten für Qualifizierungsmaßnahmen auf die wechselnden Marktanforderungen adäquat geantwortet werden konnte und die Wettbewerbsfähigkeit erhalten wurde. Die älteren Mitarbeiter waren aufgrund ihrer langjährigen Tätigkeit in der kurzzyklisch getakteten Großserienmontage lernungsgewohnt, hatten Teile ihrer ursprünglichen Qualifikation verloren und waren ohne zusätzliche aufwendige Qualifizierungsmaßnahmen nicht unmittelbar in die neuen Systeme umsetzbar. Allerdings wurden dem Bereich der Großserienmontage durch den Weggang der Jüngeren Flexibilitäts- und Qualifikationsreserven entzogen. Dies hatte zur Folge, dass bei den regelmäßig anfallenden Modellwechseln erhebliche Anlaufschwierigkeiten und Qualitätsmängel entstanden.

Auch in diesem Betrieb sehen die Verantwortlichen bereits jetzt, dass die Produktpalette wesentlich erweitert und variantenreicher werden und ebenso dass die Seriengröße stark abnehmen wird. In der Folge muss der Bereich der arbeitsteiligen Großserienmontage kontinuierlich durch flexiblere Kleinsysteme mit höheren Qualifikationsanforderungen ersetzt werden. Diese Systeme müssen dann mit den lernungewohnten, älteren Mitarbeitern betrieben werden, weil diese wegen ihrer langjährigen Betriebszugehörigkeit im Betrieb verbleiben und nicht durch Neueinstellungen ersetzt werden können. Die notwendigen Qualifizierungsmaßnahmen sind also nur aufgeschoben, nicht aufgehoben."[218]

Der *Forschungsverbund 5* untersuchte den Zusammenhang von Innovation, Belegschaftsstrukturen und Altern im Betrieb. Dabei kommt er zum Ergebnis, dass entgegen gängiger Vorurteile, wie wir sie ja auch in der Softwarebranche kennen gelernt haben, ältere Mitarbeiter kein Innovationshemmnis seien, sondern dass sie im Gegenteil in vielen Betrieben einen Aktivposten im Innovationsgeschehen darstellen würden. Damit die Innovationsfähigkeit der Mitarbeiter angemessen zum Tragen komme, bedürfe es allerdings einer entsprechenden Innovationspolitik der Betriebe. Entscheidende Faktoren seien dabei das Markthandeln der Betriebe, die Unternehmerpersönlichkeit und die Organisation des Innovationsprozesses, die von diesem Forschungsverbund 5 unter dem Begriff „Innovationsmilieu" zusammengefasst werden.[219]

Der Zukunftsreport, der in verdichteter Form die oben genanten Ergebnisse berichtet, kommt zu Schlussfolgerungen, die als Diskussionsbasis für die große Konferenz „Altern und Arbeit"[220] am 29. und 30. November 1999 in Berlin dienten. Diese Schlussfolgerungen lassen sich ebenfalls aus den Ergebnissen ziehen, die unsere vorstehenden Untersuchungen erbracht haben. Diese Schlussfolgerungen beinhalten auch in gewisser Weise die Handlungsempfehlungen und den Hand-

---

[218] Pack et al. (1999), S. 22 f.
[219] Vgl. Pack et al. (1999), S. 26.
[220] Siehe den Kongressbericht: Rothkirch (2000).

lungsbedarf, auf den die Förderlandschaft mit einem neuen Verbundprojekt, diesmal zur Umsetzung reagiert hat (vgl. Kapitel 6.2). So sollten Unternehmen innovative, lernförderliche Arbeitsbedingungen schaffen: Es sind nach Auffassung des Zukunftsreports Konzepte für eine integrierte Arbeitspolitik zu entwickeln, die sich nicht nur auf einzelne Aspekte, sondern umfassend auf Arbeitsgestaltung (Arbeitsorganisation und Technik), Arbeitszeit, Kooperation und soziale Beziehungen, Gesundheitsförderung, Leistungsregulierung und Qualifizierung mit dem Ziel einer möglichst langen Integration älterer Arbeitnehmer richten. Dies beinhaltet vor allem eine Verzahnung von Organisationsentwicklung und Personalpolitik.[221] Gerade diese Forderung ergibt sich auch klar aus den spezifischen Bedingungen eines Softwareunternehmens.

Sofern Unternehmen rechtzeitig die Entwicklung einer generationenübergreifenden Unternehmenskultur vorantreiben, sollten diese sich an den unterschiedlichen Potenzialen der Belegschaft orientieren. Die Autoren des Zukunftsreports nennen Fragestellungen des Wissensmanagements und des generationenübergreifenden Wissenstransfers, da traditionelle Wege der Akquisition neuen Wissens durch die Einstellung junger Fachkräfte in Zukunft zunehmend verbaut seien.[222]

Wir haben immer wieder festgestellt, dass eine bewusste Karriereplanung, die sich über die Erwerbsbiographie erstreckt, weder vom Personalmanagement noch vom einzelnen Mitarbeiter wirklich betrieben wird. So stellen, wie der Zukunftsreport konstatiert, die Möglichkeiten und Grenzen der Entwicklung inner- und überbetrieblicher Erwerbsverläufe ein Handlungsfeld für Unternehmen und Intermediäre dar. Erwähnt werden Konzepte lebensbegleitenden Lernens und auch attraktive Tätigkeitswechsel unabhängig von hierarchischem Aufstieg. Zu untersuchen seien deshalb in dieser Perspektive betriebliche und gesellschaftliche Tätigkeitsbereiche, die gezielt für eine „gemischte" (horizontal, vertikal, diagonal) Gestaltung von Erwerbsverläufen genutzt werden könnten. Der Zukunftsreport lässt allerdings offen, welche strukturellen und institutionellen Veränderungen hierfür notwendig sein könnten.

Als Konsequenz hieraus sollten, so der Report weiter, auch die Arbeitnehmer ihre Mitverantwortung an der Gestaltung ihres Erwerbsverlaufs erkennen: Entsprechende Maßnahmen könnten nur dann greifen, wenn sie an den Berufsorientierungen der Beschäftigten ansetzten und vorhandene Interessen und Widerstände berücksichtigt würden. Es wird allerdings deutlich, und dies nennt der Zukunftsreport auch als künftigen Forschungsbedarf, dass über individuelle Planungen des Erwerbsverlaufs bislang kaum systematische Kenntnisse vorliegen.

Ferner fordert der Zukunftsreport, dass Verbände und Unternehmen überkommene Leitbilder, wie z.B. das Defizitmodell des Alterns, überdenken sollten, und dass Intermediäre Organisationen mit ihren Dienstleistungen sowohl Unternehmen als auch Arbeitnehmer bei der Bewältigung des soziodemographischen Wandels unterstützen sollten. So könne man beispielsweise einen öffentlichkeitswirksamen

---

[221] Vgl. Pack et al. (1999), S. 59.
[222] Ebenda.

Diskurs über die Vorteile der Beschäftigung älterer Arbeitnehmer in verschiedenen Tätigkeitsbereichen in Gang bringen.[223]

So kommt einer der Teilnehmer der Berliner Konferenz zum Schluss:

> „In der Kurzfassung des Zukunftsreports sind einige zentrale Beispiele für eine auf die
> Anforderungen des demographischen Wandels ungenügend vorbereitete Arbeitswelt ge-
> nannt, so
>
> - eine altersselektive Personalrekrutierungspolitik,
> - vorzeitiger Verlust des physisch-psychischen Leistungsvermögens durch Über-, Fehl-
>   belastung und unzureichend praktiziertem Tätigkeitswechsel,
> - alterssegmentierte Aufgabenzuweisung,
> - Nichtbeachtung natürlicher Begrenzungen in der Dauer bestimmter Tätigkeiten,
> - Geringschätzung von Erfahrungswissen und den Erfordernissen eines generationen-
>   übergreifenden Wissenstransfers in den Belegschaften sowie kurzfristige Kalküle bei
>   Personalentscheidungen.

Trotz aller Forschungslücken, die auch das Verbundprojekt nicht schließen konnte,
sind die Umstände und Ursachen von Beschäftigungsrisiken alternder Belegschaften relativ genau bekannt. Nicht zuletzt aufgrund der zahlreichen Forschungsergebnisse, die
hier präsentiert wurden, ist relativ viel und sicheres Wissen darüber vorhanden, wie man
in der richtigen Weise reaktiv und präventiv damit umgehen müsste.

Was hingegen fehlt, ist der Transfer dieses Wissens in Praxis- und Politikkonzepte,
die es ermöglichen, dass künftig mit älteren und anders zusammengesetzten Belegschaften genauso produktiv und innovativ gearbeitet und den Herausforderungen der Globalisierung der Märkte wirkungsvoll begegnet werden kann, wie mit den jetzigen Belegschaften, für die häufig, überspitzt formuliert, aber wohl nicht zu Unrecht, der Begriff
„olympiareife Mannschaften" benutzt wird. Dazu ist natürlich mehr Wissen i.S. von
weiterer Transferforschung gefordert, insbesondere im Rahmen von Implementations-
und Evaluierungsforschung. Aber mindestens ebenso sehr sind Anreize dafür erforderlich, die bewirken, dass mit den erforderlichen Veränderungen und Innovationen auch
wirklich begonnen wird."[224]

6.2 Das Nachfolgeprojekt „SUFAW"

Das INVAS-Projekt hatte Grundprobleme der Arbeit von älteren Entwicklern in
den innovativen Tätigkeiten der Softwareentwicklung durch Unternehmens-
Fallstudien untersucht. Der Analyse schloss sich die Diskussion möglicher Lösungsvorschläge sowohl in einzelnen softwareentwickelnden Unternehmen, in
einer Delphi-Expertenbefragung als auch in Workshops mit Unternehmensvertretern an. Es wurde eine Liste von Lösungsmöglichkeiten erarbeitet, die darauf abzielen, zugleich die Arbeitsmarktfähigkeit des älter werdenden Entwicklers und
die Innovationsfähigkeit der Software-Unternehmen zu erhalten.[225]

---

[223] Ebenda.

[224] Naegele (2000), S. 437.

[225] Anonymisierte Kurzfassungen der Ergebnisse zu den einzelnen Unternehmen findet
man in Anhang 2. Für weitere Besprechungen der Ergebnisse vgl.: Berndes et al. (1998)
und Berndes et al. (2000).

Es geht nun im Rahmen einer „Öffentlichkeits- und Marketingstrategie demographischer Wandel", die als Transferprojekt des Bundesministeriums für Bildung und Forschung im Jahre 2000 initiiert wurde, gemeinsam mit Erwerbspersonen, Betrieben und Verbänden eine Sensibilisierung für dieses Thema in den verschiedenen Branchen herbeizuführen, um beratend und gestaltend zur Umsetzung von gefundenen Lösungen zur Bewältigung der Folgen des soziodemographischen Wandels zu erarbeiten und zu verbreiten.[226]

Eines der 15 Teilprojekte wird sich wieder mit der Problematik der Softwarebranche befassen: „Beratung von softwareentwickelnden Unternehmen zu Folgen des altersstrukturellen Wandels" (SUFAW)[227] Die Zielsetzung besteht primär in der Sensibilisierung der Personalverantwortlichen und der Softwareentwickler in ausgewählten Unternehmen sowie der Tarifpartner und von Weiterbildungsträgern für demographische Probleme, für die Gestaltung einer lebenslangen Weiterbildung, für lernförderliche Arbeitsbedingungen und für die Frage, was Unternehmen und Verbände angesichts dieser Situation tun könnten. Dabei soll die Erarbeitung betriebsspezifischer Instrumente und Maßnahmen des Personal- und Weiterbildungsmanagements angeregt und in kontinuierlicher Weise unterstützt werden. Wir bauen bei diesem Projekt auf den im INVAS-Projekt erarbeiteten Instrumenten der Konzeption von Laufbahnmodellen, der Qualitätszertifizierung und des Innovativen Weiterbildungsmanagements auf.

Überbetriebliche Akteure (wie Tarifpartner und Verbände)[228] sollen sowohl als Multiplikatoren gewonnen als auch in den Dialog mit den Unternehmen als aktive Partner eingebunden werden. Es wird gefragt, inwiefern diese Akteure bei der überbetrieblichen Gestaltung von Maßnahmen Beiträge zur Laufbahnplanung und Weiterbildungs-Förderung leisten können, welche die Unternehmen unterstützen. Weiterhin wäre zu fragen, ob diese Akteure in der Beratung der Softwareentwickler über Weiterbildungsmaßnahmen eine Funktion sehen und diese auch ausfüllen können. Letzten Endes ist auch nach den monetären Nutzenaspekten von vorgeschlagenen Umsetzungsmaßnahmen zu fragen. Wir wollen uns bemühen gute und schlechte Praktiken bezüglich der Laufbahnentwicklung und Weiterbildung älterer Softwareentwickler in den Unternehmen darzustellen und im Diskurs vorzustellen. Diese best-practice-Beispiele werden so aufgearbeitet, dass sie der Sensibilisierung und Aktivierung von Dienstleistungs-Unternehmen mit hochqualifizierten Beschäftigten dienen können. Dazu dient auch die Erarbeitung von Checklisten, Chards, Leitfäden, Rules of Thumb und deren Verbreitung in den Unternehmen,

---

[226] Vgl. die Broschüre „Öffentlichkeits- und Marketingstrategie demographischer Wandel", hrsg. vom BMBF, Stuttgart 2000. Die homepage des Gesamtprojektes ist zu finden unter www.demotrans.de.

[227] Förderkennzeichen BMBF 01HH9901/0.

[228] Vertretung der Softwareentwickler: Gesellschaft für Informatik, VDI; Unternehmensverbände: Bundesverband Informationstechnologien, BITKOM, Fachverband Informationstechnik in VDMA und ZVEI; Tarifparteien: DGB (insbesondere IGMetall, ÖTV/ Verdi und IGMedien), BDI; sowie Weiterbildungsträger und -institutionen wie das BiBB, Hochschulen mit Informatik-Ausbildung, das IAB, Bundesanstalt für Arbeit.

Verbänden und den relevanten Medien (Fachpresse, ausgewählte elektronische Medien).

Das Umsetzungskonzept gliedert sich in drei Teile. Erstens besteht das Kernstück in der längerfristigen Zusammenarbeit mit softwareentwickelnden Unternehmen. Diese ist zum zweiten eingebettet in begleitende Aktivitäten zur Sensibilisierung und Mitwirkung überbetrieblicher Einrichtungen. Letztere tragen neben der zentralen Anlaufstelle schließlich zum dritten auch zur Streuung von vorhandenen und aus der betrieblichen Umsetzung erhaltenen Ergebnissen bei, die sich auf die Weiterentwicklung von Laufbahnkonzepten und Darstellung von „best practices" im Bereich der Weiterbildung von älter werdenden Softwareentwicklern beziehen.

Zur Förderung der Zusammenarbeit mit den softwareentwickelnden Unternehmen werden in fünf softwareentwickelnden Unternehmen Start-Workshops durchgeführt, die für die Thematik sensibilisieren und zu Maßnahmen aktivieren sollen. Die Anzahl der einzubeziehenden Unternehmen ergibt sich aus der im INVAS-Projekt herausgearbeiteten Differenzierung nach der Größe der Unternehmen sowie nach den Geschäftsbereichen. Diesem Workshop geht eine Analyse der Altersstruktur und der Laufbahnmöglichkeiten voraus, wobei die in der ersten Phase erarbeiteten Instrumente benutzt werden. Weitere Inhalte der Analyse sind Ansätze zu innovativer Weiterbildung sowie von Maßnahmen zur Definition von Rollen für älter werdende Softwareentwickler. Dieser umfassende methodische Ansatz garantiert die Einbettung der Thematik des älterwerdenden Entwicklers in alle wesentlichen damit zusammenhängenden Fragestellungen.

Eine Sensibilisierung erfolgt durch die Diskussion der Ergebnisse und daraus zu ziehender Schlussfolgerungen. Inhalt der Unternehmens-Workshops ist die betriebsspezifische Weiterentwicklung und Ergänzung der Instrumente des Personalmanagements im Bereich der Weiterbildung und der Laufbahnplanung, aufbauend auf den Ergebnissen und Diskussionen der ersten Phase des INVAS-Projektes und den Ergebnissen des den jeweiligen Workshop vorbereitende Analyse der Situation älterer Softwareentwickler im Unternehmen. Der Dialog mit den betrieblichen Akteuren bezieht den Diskussionsstand mit Tarifpartnern und Verbänden ein. Für die dauerhafte Thematisierung in den Unternehmen sorgen Umsetzungsworkshops und Umsetzungshilfen für das Personal- und Weiterbildungsmanagement, sowie ein Internet-gestützter Dialog mit den Softwareentwicklern. Die Intensität der weiteren Begleitung der Unternehmen ist abhängig von der Stufe ihrer Aktivierbarkeit. Eine Abschätzung des Fortschritts bei Umsetzungsmaßnahmen dient als Grundlage der Aufarbeitung positiver und negativer Beispiele für andere Unternehmen.

Um von Beginn an die Beteiligung von Tarifpartnern und Weiterbildungs-Trägern an möglichen Maßnahmen zu gewährleisten, ist es notwendig, Verbände wie die Gesellschaft für Informatik, den Bundesverband Informationstechnologien, BITKOM, den Fachverband Informationstechnik in VDMA und ZVEI, den BDI, den DGB (insbesondere IGMetall, ÖTV/Verdi und IGMedien) und den VDI, das BiBB sowie die Bundesanstalt für Arbeit, IAB, für die Thematik zu sensibilisieren und in den Dialog einzubeziehen. Denn die Rolle überbetrieblicher Multiplikatoren und Medien kann hier überhaupt nicht überschätzt werden.

Die Auswertung der in den Unternehmen erzielten Ergebnisse werden verdichtet und dienen der Beurteilung der Instrumente und Maßnahmen der Laufbahnentwicklung, Weiterbildung sowie des Projektmanagements. Die Ergebnisse werden in Form von anonymisierten Fallstudien mit Beispielen der „best practice" u.a. in Form von Leitfäden und Checklisten dargestellt und in die Diskussion mit Tarifpartnern, Verbänden, den Softwareentwicklern eingebracht.

Die zu erwartenden Ergebnisse seien kursorisch so beschrieben:

- Fallbeispiele aus den Unternehmen als „best practice", aufbereitet für die breite Streuung durch Multiplikatoren (Tarifpartner, Verbände, zentrale Anlaufstelle).
- Ein (betriebs-)politikfähiges und mit möglichen Beiträgen durch Weiterbildungs-Träger sowie Tarifpartner abgestimmtes und zu praxisfähigen Bausteinen verdichtetes Instrumentarium für das Personal- und Weiterbildungsmanagement. Leitfäden für die Unternehmenspraktiker und Multiplikatoren, die sich insbesondere auf folgende Themen beziehen:
- Vorgehen bei der Gestaltung von flexiblen Laufbahnen in der Software
- Entwicklung in Unternehmen unterschiedlicher Größe und Personalmanagementkapazität
- Definition von betriebspezifischen Rollen für älter werdende Entwickler
- Initiierung und Förderung von Tätigkeitswechseln im Großunternehmen durch das Personalmanagement
- Durchführung von Maßnahmen zur Vergrößerung des Kompetenzbereiches
- (Tätigkeitsausweitung; Job Enrichment) speziell für Kleinunternehmen mit
- geringen Personalmanagementkapazitäten

6.3 Altern und Arbeit

In einer von der EU herausgegebenen Broschüre „Produktiver Umgang mit alternden Belegschaften" steht unter der Überschrift „Altersmanagement" die bemerkenswerte Einsicht, dass im Mittelpunkt nicht nur die älteren Arbeitnehmer, sondern das gesamte Arbeitsleben und alle Altersgruppen stehen sollten.[229]

Vielleicht ist der Ausblick am Ende eines Berichtes über ein solches Projekt der richtige Ort, die Frage des Zusammenhangs von Alter und Arbeit auch etwas allgemeiner, sprich auch philosophisch zu stellen. Gerade die festgestellte extreme Jugendorientierung in der Softwarebranche, aber nicht nur dort, sondern auch im sogenannten E-Commerce, in vielen Start-up Unternehmen, in den Firmen, die unter dem Label der neuen Technologien firmieren, die kein Korrelat zu den wirklichen Leistungsveränderungen im Alter hat, zeigt, dass die vorherrschende Auffas-

---

[229] Walker (2000), S. 11.

sung über den Zusammenhang von Alter und Arbeit auch etwas über die Auffassung und den Stellenwert der Arbeit selbst signalisiert.

Ob Programmierer oder Verkäufer, Therapeut, oder Wissenschaftler, Handwerker oder Dienstleister – Arbeit, insbesondere Erwerbsarbeit wird immer noch zwiespältig gesehen – zum einen als Einbindung in einen sozio-ökonoischen Kontext und zum anderen als eine Notwendigkeit, d.h. für die meisten immer noch die einzige Möglichkeit, Eigentum und Wohlstand zu erwerben. Fällt die Leistungsfähigkeit angeblich im Alter ab, hat dies Folgen für diese Zwiespältigkeit: Leistungsabfall hat verringerten Wohlstand und verringerte Einbindung in den sozio-ökonomischen Kontext zur Folge, z.B. durch Kurzarbeit oder Entlassungen auf seiten der Arbeitnehmer und verringerte Gewinnmargen und Konkurrenzfähigkeit auf der Seite der Arbeitgeber. Dieses Bild geht aber an der geänderten Wirklichkeit und an der tatsächlich auch veränderten Haltung gegenüber der Arbeit aufgrund der drastischen Veränderungen in unserer Arbeitswelt mittlerweile weit vorbei.

Dass man mit Arbeit Eigentum erwerben könne, ist eine alte Einsicht, dass man durch Arbeit sich ein Anrecht auf Eigentum verschaffen kann, ist eine geistesgeschichtlich gesehen junge Einsicht, die John Locke als erster thematisiert hat. Dass es auch schon früher andere Möglichkeiten gab und auch heute gibt, zu Eigentum zu gelangen, wie rauben, erben, erpressen oder betrügen, ist hier nicht von Belang. Wichtig ist hier, dass die Bindung von Arbeit und Eigentum, wie sie für die Bürgerliche Gesellschaft bestand und noch besteht,[230] sich nunmehr langsam aufzulösen beginnt, und zwar nicht nur durch die ökonomischen Verhältnisse, die eine 80:20-Gesellschaft möglich erscheinen lässt, sondern auch in der Wahrnehmung der Protagonisten dieser neuen Entwicklung. Der mediale Knalleffekt, der einzelne Personen ohne deren nennenswerte Leistung für kurze Zeit hervorhebt und sie als geeignete Werbeträger und Identifikationsfiguren in der Medienwelt erscheinen lässt, sichert innerhalb eines Bruchteils einer normalen Erwerbsbiographie soviel Geld, dass danach ein Auskommen ohne regelmäßigen Verdienst möglich wäre. Ähnliches gilt für geschickt vermarktete Produktentwicklungen – da gehört auch die Software- oder die Chemische Industrie dazu, wenn man sich einmal die Erfindervergütungen und Lizenzverträge näher anschaut. Das Ideal, in kurzer Zeit ein hoch vermarktbares Produkt zu schaffen, um sich dann aus dem Erwerbsleben zurückzuziehen, geistert bei vielen jungen Menschen in den Köpfen umher. Es ist nicht mehr primär die Arbeit, die im Bewusstsein an Einkommen und Erwerb von Reichtum oder Wohlstand geknüpft ist, sondern die einmalige, clevere Idee, auf die es ankommt und bei der Originalität, zeitliche Priorität und Singularität im Sinne von Erst- und Einmaligkeit die entscheidenden Faktoren darstellen. Dies zieht naturgemäß jugendzentrierte Gemüter an, um so mehr gilt dies im Kontext der Vorurteile hinsichtlich der verminderten Leistungs- und Innovationsfähigkeit Älterer.

---

[230] Dies gilt *mutatis mutandis* auch für die sozialistische Gesellschaft, die eben die Bindung von Arbeit und gesellschaftlichem Eigentum herzustellen versuchte.

Die Verbindung von Arbeit und Eigentum ist aber nicht die einzige Verbindung, die durch die neuere Entwicklung entkoppelt wird. Der Effekt ist seit langem aus der amerikanischen Art und Weise, sein Erwerbsleben zu organisieren, bekannt und bekommt nun eine überraschende Wendung in Europa. Seit dem Mittelalter existiert der Topos von der Selbsterfüllung durch Arbeit, sei dies in einem religiösen Kontext als Mitarbeit an der Schöpfung, sei dies im Sinne der Aufklärung und der Romantik als Selbstschaffung des Menschen durch Arbeit – eine Idee, die der Marxismus aufgenommen und mit den bekannten Modifikationen weiterentwickelt hat. Diese Selbsterfüllung bindet zum großen Teil heute noch zumindest im europäischen Kontext die Entwicklungsgeschichte des Individuums und damit die Herausbildung seiner Identität an die Arbeitsbiographie. Die Frage: „Was willst Du einmal werden", die wir an Kinder zu stellen pflegen, wird meist mit einer Angabe eines Berufes beantwortet. Dass man seinen „Job" im Leben mehrere Male wechselt, hat zur Folge, dass sich diese Identität vom Inhalt der beruflichen Tätigkeit abkoppelt. Man könnte die moralische Überzeugung, seinen Job gut zu machen, gleichgültig welchen, als einen Ersatz für die identitätsstiftende Rolle der inhaltlich definierten Arbeit ansehen, aber man hat den Eindruck, dass diese moralische Überzeugung eher als eine Attitüde denn als Begründungsfigur für das Stiften einer Identität fungiert.

Eine dritte Verbindung scheint ebenfalls aufgelöst zu werden: Die Teilnahme am Arbeitsprozess ist eine soziale Teilhabe, eine Einbettung in die kommunikativen, sozialen, gesellschaftlichen und ökonomischen Austauschprozesse. Es ist viel darüber diskutiert worden, ob neue Formen der Arbeit – man denke nur an die auch in unserem Band diskutierten vielfachen Formen der Telearbeit und der Freelancer – diese soziale Teilhabe aufzulösen beginnen, zumindest in den Aspekten der Kommunikation und der gesellschaftlichen Teilhabe.

Ohne diese drei Ablösungen der Arbeit von der sozialen Teilhabe, von der Identität und vom Erwerb näher diskutieren zu können,[231] kann man doch feststellen, dass sich unser Verhältnis zur Arbeit grundlegend zu wandeln begonnen hat, ohne dass wir genau wüssten, wohin die Entwicklung dieses Verhältnisses nun geht. Zumindest kann aber der vorurteilslose Blick auf das Alter helfen, unserem Verhältnis zur Arbeit und seiner Veränderung eine gewisse Hilfestellung zu geben.

Arbeitslosigkeit, aufgezwungene Frühverrentung, bis hin zur Kurzarbeit, dies alles wird – gerade mit zunehmendem Alter – als Zumutung empfunden. Dies zeigt einerseits, dass die Abkopplung von Identität, sozialer Teilhabe und Erwerbsmöglichkeit an die institutionell verfasste Arbeit (wir könnten auch sagen Fremdarbeit oder Erwerbsarbeit) im Denken der Menschen noch lange nicht vollzogen worden ist, auch wenn die sozialen, ökonomischen und rechtlichen Bedingungen dieser Form von Arbeit sich darauf hin zu bewegen scheinen.[232]

---

[231] Vgl. Kornwachs (2001).

[232] So ist z.B. das Recht auf Arbeit in den meisten Länderverfassungen nur auf eine Zusage des Staates reduziert worden, sich um Beschäftigungsmöglichkeiten in der Erwerbsarbeit zu bemühen. Es stellt kein einklagbares Recht dar, im Gegensatz zur Verfassung der ehemaligen DDR.

Andererseits mehren sich die Tendenzen, die sogenannte Eigenarbeit, die im häuslichen oder mikrosozialen Umfeld unentgeltlich oder auf gegenseitiger Obligationsbasis oder ehrenamtlich geleistet wird, als eine gleichberechtigte Säule der Arbeit gesamtgesellschaftlich anzuerkennen, auch wenn noch keine institutionellen Regelungen erkennbar sind. Dazu gehört nicht nur die Diskussion um die Hausarbeit, die Erziehungsarbeit und die häusliche Pflege, sondern auch um die Entstehung neuer Mischformen von Arbeit wie in nicht kommerziellen Kooperativen und in Netzwerken, die auf gegenseitige, nicht monetäre Obligationen und Kompensationen ihre Austauschprozesse organisieren, aber auch die neuen Formen der Selbstständigkeit und die ökonomisch reale aber ansonsten virtuelle Existenz als Anbieter von Leistungen im World Wide Web ohne klar definierten gewerblichen oder arbeitsrechtlichen Hintergrund.

Gerade bei diesen Formen der Arbeit, die zwischen Eigenarbeit und neuer Selbständigkeit angesiedelt sind, beginnt die Identität und die soziale Teilhabe eine neudefinierte Rolle zu spielen, und diese Rolle scheint vom Alter unabhängig zu sein.

Altern wird gewöhnlich als Verlust, als Einschränkung von Möglichkeiten erlebt und öffentlich auch so diskutiert. Die Gegenbewegung ist vergleichsweise neu. Man sieht von seiten der Arbeitgeber nicht nur die im Alter akkumulierte Erfahrung und die gewachsene Souveränität im Bereich der sozialen Kompetenz als Bonus an, sondern von seiten des älteren und alternden Menschen wird zunehmend das Potenzial gesehen, das sie in sich tragen, und das sie entfalten könnten, wenn sie sich selbst fördern würden und dieses Potenzial gefördert werden könnte.[233]

Auch wenn der Jugendwahn noch nicht vorbei ist, wie Meyer-Timpe (2001) verfrüht vermutet, so ist, auch durch die oben erwähnten Verbundprojekte, die Diskussion angestoßen. Das demographisch prognostizierbare „Ergrauen der Gesellschaft", d.h. die Zunahme der Anzahl von Menschen in der Altersphase, die traditionell, d.h. seit der Industrialisierung, nicht mehr der Arbeitsphase zugerechnet wird, induziert einen Gestaltungsbedarf. Durch die Zunahme der Lebenserwartung nimmt die Anzahl der Jahre, die wir nicht (im klassischen herkömmlichen Sinne der Erwerbsarbeit) arbeiten, zu. Knopp (2001) nennt einige Merkmale dieser Entwicklung: Verjüngung des Alters (hinsichtlich der Gesundheit, der Erlebnisorientierung und Unternehmungslust sowie der finanziellen Möglichkeiten), Feminisierung des Alters (wegen der konstant gebliebenen Differenz zwischen den Lebenserwartungen von Männern und Frauen von ca. 6½ Jahren), Singularisierung, d.h. die rapide Zunahme von Ein-Personen-Haushalten, die Entberuflichung des Alters[234] sowie zunehmende Hochaltrigkeit.[235]

---

[233] Als neueres Beispiel der öffentlichen Debatte vgl. Thomas (2001).

[234] D.h. die Freiheit von beruflichen Verpflichtungen nach der Verrentung oder Pensionierung. Diese radikale Entpflichtung gibt es in der BRD erst seit ca. 40 Jahren; vgl. Knopp (2001).

Die Konsequenzen haben direkt mit dem Verhältnis von Arbeit und Alter zu tun: Zum einen wird bewusst, dass Alter Erfahrung bedeutet – manche Betriebe stellen verrentete Mitarbeiter auf Honorarbasis als Berater wieder ein. Die „rollenlose Rolle des Alters" (Knopp 2001) verwandelt sich unter einem gewissen Erwartungsdruck, wonach rüstige Alte ehrenamtliche Dienste für die Gemeinschaft erbringen sollen. Die biographische Dreiteilung Ausbildung, Beruf, Ruhstand löst sich auf und damit die Voraussetzungen für eine entpflichtete Zeit. Auch damit wächst der Druck auf Ältere, sich für die Gemeinschaft zu engagieren (Knopp 2001).

Hier scheint in der Tat eine neue Arbeitsmoral zu entstehen, die ihre Rechtfertigung eines Generationenvertrages nicht mehr allein aus dem familiär organisierten Rückfluss von Geld von den Älteren hin zu den Jüngeren bezieht. Es ist zu vermuten, dass aus dem „wohlverdienten" Ruhestand, den sich die Gesellschaft durch ihre Überalterung nicht mehr leisten kann, eine neu zu gestaltender Lebensabschnitt wird, der in sich abwechselnd in Phasen der Ausbildung, Weiterbildung, arbeitende, professionelle Tätigkeit im Sinne von Eigen- wie von Fremdarbeit und Phasen der Ruhe gliedert.

Diese Mischung der Phasen wird vielleicht auch auf die restlichen Abschnitte der Arbeitsbiographie oder sagen wir besser – Biographie überhaupt – erstrecken. Denn die ersten beruflichen Tätigkeiten finden sich schon in frühen jugendlichen Phasen;[236] Schüler programmieren schon heute professionell, Jugendliche gründen Firmen und bieten Dienstleistungen aller Art an. Das nicht nur propagierte lebenslange Lernen schlägt sich einerseits in einem Bildungsmarkt nieder, wie er vor 20 Jahren unvorstellbar gewesen wäre, andererseits steckt die Entwicklung von neuen Formen des Lernens, die nicht überwiegend seminaristisch sind und die neuen medialen Möglichkeiten sinnvoll ausschöpfen könnten, wohl noch in den Kinderschuhen.[237] Aber auch die Diskussion um Ruhepausen (wie Sabbaticals, Abschnitte der Entpflichtung und Wiedereinstieg) ist in Gang gekommen und wird auch liebgewordene Denkgewohnheiten im Arbeitsrecht und im Tarifrecht verändern.

Wenn man diese Überlegungen etwas verlängert, sozusagen radikalisiert, dann verliert das Alter, unter voller Anerkennung seines besonderen Status als eines Lebensabschnittes, dem man traditionellerweise und mit gutem Grund Respekt und Achtung entgegenbringt und der sich als besonders verletzlich hinsichtlich der Fragen der Menschenwürde und des Rechts auf soziale Teilhabe und Identität erweist, seine professionelle, zumeist negativ definierte Sonderrolle: Das Arbeiten im Altern sei defizitär. Entkoppeln wir aber die Verbindung zwischen der Rolle der Arbeit und ihrer so nicht aufrechtzuerhaltenden Altersspezifik, dann geben wir

---

[235] Die Zahl der Hochbetagten (80 Jahre + x) hat zur Zeit eine Wachstumsrate von 300%; vgl. Knopp (2001).

[236] Damit ist nicht die Kinderarbeit gemeint, die aus Tradition und wirtschaftlicher Not ein großes ökonomisches und soziales Problem nicht nur in Entwicklungs- oder Schwellenländern darstellt.

[237] Vgl. einen Überblick über diese Bemühungen in Europ. Kommission (2000).

der Arbeit wieder eine Rolle zurück, die sie auch in Zeiten einer globalisierten Marktwirtschaft weiterhin haben muss: Wir arbeiten nicht nur, um zu leben, sondern Arbeit bleibt ein Humanum, ein mit der menschlichen Natur und seiner Würde zutiefst verbundenes Unterfangen.

Literatur

Albach H (1993) Culture and Technical Innovation. (Akademie der Wissenschaften zu Berlin, Forschungsbericht 9). De Gruyter, Berlin

Arnold W, Eysenck HJ (1980) Lexikon Psychologie. (Bd 3), Herder, Freiburg i. Br.

Baethge M (1996) Zwischen Computer und Kunden – Rationalisierung und neue Arbeitskonzepte in den Dienstleistungen. In: Braczyk et al. (1996), S 15–28

Baitsch C (1993) Was bewegt Organisationen. Selbstorganisation aus psychologischer Perspektive. Campus, Frankfurt New York

Baltes PB, Lindenberger U, Staudinger UM (1995) Die zwei Gesichter der Intelligenz im Alter. In: Spektrum der Wissenschaft: 52–61

Baltes PB, Mayer KU, Helmchen H, Steinhagen-Thiessen E (1996) Die Berliner Altersstudie (BASE): Überblick und Einführung. In: Mayer KU, Baltes PB (Hrsg) Die Berliner Altenstudie. Ein Projekt der Berlin-Brandenburgischen Akademie der Wissenschaften. Akademie, Berlin, S 21–54

Barkhold C, Frerichs F, Naegele G (1997) Altersstruktureller Wandel. Herausforderungen an die berufliche Fort- und Weiterbildung. In: Klose H-U (Hrsg) Perspektiven der alternden Arbeitsgesellschaft. In: Forum – demographie und politik (Heft 9)

Baukrowitz A, Boes A, Eckhardt B (1994) Software als Arbeit gestalten – Konzeptionelle Neuorientierung der Aus- und Weiterbildung von Computerspezialisten. Sozialverträgliche Technikgestaltung – Materialien und Berichte (Bd 42, Hrsg Ministerium für Arbeit, Gesundheit und Soziales des Landes Nordrhein-Westfalen). Westdeutscher Verlag, Opladen

Becker M, Haberfellner R, Liebetrau G (2000) EDV-Wissen für Anwender. 10. Aufl, Verlag Industrielle Organisation, Zürich

Behrens J (1993) Laufbahngestaltung für Service-Ingenieure im Außendienst von Computerfirmen. In: Bullinger H-J et al. (Hrsg) Alter und Erwerbsarbeit der Zukunft. Berlin, Heidelberg, Springer, New York, S 227–232

Behrens J (1996) Vorausschauende Personalpolitik: Laufbahngestaltung als neue Aufgabe des Arbeitsschutzes. In: Frerichs F (Hrsg) Älterer Arbeitnehmer im Demographischen Wandel - Qualifizierungsmodelle und Eingliederungsstrategien. Dortmunder Beiträge zur Sozial- und Gesellschaftspolitik (Bd 7), Lit, Münster, S 123–139

Berndes S, Lünstroth U (1998) Dienstleistungsbereich Softwareentwicklung. Karrieren, Faktoren, Biographien. Zwischenbericht INVAS, Teilprojekt Software. PT-1/98, Lehrstuhl Technikphilosophie der BTU Cottbus, Cottbus

Berndes S, Lünstroth U (2000) Technology, Organisation and Qualifications in Software Development. In: E Coakes, R Lloyd-Jones, D Willis (Hrsg) The New Sociotech, Computer Supported Co-operative Work (CSCW). Springer, London

BMBF (Hrsg) (1998) Delphi '98-Umfrage. Studie zur globalen Entwicklung von Wissenschaft und Technik. Zusammenfassung der Ergebnisse. Karlsruhe

Boehm B.W (1988) A Spiral Model of Software Development and Enhancement. IEEE Computer

Braczyk H-J, Ganter H-D, Seltz R (Hrsg) (1996) Neue Organisationsformen in Dienstleistung und Verwaltung. Kohlhammer, Stuttgart Berlin Köln

Brodbeck FC (1993) Kommunikation und Leistung in Projektarbeitsgruppen: Eine empirische Untersuchung an Softwareentwicklungsprojekten. Psych. Dissertation, Universität Gießen

Brodbeck FC (1994) Softwareentwicklung: Ein Tätigkeitsspektrum mit vielfältigen Kommunikations- und Lernanforderungen. In: Brodbeck FC, Frese M Produktivität und Qualität in Software-Projekten. Psychologische Analyse und Optimierung von Arbeitsprozessen in der Softwareentwicklung. Oldenbourg, München Wien

Brodbeck FC, Frese M (1994) Produktivität und Qualität in Software-Projekten. Psychologische Analyse und Optimierung von Arbeitsprozessen in der Softwareentwicklung. Oldenbourg, München Wien

Bröcker HF (1991) Managementkarrieren in Europa. Wirtschaftswiss. Dissertation, Universität Stuttgart

Bullinger H-J, Volkholz V, Betzl K, Köchling A, Risch W (Hrsg) (1993) Alter und Erwerbsarbeit der Zukunft. Berlin

Bullinger H-J, Warschat J, Prieto J, Wörner K (1998) Wissensmanagement – Anspruch und Wirklichkeit: Ergebnisse einer Unternehmensstudie in Deutschland. In: Information Management 1: 7–23

Cisk A J (1998) Der Mitarbeiter im betrieblichen Lebenszyklus. In: Personalführung. (Heft 6), S 40–43

Conrad W (1998) Modernes Softwarequalitätsmanagement – Kostensenkung durch innovative Strategien. In: Geldinstitute (Heft 3), S 22–25

Coy W (1992) Informatik – Eine Disziplin im Umbruch? In: Coy W et al. (Hrsg) Sichtweisen der Informatik. Vieweg, Braunschweig Wiesbaden

Deutscher Bundestag (Hrsg) (1994) Zwischenbericht der Enquete-Kommission „Demographischer Wandel" – Herausforderung unserer älter werdenden Gesellschaft an den einzelnen und die Politik. Deutscher Bundestag, Bonn

Domsch M (1993) Laufbahnentwicklung für Industrieforscher. In: Domsch M, Sabisch H, Siemers SHA (Hrsg) F&E-Management. Schäffer-Poeschel, Stuttgart

Dostal W (1996) Die Informatisierung der Arbeitswelt: Multimedia, offene Arbeitsformen und Telearbeit. In: Büllingen (Hrsg) Technikfolgenabschätzung und Technikgestaltung in der Telekommunikation. Wiss. Inst. für Kommunikationsdienste, Bad Honnef

Dostal W (1997) Informatik-Qualifikationen im Arbeitsmarkt. In: Informatik-Spektrum, 20: 73–78

Dostal W (1999) Informatiker im Spannungsfeld zwischen Nachhaltigkeit und Verfall. In: Informatik-Spektrum, 22: 192–196

Filipp S-H (1987) Das mittlere und höhere Erwachsenenalter im Fokus entwicklungspsychologischer Forschung. In: Oerter R, Montada L Entwicklungspsychologie. 2. Aufl, Beltz, München Weinheim

Fleischmann UM (1991) Gedächtnis im Alter. In: Oswald WD, Lehr UM (Hrsg) Altern. Veränderung und Bewältigung. Huber, Bern Stuttgart Toronto

Floyd C (1989) Softwareentwicklung als Realitätskonstruktion. In: Lippe W-M (Hrsg) Softwareentwicklung: Konzepte, Erfahrungen, Perspektiven. Springer, Berlin, S 1–20

Fritsche A (1998) Informatiker als Könige – Banken und Versicherungen kämpfen um die seltenen Exemplare verfügbarer Computerexperten. In: DIE ZEIT Nr. 46 vom 5. 11. 1998, S 81

Gelb M (1998) Sich selbst präsentieren – Mit Mind Mapping und Alexander-Technik. 2. Aufl, Gabal, Offenbach

Hacker W (1993) Projekt Erwerbsarbeit der Zukunft – Prospektive Arbeitsgestaltung und Personaleinsatzplanung auch für ältere Arbeitnehmer. Beiträge des Instituts für allgemeine Psychologie und Methodik, Teil III. Dresden

Hacker W (1996) Entwickeln und Konstruieren als Denktätigkeit – zu einer Arbeitswissenschaft geistiger Erwerbstätigkeit. In: Z. Arb. wiss. 50:111–116

Hartmann M (1995) Informatiker in der Wirtschaft. Perspektiven eines Berufs. Springer, Berlin Heidelberg New York

Hermanns H (1982) Berufsverlauf und soziale Handlungskompetenz von Ingenieuren. Eine biografieanalytische Untersuchung auf der Basis narrativer Interviews. Soz. Dissertation, Universität Kassel

Jung H (1997) Personalwirtschaft. 2. durchges. Aufl, Oldenbourg, München

Knopp D (2001) Gestaltungspotential im sozialen Umfeld. Vortrag vom 1. 2. 2001 auf dem Forum „Arbeit und Lernen". Berlin, Am Kölleschen Park

König A (1994) Psychologische Leistungsvoraussetzungen älterer Arbeitnehmer als Einflußgrößen für altersadäquate Montagestrukturen. Diplomarbeit Univ. Chemnitz (Maschinenbau), Chemnitz

Kommission der Europäischen Gemeinschaften (2000) Memorandum über Lebenslanges Lernen. Arbeitsdokument der Kommissionsdienstellen SEK (2000) 1892, Brüssel

Kornwachs K (1997) Um wirklich Informatiker zu sein, genügt es nicht, Informatiker zu sein. Informatik-Spektrum, 20:79–87

Kornwachs K (2001) Technik der Arbeit – Arbeit der Technik. In: Forum der Forschung (Heft 12), 6:90–103

Kornwachs K, Berndes S, Niemeier J, Praegert M, Wasserlos G, Wetzels W, Weisbecker A (1992) Auswirkungen der Softwaregestaltung. Vorstudie zur Technikfolgenabschätzung Bericht an den FhG–IAO. Stuttgart

Lehr U (1991) Psychologie des Alterns. 7. Aufl, Quelle & Meyer, Heidelberg Wiesbaden

Lehr U, Olbrich G, Schmädeke R (1980) Lernen und berufliches Leistungsverhalten auf verschiedenen Stufen des Erwachsenenalters – Literaturstudie und Seminarprogramm (RWK-Schriftreihe: Lernen und Leistung). Zitiert nach: Bundesvereinigung der Deutschen Arbeitgeberverbände. (Hrsg) Praktische Arbeitshilfe für die Betriebe: Ältere Mitarbeiter. 2., überarb. Aufl, Bachem Köln, S 16 f. und 22

Littek W, Rammert W, Wachtler G (Hrsg) (1983) Einführung in die Arbeits- und Industriesoziologie. 2. Aufl, Campus, Frankfurt/Main

Löwe H (1970) Einführung in die Lernpsychologie des Erwachsenenalters. Volk und Wissen, Berlin

Löwe H (1971) Beiträge zur Erwachsenenbildung. Volk und Wissen, Berlin

Meffert H (1991) Marketing – Grundlagen der Absatzpolitik. 7. überarb. u. erw. Aufl, Gabler, Wiesbaden

Mentzel W (1997) Unternehmenssicherung durch Personalentwicklung. Mitarbeiter motivieren, fördern und weiterbilden. 7. Aufl, Haufe, Freiburg i. Br.

Meyer-Timpe U (2000) Fit bis zur Rente – Erst schob man die Alten ab, jetzt werden sie gefeiert. In: DIE ZEIT Nr. 11 vom 8. 3. 2000, S 29

Müller-Hagen D (1977) Arbeitnehmer, ältere. In: Personal-Enzyklopädie. Bd. 1, München. S 74–78. Zitiert nach: Bundesvereinigung der Deutschen Arbeitgeberverbände (Hrsg) Praktische Arbeitshilfe für die Betriebe: Ältere Mitarbeiter. 2., überarb. Aufl, Bachem Köln 1980, S 18f

Nägele G (2000) Ausblick aus Sicht der Wissenschaft. In: Rothkirch (2000), S 436–442

Pack J, Buck H (1991) „Entwickler haben jung zu sein". In: Elsner G, Volkholz V (Hrsg) Alter, Leistung, Gesundheit – eine Anregung zur Diskussion über die Tarifreform 2000 (Hans-Böckler-Stiftung, Graue Reihe - Neue Folge 35) Düsseldorf, S 66–72

Pack J, Buck H, Kistler E, Mendius HG, Morschhäuser M, Wolff H (1999) Zukunftsreport demographischer Wandel – Innovationsfähigkeit in einer alternden Gesellschaft. BMBF, Bonn

Riley MW, Riley JW Jr (1992) Individuelles und gesellschaftliches Potential des Alterns. In: Baltes PB, und Mittelstrass J (Hrsg) Zukunft des Alterns und gesellschaftliche Entwicklung (Akademie der Wissenschaften zu Berlin. Forschungsbericht 5), De Gruyter, Berlin New York, S 437–460

Rohr S (1996) Arbeitswelt Datenverarbeitung – Zukunft und berufliche Orientierung in der DV. Berufsbilder, Chancen, Perspektiven. Computerwoche-Verlag, München

Rohr S, Zander E (1993) Gehaltsstudie für den EDV-Bereich 1992/93. Haufe, Freiburg i. Br.

Roßmann W (1992) „Mancher denkt an Flucht" – Tarifvertragliche (Un)Sicherheiten und EDV-Branchenkrise. In: Trautwein-Kalms G (Hrsg) KontrastProgramm Mensch – Maschine. Arbeiten in der HighTech-Welt. Bund, Köln

Roth E (1961) Lernen in verschiedenen Altersstufen. In: Z. exp. angew. Psychol. 8: 409–417

Roth V (1992) Datenverarbeitungsberufe im Wandel: Industrie- und berufssoziologische Untersuchung zu Entwicklungstrends und Perspektiven in der Datenverarbeitung und dem zugehörigen Berufsfeld. Soz. Dissertation, Universität Marburg, Verlag Lang, Frankfurt/Main

Rothkirch C v (Hrsg) (2000) Altern und Arbeit: Herausforderung für Wirtschaft und Gesellschaft. Beiträge, Diskussionen und Ergebnisse eines Kongresses mit internationaler Beteiligung. rainer bohn verlag, Berlin

Rudolf E, Schönefelder E, Hacker W (1987) Tätigkeitsbewertungssystem Geistige Arbeit – TBS-GA. Handanweisung. Berlin

Schachtner C (1994) Arbeit an der Geistmaschine. Von der Notwendigkeit einer subjektorientierten Arbeitsgestaltung in der Softwareproduktion. Z. Arb. wiss. 48: 193–197

Simonsmeier W (1992) Arbeitszufriedenheit und Überforderung der Softwareentwicklerinnen und Softwareentwickler In: Trautwein-Kalms G (Hrsg) KontrastProgramm Mensch -Maschine. Arbeiten in der HighTech-Welt. Bund, Köln, S 202–211

Späth (1992) Marketing-Qualifikationen von Ingenieuren für die Entwicklung und Vermarktung von Technologieprodukten, Wirtschaftswiss. Dissertation, Universität-Gesamthochschule Kassel

SVD (Schweiz. Vereinig. f. Datenverarb.), WIF (Wirtschaftsinformatik-Fachverband) (2000) Berufe der Informatik. 5. stark überarb. u. erw. Aufl, Hochschulverlag AG an der ETH, Zürich

Thoms E-M (2000) Graue Zellen kneten – Lernen ältere Mitarbeiter noch dazu? In: DIE ZEIT Nr. 11 vom 8. 3. 2000, S 29

Trautwein-Kalms G (1995) Ein Kollektiv von Individualisten? Interessenvertretung neuer Beschäftigungsgruppen. Soz. Dissertation, Universität Bremen, rainer bohn verlag, Berlin

Walker A (2000) Produktiver Umgang mit alternden Belegschaften – Beispiele für Lösungsansätze. Europäische Stiftung zur Verbesserung der Lebens und Arbeitsbedingungen. Projekt Nr. 0151, Dublin

Warnecke H-J, Becker B-D (1994) Strategien für die Produktion. Standortsicherung im 21. Jahrhundert. Ein Überblick. Raabe, Stuttgart Berlin Bonn

Weinert FE (1992) Altern in psychologischer Perspektive. In: Baltes PB, und Mittelstrass J (Hrsg) Zukunft des Alterns und gesellschaftliche Entwicklung (Akademie der Wissenschaften zu Berlin. Forschungsbericht 5), De Gruyter, Berlin New York, S 180–203

Weisbecker A, Frings S und Supe GS (1997) PROMPT – Organisationsgestaltung und Methoden für menschengerechte Softwareentwicklungsprozesse. In: Fraunhofer-Institut für Arbeitswirtschaft und Organisation (Hrsg) Softwaretechnologien in der Praxis. Fraunhofer IRB, Stuttgart, S 1–24

Welzmüller R (1992) Strukturumbrüche in der EDV-Industrie. In: Trautwein-Kalms G (Hrsg) KontrastProgramm Mensch-Maschine. Arbeiten in der HighTech-Welt. Bund, Köln, S 75–86

Wittlage H (1993) Unternehmensorganisation – Einführung und Grundlegung mit Fallstudien. 5., neubearb. u. erw. Aufl, Neue Wirtschaftsbriefe-Verlag, Herne

Anhang

A 1 Das INVAS-Teilprojekt Softwareentwicklung

Aufgabe des INVAS[238]-Teilprojektes Softwareentwicklung war die Untersuchung der Auswirkungen des demographischen Wandels auf die Altersstrukturen in softwareentwickelnden Unternehmen und möglicher Folgen für deren Innovationsfähigkeit. Der analytische Teil besaß entsprechend der Aufgabenstellung zwei Teile. Erstens war die Frage nach der Leistungsfähigkeit älter werdender Softwareentwickler zu beantworten und die Bestimmung sie determinierender Faktoren vorzunehmen. Zweitens galt es, die praxisrelevanten, vorhandenen Instrumente der Unterstützung von älter werdenden Entwicklern durch das Personal- und Weiterbildungsmanagement zu untersuchen.

Beantwortet werden sollte die Frage, welche Beachtung im hochinnovativen Bereich der Softwareentwicklung dieser Mitarbeitergruppe gegeben wird und ob die bisher ergriffenen Maßnahmen es erlauben, ohne negative Folgen für die Innovationsfähigkeit einem möglichen Wandel der Altersstruktur in den Unternehmen zu begegnen. Diese Forschungsaufgaben wurden ergänzt durch die Erarbeitung und Diskussion von Möglichkeiten der Verbesserung bzw. Lösung von Problem beim Einsatz von älteren Softwareentwicklern unter Beachtung der zwei Kriterien:

- Erhalt oder Wiederherstellung der Arbeitsmarktfähigkeit älter werdender Softwareentwickler,
- Erhalt und Ausbau der Innovationsfähigkeit der Software entwickelnden Unternehmen.

---

[238] INVAS = Innovationen bei veränderten Altersstrukturen

A 1.1 Fördertechnische und organisatorische Einbettung in das Gesamtprojekt „Demographischer Wandel"

Das Gesamtprojekt gliederte sich in fünf Verbünde, in denen 20 Forschungsinstitute vertreten waren:

Verbund 1: Arbeits- und Innovationspotenziale im Wandel – Empirische Fundierung betrieblicher und gesellschaftlicher Gestaltungsstrategien
INIFES (Internationales Institut für empirische Sozialökonomie), Stadtbergen
ISF (Institut für Sozialwissenschaftliche Forschung), München
SÖSTRA (Institut für sozialökonomische Strukturanalysen), Berlin

Verbund 2: Demographischer Wandel – Zukünftige Anforderungen und Strategien im Handwerk
Fachhochschule Niederrhein, Mönchengladbach
Zukunftswerkstadt der Handelskammer Hamburg
ISF (Institut für Sozialwissenschaftliche Forschung), München

Verbund 3: Problem der begrenzten Tätigkeitsdauer und neue Arbeitszeitmodelle für ältere Arbeitnehmer
ISO (Institut für Sozialforschung und Sozialwirtschaft), Saarbrücken
ISIS (Institut für Supervision, Institutsberatung und Sozialforschung), Frankfurt a. Main
FfG (Forschungsstelle für Gerontologie), Dortmund
ZeS (Zentrum für Sozialpolitik), Bremen

Verbund 4: Innovation bei veränderten Altersstrukturen
IAO (Institut für Arbeitswirtschaft und Organisation der Fraunhofer Gesellschaft), Stuttgart
Lehrstuhl für Arbeitswissenschaft der Technischen Universität Chemnitz
Lehrstuhl für Technikphilosophie der Brandenburgischen Technischen Universität Cottbus

Verbund 5: Innovation, Belegschaftsstrukturen und Altern im Betrieb
Fachbereich Soziale Arbeit und Gesundheit der Fachhochschule Neubrandenburg
Institut für arbeitspsychologische und organisationswissenschaftliche Forschung der a&o research, Berlin
HDZ (Hochschuldidaktisches Zentrum der RWTH Aachen)
ISO (Institut für Sozialforschung und Sozialwirtschaft), Saarbrücken
Arbeitsbereich Arbeitswissenschaft der Technischen Universität Hamburg-Harburg
VDI/VDE-Technologiezentrum Informationstechnik, Teltow
GfAH (Gesellschaft für Arbeitsschutz- und Humanisierungsforschung), Dortmund

A 1.2 Projektverlauf des INVAS-Teilprojektes zur Softwareentwicklung

A 1.2.a Methode des Vorgehens – Übersicht

Das Forschungsprojekt INVAS gliederte sich in zwölf Arbeitspakete[239], die aufeinander aufbauten (vgl. Tab. 15). Der analytische Teil des Projektes findet sich in den Arbeitspaketen AP 1 bis AP 6, die Diskussion von möglichen Maßnahmen zur Verbesserung der Situation älter werdender Softwareentwickler wurde im wesentlichen in den Arbeitspaketen AP 7 bis AP 11 durchgeführt.

Die inhaltliche Feldexploration (AP 1), die die Durchführung von Literaturstudien beinhaltete, diente der Vorstrukturierung des Tätigkeitsbereichs Softwareentwicklung. In der Literatur wurden die Themenbereiche ermittelt, welche die Situation, Problematik und Lösungsmöglichkeiten der in diesem Tätigkeitsbereich arbeitenden älteren und älter werdenden Mitarbeiter berühren. Die erarbeitete Vorstrukturierung bildete die Grundlage für einen strukturierten Fragebogen für Interviews[240] (Instrumentenentwicklung, AP 2), die in den Kurzfallstudien (AP 5) in 16 softwareentwickelnden Unternehmen zwischen April 1997 und März 1998 durchgeführt wurden.

Auf der Grundlage der zusammenfassenden Auswertung der Kurzfallstudien (AP 6) wurden 32 Thesen erarbeitet, die der weiteren Untersuchung, d.h. sowohl der Delphi-Expertenbefragung (AP 3, 4, 7 und 10) als auch den Workshops (AP 11) und den Tiefenfallstudien (AP 8 und 9), zugrundegelegt wurden. Für die Delphi-Expertenbefragung wurden 10 Kernthesen ausgewählt, die wesentliche Aspekte der untersuchten Problematik thematisieren. In der ersten Phase des Delphi (AP 3) wurde in einem etwa je halbstündigen telefonischen Interview mit dem jeweiligen Experten 26 größtenteils offene Fragen besprochen. In einer zweiten Phase des Delphi (AP 7) wurden 13 Fragen[241] schriftlich (mit kurzen Erläuterungen) gestellt, die größtenteils geschlossen waren und die Antwortmöglichkeit auf einer vierstufigen Skala beinhalteten. Sieben Fragen der zweiten Phase[242] thematisierten die Rolle von Akteuren und die Beurteilung möglicher Maßnahmen, die das Personal- und Weiterbildungsmanagement im softwareentwickelnden Unternehmen initiieren sollten um älter werdenden Entwicklern eine Laufbahnperspektive zu geben und kontinuierliches Lernen zu ermöglichen und zu fördern.

Die Maßnahmen-Vorschläge, die im Rahmen des INVAS-Projektes erarbeitet wurden, wurden nicht nur im Delphi, sondern auch in den Unternehmen (während der Tiefenfallstudien im Februar und März 1999) und während zweier Workshops (AP 11) im Oktober 1998 und Mai 1999 mit Wissenschaftlern und Unternehmens-

---

[239] Abgekürzt: AP.
[240] Wiedergegeben in Anhang A 3.1.
[241] Wiedergegeben in Anhang A 3.3.
[242] Wiedergegeben in Anhang A 3.3.

Tabelle 15: INVAS-Arbeitsplan

INVAS AP	Arbeitspakete	96 4.Q.	1997 1.Q.	2.Q.	3.Q.	4.Q.	1998 1.Q.	2.Q.	3.Q.	4.Q.	1999 1.Q.	2.Q.	3.Q.	4.Q.	M M
1	1 a: inhaltliche Feld-exploration A 1 b: Akquisition der Experten und Betriebe	▨	▨												3
2	2 a: Instrumenten-entwicklung Experten-gespräche, Fallstudien 2 b: Weiterentwick-lung Methoden		▨	▨											3 8
3	Delphi-Runde 1: Problembewusstsein erzeugen, Sensibilisie-rung, Instrumententest			▨											3
4	20 wissenschaftliche Expertengespräche in den Bereichen Monta-ge, Softwareentwick-lung und Alters-forschung			▨											3
5	30 betriebliche Kurzfallstudien					▨									7,5
6	Gesamtauswertung der Kurzfallstudien							▨							2,25
7	Delphi-Runde 2: Sensibilisierung und Überprüfung der Auswertung							▨							2,25
8	8 a: Auswahl der Betriebe 8 b: Durchführung der 6 Tiefenfallstudien								▨						18
9	Gesamtauswertung der Tiefenfallstudien										▨				3
10	Delphi-Runde 3: Bewertung der Tiefenfallstudien												▨		2,25
11	Durchführung von 3 Workshops mit Praktikern und Wissenschaftlern							▨			▨		▨		4,5
12	Sensibilisierung, Dokumentation, Berichterstellung Koordination	▨	▨	▨	▨	▨	▨	▨	▨	▨	▨	▨	▨	▨	14

praktikern diskutiert und weiterentwickelt. Im Mittelpunkt der Tiefenfallstudien (AP 8 und 9) standen dabei Maßnahmen der Schaffung von Tätigkeitsfeldern für älter werdende Softwareentwickler, die mögliche Unterstützung der Laufbahnentwicklung der Mitarbeiter durch das Personal- und Weiterbildungsmanagement und die Chancen durch ein Management der Weiterbildung, das sich konsequent auf die Verbesserung der Innovationsfähigkeit des Unternehmens konzentriert.

Im folgenden werden die einzelnen, bearbeiteten Arbeitspakete inhaltlich vorgestellt.

A 1.2.b Durchgeführte Arbeitspakete (AP 1–12)

Inhaltliche Feldexploration (AP 1)

Es wurden Literaturstudien zu den Bereichen Arbeitspsychologie und Stressforschung, Gerontologie, Spezifika der Softwareentwicklung als Dienstleistungsbereich und Tätigkeiten in der Softwareentwicklung, Arbeitssituation in der Softwareentwicklung sowie Innovationsforschung durchgeführt. Sie bildeten die Grundlage für die Instrumentenentwicklung (Fragebögen für die Kurzfallstudien und die Delphi-Expertenbefragung) zur Formulierung erster Thesen über den Tätigkeitsbereich Softwareentwicklung). Im Einzelnen:

- Abschätzung der Relevanz altersstruktureller Änderungen der Erwerbsbevölkerung im Tätigkeitsbereich der Softwareentwicklung. Dazu zählte auch die Betrachtung der Abgängerzahlen an Hochschulen in EDV-relevanten Studiengängen und die neuere Entwicklung der Berufsausbildung zum Fachinformatiker.
- Vorkommen und Relevanz von altersbedingten Veränderungen der Leistungsfähigkeit, insbesondere im Bereich des Lernens und anderer kognitiver Fähigkeiten.[243]
- Es war die Absicht, mit Hilfe von Untersuchungen zu geistig-kreativen Tätigkeiten in der Arbeitspsychologie eine Charakterisierung der Tätigkeiten in der Softwareentwicklung sowohl entlang der Phasen des Entwicklungsprozesses als auch in Bezug zu übergreifenden Tätigkeitsfeldern vorzunehmen. Da zu Ingenieurtätigkeiten allerdings nur wenige Studien vorliegen, war diese Charakterisierung im Rahmen der Literaturauswertung nicht möglich.
- Beschreibung wesentlicher Merkmale und Trends der Softwareentwicklung als Tätigkeitsbereich hochqualifizierter Dienstleistung (technologische Entwicklungen, Innovation durch Kundennähe, Globalisierung, etc.) unter Beachtung der Relevanz für die Tätigkeit älter werdender Softwareentwickler.
- Auswertung der für die Softwareentwicklung relevanten Ergebnisse der Innovationsforschung. Definition des Innovationsbegriffs und Differenzierung von

---

[243] Für den Tätigkeitsbereich der Softwareentwicklung, in dem schon 35–40-Jährige als „ältere Mitarbeiter" gelten, können, diese Ergebnisse, die mit 50–70-Jährigen erhalten wurden, natürlich nur bedingt gelten und Tendenzen bezüglich Leistungsminderung, Motivationswandel, etc. andeuten.

Kriterien mit dem Ziel einer Anwendung auf den Bereich der Softwareentwicklung im Vergleich zu Montagetätigkeiten.

Nachdem in den Kurzfallstudien die wesentlichen Problembereiche in Bezug auf älter werdende Mitarbeiter in softwareentwickelnden Unternehmen eruiert waren, wurde die Literatursuche verstärkt auf die Schwerpunkte Weiterbildung, Organisation, Laufbahnentwicklung und Hochschulausbildung in Informatik gelenkt (u.a. um die Rezeption und Diskussion von möglichen Maßnahmen zu unterstützen).

- Weiterbildung: Ansätze des herkömmlichen Weiterbildungsmanagements[244], Konzepte und Maßnahmen, insbesondere zur Unterstützung kontinuierlichen Lernens im Unternehmen.
- Organisation: Möglichkeiten des Projektmanagements sowie organisatorische Maßnahmen zur Verbesserung und Unterstützung der Weiterbildung und des Einsatzes älter werdender Softwareentwickler, also im Bereich geistig-kreativer Tätigkeiten, in dem vielfach hochqualifizierte Mitarbeiter tätig sind.
- Laufbahnentwicklung: Grundlagen berufsbiographischer Forschung im Bereich von Ingenieurtätigkeiten, Ansätze und Erfahrungen mit Laufbahnplanung und Fachkarrieren.
- Ausbildung in Informatik: Aussagen über Leistungsfähigkeit und zukünftige Aufgaben der Hochschulausbildung im Fach Informatik. Tendenzen des Einsatzes geringer qualifizierter Mitarbeiter in der Softwareentwicklung, insbesondere die Entwicklung des neuen Ausbildungsberufs „Fachinformatiker".

Instrumentenentwicklung (AP 2)

Auf der inhaltlichen Feldexploration aufbauend wurden Begriffe sowie Charakteristika des Tätigkeitsbereichs erarbeitet:

- Auflistung der Tätigkeiten in der Softwareentwicklung entlang der Phasen des Prozesses der Softwareentwicklung[245] und Ermittlung von zugehörigen Leistungsfähigkeiten, die für diese Tätigkeitsfelder insbesondere benötigt werden. Das Instrument wurde in den Unternehmensinterviews der Kurzfallstudien, der ersten Phase der Delphi-Expertenbefragung[246] und in der präzisierten Befragung der zweiten Delphi-Phase[247] eingesetzt.

---

[244] Während der Literaturauswertung zeigte sich, dass die vorhandenen Ansätze des Weiterbildungsmanagement nicht auf die besondere Situation der Softwareentwicklung übertragbar sind, da sie im allgemeinen von vergleichsweise gering innovativen Tätigkeiten der zu Qualifizierenden ausgehen.

[245] Nach dem einfachsten Modell, nämlich dem Wasserfallmodell, das die Softwareentwicklung als linear ablaufenden Prozess beschreibt (vgl. Kapitel 2, Abb. 5).

[246] In zwei Fragen zu Fähigkeiten bzw. Tätigkeiten für ältere Mitarbeiter in der Softwareentwicklung.

[247] In einer Frage, in der direkt nach der Bedeutung von sechs bestimmten Fähigkeiten bzw. Leistungsmerkmalen in den einzelnen Softwareentwicklungsphasen gefragt wurde.

- Ermittlung der in der Softwareentwicklung wesentlichen und beim Älterwerden gegebenenfalls kritischen Leistungspotenziale. Die gerontologische Literatur lieferte dazu nur Anhaltspunkte und Argumentationshilfen, da sie sich auf über 50-Jährige Personen bezieht und auch kaum Angaben zur Leistungsfähigkeit in geistig-kreativen Tätigkeiten gemacht werden. Gleichwohl dienten die Angaben teilweise als Grundlagen für die Kurzfallstudien und für Fragestellungen in der Delphi-Expertenbefragung.

- Die Erarbeitung des Innovationsbegriffes stützte sich auf eine Sichtweise, die nicht nur die technische Neuerung, sondern ebenso den Markterfolg als wesentliches Element mitberücksichtigt. Gewünscht war eine Differenzierung der verschiedenen Akteursebenen im Unternehmen und die Spezifizierung auf den Gebrauch für geistig-kreative Tätigkeiten. Damit sollte eine Beschreibung angestrebt werden, die der Arbeit im Ingenieur- bzw. Informatikbereich, also der hochqualifizierten, produktionsnahen Dienstleistung, gerecht wird. Dazu wurden Kriterien der Feststellung des Innovationsgrades erarbeitet, die neben Daten des Innovationspotenzials und -erfolges auch kognitive Komponenten heranzieht. Diese Vorstellungen sind in die Aufstellung der (zumeist offenen) Fragen für die Interview-Fragebögen eingegangen, die für die Kurzfallstudien benutzt wurden. Der Innovationsbegriff wurde in Zusammenarbeit mit den Projektpartnern erarbeitet und seine unterschiedliche Bedeutung in den beiden Bereichen Montage und Softwareentwicklung diskutiert. Dazu wurden weitere Experten hinzugezogen, um Aspekte der Arbeitspsychologie mitberücksichtigen zu können.

- Für die Kurzfallstudien wurden softwareentwickelnde Unternehmen ausgewählt, in denen Software für unterschiedliche Branchenbereiche produziert wird. Branchendifferenzierungen und Produkt-Kategorien der Softwareprogramme bildeten für diese Auswahl die Grundlage.

- Der Erstellung der Unternehmens-Fragebögen für die Kurzfallstudien lag eine Literaturauswertung über Unternehmen der Softwareentwicklung und der Diskussionen über historisch nachvollziehbare und mögliche zukünftige Entwicklungen[248] im Bereich der Softwareentwicklung zugrunde.

- Ermittlung der Dimensionen innerbetrieblicher Wirkungen (die im Unternehmen beeinflusst werden können) und Wirkungen von außerhalb (gesellschaftliche Einflüsse und Rahmenbedingungen) auf die Leistungsfähigkeit der Entwickler u.a. anhand von Literatur zur Arbeitspsychologie und zum Personalmanagement. Diese diente der Vorbereitung des strukturierten Fragebogens für die Interviews in den Unternehmen (Kurzfallstudien).

- Festlegung der in den Kurzfallstudien-Interviews angesprochenen Themenbereiche und Zuordnung der einzelnen Fragen.

---

[248] Diese Informationen betrafen hauptsächlich die Hardware und Software-Paradigmen (z.B. Mainfraime, PC, Client-Server, strukturierte und objektorientierte Programmierung), die Struktur der Übergänge zu neuen Paradigmen in diesem Bereich sowie die aktuellen Tätigkeitsfelder der vom älteren Paradigma geprägten älteren Entwickler.

- Aus den Literaturstudien wurden erste Leitsätze[249] abgeleitet, die eine Vorgabe für die zu erarbeitenden Untersuchungsinstrumente geben und Ansätze für zu untersuchende Thesen zur Arbeitssituation im Tätigkeitsbereich Softwareentwicklung.
- Erarbeitung der analytischen Struktur der Untersuchung, in dem Bereiche und Arten möglicher defizitärer Entwicklungen bei älter werdenden Softwareentwicklern differenziert wurden. Man kann diese Struktur anhand einer Matrix für Thesen und Ergebnisse, die mögliche Einflusstypen der Wirkungsdimensionen innerhalb und außerhalb des softwareentwickelnden Unternehmens darstellt:

	Organisation	Personal- und Weiterbildungsmanagement	Unternehmenskultur	Gratifikationssystem	Allgemeine Werthaltungen zu Arbeit und Leistungsfähigkeit älterer Menschen	Bildungs- und Ausbildungssysteme
Passive Veränderung						
Nicht-Angebot						
Nicht-Nachfrage						
Nicht-Weiterentwicklung						

---

[249] Die Leitsätze:
 (1) Gestaltungsdimensionen (Organisation, Gratifikationssystem, Personal- und Weiterbildungsmanagement) und Einflussfaktoren (Unternehmenskultur, allg. Werthaltungen zu Arbeit und Leistungsfähigkeit älterer Menschen, Bildungs- und Ausbildungssysteme) sind Randbedingungen für die Entwicklung des Leistungspotenzials älter werdender Mitarbeiter. Je nach Zustand und Vorgeschichte kommt es zu:
 – passiven Veränderungen des Leistungspotenzials (wie der Verkümmerung von nicht abgeforderten Potenzialen)
 – nicht-Angebot (durch den Mitarbeiter)
 – nicht-Nachfrage (durch das Unternehmen)
 – nicht-Weiterentwicklung vorhandener Potenziale
 (2) Eine Veränderung des Leistungspotenzials bringt auch eine Änderung der Qualifizierbarkeit bzw. der Bereitschaft zur Qualifizierung mit sich.
 (3) Innovationsfähigkeit und -orientierung entwickeln sich in den Unternehmen positiv, in denen die Leistungspotenziale älterer Mitarbeiter sich ebenfalls positiv entwickeln.

Der Fragebogen für die Interviews der Kurzfallstudien ist in Anhang A 3.1. wiedergegeben.

<u>Kurzfallstudien (AP 5 und 6):</u>

- Auswahl der Unternehmen nach den folgenden Kriterien: unterschiedliche Branchen[250], für die die Software entwickelt wird, verschiedene Unternehmensgrößen[251] und Innovationscharakteristika.
- Durchführung der Kurzfallstudien (in 16 Unternehmen) anhand eines strukturierten Fragebogens mit offenen Fragen, der auf der analytischen Struktur der Leitsätze aufgebaut wurde. Von diesen Interviews mit Geschäftsführern, Personalverantwortlichen und Softwareentwicklern wurden Protokolle erstellt.
- Auswertung der Kurzfallstudien nach dem analytischen Raster und auch nach Themenbereichen: Kerndaten, Arbeitssituation älter werdender Entwickler, Weiterbildung von Softwareentwicklern, Berufsbiographie.
- Ergebnisse der Auswertung sind thematische Zusammenstellungen sowie Thesen zu den einzelnen Bereichen, die in das analytische Raster eingeordnet wurden. Ein weiteres Ergebnis ist die Unterscheidung nach vier verschiedenen Typen von softwareentwickelnden Unternehmen. Eine gesonderte Zusammenstellung der Ergebnisse nach dieser Differenzierung wurde ebenfalls vorgenommen.
- Aus den Protokollen der Interviews wurden für jedes Unternehmen ein kurzgefasstes Unternehmensergebnis-Portrait erstellt. Für Veröffentlichungen wurde dieses anonymisiert und auf jeweils etwa eine Schreibmaschinenseite zusammengefasst.[252]
- Eine Auswahl von 10 Kernthesen[253] als wesentliche Ergebnisse aus den Kurzfallstudien wurde vorgenommen. Die Thesen wurden im Delphi und den Tiefenfallstudien weiter untersucht und vertieft.

---

[250] Unter anderem findet in den Unternehmen, die in Kurzfallstudien untersucht wurden, die Entwicklung von Software für den Maschinenbau, Verwaltungsaufgaben, Versicherungen/Banken, die Luftfahrt, die Bauwirtschaft sowie Medizintechnik und Netzwerke statt.

[251] Im kleinsten Unternehmen der Kurzfallstudien gibt es 3 festangestellte Mitarbeiter, die Großunternehmen besitzen etwa bis zu 500 Entwicklern.

[252] Veröffentlicht in Berndes (1998).

[253] Die zehn Kernthesen lauteten:
- These 1: „Ein mit zunehmendem Alter häufiger auftretender Wertewandel (Freizeit-, Familienorientierung) kann mit einem beruflichen Motivationswandel verbunden sein."
- These 2: „Die Definition von entsprechenden Rollen im Team, einer Perspektive für die Laufbahn des Mitarbeiters und eine flexiblere Projektorganisation sind Mittel der Wahl, um negative Folgen für die Arbeitsleistung nicht entstehen zu lassen."
- These 3: A) „Softwareentwicklung ist ein Gebiet mit erhöhten Anforderungen an die Stressresistenz der Mitarbeiter und häufigerem Auftreten des Burn-out-Syndroms" B) „Negative Folgen von Stress entstehen dann nicht, wenn die Unternehmensorganisation so gestaltet ist, dass die Motivation der Mitarbeiter an bewältigten Herausforde-

<u>Delphi (AP 3, 4, 7 und 10):</u>

- Als Grundlage der Befragung wurden die aus den Kurzfallstudien ermittelten Thesen genommen.
- Die Expertenbefragung nach der Delphi-Methodik[254] wurde in zwei Phasen durchgeführt. In der ersten Phase ging es primär darum, die Meinungen und den Diskussionsstand bei den Experten[255] kennenzulernen. Deshalb wurde die intensive Möglichkeit der Befragung durch telefonischen Kontakt gewählt. Dieses garantierte auch eine gegenüber dem Fragebogenversand erhöhte Betei-

rungen wächst." C) „Von der Personalleitung werden bisher kaum entsprechende Maßnahmen des Personal- und Weiterbildungsmanagements durchgeführt."

- These 4: A) „In den Unternehmen, in denen Geschäftsprozesse für interne Kunden abgewickelt werden, besteht eine Tendenz, alters- und kommunikationsmäßig isolierte Arbeitsgruppen zu stabilisieren. Dies führt in der Regel zu einer großen Spezialisierung und der Abkoppelung des Fachwissens von neueren Entwicklungen sowie der Nichtheranziehung älterer Mitarbeiter zu Innovationen." B) „Im Unternehmenstyp ‚Software für technische Produkte' werden ältere Softwareentwickler mit in die Teams übernommen, die neuere Versionen des technischen Produktes entwickeln. Dadurch stehen sie bezüglich der Weiterbildung unter dem Druck, die neueren Entwicklungen zu kennen. Wird diesem entsprochen, so findet keine isolierte Spezialisierung statt, sondern die Erfahrung aus früheren Projekten kommt den neuen zugute und das Fachwissen ist auf dem aktuellen Stand."
- These 5: „In den Unternehmen herrscht das Bild des im Vergleich zu den Leistungen jüngerer Mitarbeiter zu hoch entlohnten älteren Softwareentwicklers. Einerseits ist dies die Auffassung der Geschäftsleitung, andererseits auch der jüngeren Kollegen, wodurch das Teamklima belastet sein kann. Einseitig wird hierbei allein die Senkung der Entlohnung thematisiert, wobei die Möglichkeiten einer altersadäquaten Weiterbildung unterschätzt oder nicht beachtet werden. Ebenso unbeachtet bleibt die Möglichkeit, definitive Rollenverteilungen in den Teams einzuführen."
- These 6: „Die bei flacher werdenden Hierarchien in der Softwareentwicklung entstehende Status-Problematik, wird von den Personalverantwortlichen nicht gesehen."
- These 7: „Als Vorteile älterer Mitarbeiter werden die Kommunikationsfähigkeit und Erfahrungen mit vorausgegangenen Projekten benannt."
- These 8: „Nachteile ergeben sich dann gravierend, wenn wegen fehlender Motivation, Neuerungen mitzutragen, Erfahrungen und betriebliche Kontakte zur Verhinderung von Innovationen genutzt werden."
- These 9: „Der Weiterbildungsdruck überfordert ggf. ältere Mitarbeiter, wenn sie die Weiterbildungsmaßnahen in der Freizeit erledigen sollen und keine Unterstützung vom Unternehmen bekommen."
- These 10: „Es sind Tendenzen einer erneuten Differenzierung der Softwareentwickler in Hochschulabgänger und nicht akademisch gebildete „Software-Assistenten" zu erkennen."

[254] Vgl. Berekoven (1999), S. 269–270.

[255] 12 Unternehmensvertreter, 5 Branchen-Experten und 12 Wissenschaftler aus Informatik, Soziologie und Arbeitspsychologie.

ligungsquote. Von etwa 40 um die Teilnahme gebetenen Experten konnten 29 für die erste Phase und 21 für die zweite Phase gewonnen werden.[256]

- In der Auswertung wurden die Antworten der ersten Phase mit vorwiegend offenen Fragen in Antwort-Kategorien zusammengefasst. In der zweiten Phase wurden hauptsächlich geschlossene Fragen gestellt, um eine stärkere Vereinheitlichung der Diskussion nach der Delphi-Methodik zu erreichen. Diesem Ziel diente auch, dass zu den meisten Fragen auf einer vierstufigen Bewertungsskala geantwortet werden sollte. Ein weiterer Fragen-Schwerpunkt der zweiten Phase verfolgte das Ziel, von den Experten empfohlene Maßnahmen kennenzulernen. Zusammen mit der Zusendung der Fragebögen erfolgte eine Rückmeldung der Ergebnisse der ersten Phase und eine Erläuterung der einzelnen Fragenkomplexe vor dem Hintergrund dieser Ergebnisse.

- Die Auswertung erfolgte qualitativ an der BTU und quantitativ beim Projektpartner (IAO). Eine Bewertung der einzelnen Thesen sowie als Zusammenfassung der von den Experten betonten Erkenntnisse wurde nach der ersten Phase als Zwischenergebnis durchgeführt und publiziert[257] sowie an die Teilnehmer zurückgemeldet.

Tiefenfallstudien (AP 8 und 9):

- Die Tiefenfallstudien bauten auf den Thesen aus der Delphi-Expertenbefragung und den Kurzfallstudien auf und untersuchten drei wichtige Bereiche tiefer.[258] Zu den Bereichen Organisation (einschließlich der Thematik Gratifikation), Weiterbildung und Laufbahnentwicklung wurden auch Maßnahmenvorschläge

---

[256] In der ersten Phase des Delphi wurden 26 Fragen gestellt, die folgende Themen abdeckten (vgl. Anhang A 3.3):
- Bereichsübergreifende Fragen zu Montage und Softwareentwicklung
- Situation beim Unternehmenstyp, welchen der Experte kennt
- Unternehmensorganisation
- Arbeitsbedingungen älterer Mitarbeiter
- Entgelt-Regelung
- Weiterbildung
- Innovation

In der zweiten Delphi-Phase wurden 13 Fragen zu folgenden Themen gestellt (vgl. Anhang A 3.3):
- Definition „älterer Mitarbeiter in der Softwareentwicklung"
- „Jugendzentriertheit" des Personal- und Weiterbildungsmanagements
- Laufbahnplanung (Fachkarriere)
- Weiterbildungsmaßnahmen für älter werdende Softwareentwickler
- Maßnahmen gegen negative Stress-Symptome
- Maßnahmen zur Weiterbildung freier Mitarbeiter
- Leistungsmerkmale in den Phasen der Softwareentwicklung

[257] Größtenteils wurden auch die Ergebnisse zu den einzelnen Fragen publiziert, soweit aussagekräftige Antworten erhalten wurden (siehe Berndes 1998, S. 57–63).

[258] Der Fragenkatalog zu den Tiefenfallstudien ist in Anhang A 3.2 zu finden.

aufgestellt und im Unternehmen diskutiert.[259] Die Unternehmen wurden anhand folgender Auswahlkriterien ausgesucht: Unterschiedliche Unternehmensgrößen[260] und derselbe Unternehmenstyp (Software für Geschäftsprozesse mit externen Kunden), wobei die Unternehmensgeschichte durchaus unterschiedliche Züge aufweisen sollte.

- Erarbeitung von detaillierten Fragebögen[261] und Durchführung strukturierter Interviews mit Geschäftsführern, Verantwortlichen des Personal- und Weiterbildungsmanagements, Betriebsräten, Mitarbeitern in unterschiedlicher Position[262] und verschiedenen Alters.[263]
- Durchführung einer Präsentation der Zwischenergebnisse[264] in den Unternehmen im Anschluss an die drei- bis viertägige Fallstudie.

<u>Workshops (AP 11):</u>

- Zur Diskussion und Bewertung der Maßnahmen-Vorschläge mit weiteren Unternehmenspraktikern wurde nach Abschluss der Kurzfallstudien und nach Abschluss der Tiefenfallstudien jeweils ein Workshop durchgeführt.

---

[259] In den drei Teilbereichen Organisation und Incentive, Weiterbildung sowie Laufbahnentwicklung betrug die Anzahl der Fragen jeweils zwischen 20 und 30, wobei eine Differenzierung nach Aufgabe und Alter der interviewten Personen vorgenommen wurde. Die Anzahl der interviewten Personen in den Unternehmen der Tiefenfallstudien lag bei 6 (Kleinunternehmen KU), 8 (mittelgroßes Unternehmen MU) und 10 (Großunternehmen GU).

[260] Die Anzahl der Softwareentwickler in den Unternehmen der Tiefenfallstudien betrug im Großunternehmen über 300, im mittelgroßen Unternehmen um 300 und unter 30 Mitarbeiter im Kleinunternehmen.

[261] Die Aufstellung der Fragebögen erfolgte anhand von Thesen in den drei Untersuchungsbereichen. Ein Teil der Fragen bezog sich auf die Feststellung der vorhandenen Situation älter werdender Entwickler in den Unternehmen. Im anderen Teil wurden Verbesserungsmaßnahmen angesprochen und Erfahrungen dazu abgefragt bzw. Meinungen über die Durchführbarkeit im Unternehmen eruiert.

[262] Die Positionen der Softwareentwickler waren: einfacher Mitarbeiter, Projektleiter mit unterschiedlichen Projektgrößen, Abteilungsleiter.

[263] In jedem Unternehmen waren nach Möglichkeit unter den Interviewten: Neueinsteiger mit Hochschulstudium im Alter von bis zu 30 Jahren, ältere Entwickler von über 35 Jahren. Von uns gewünschte Interviews mit freien Mitarbeitern und mit Fachinformatikern kamen leider nicht zustande, da entweder Termingründe entgegenstanden bzw. in den Unternehmen (noch) keine Fachinformatiker-Ausbildung stattfand. Daher beschränkt sich die Untersuchungsbasis auf Personen mit Hochschulabschluss (nicht nur in Informatik).

[264] An den Präsentationen nahm in zwei Fällen der Personalverantwortliche bzw. der Geschäftsführer teil, in einem Unternehmen zusätzlich mehrere Mitarbeiter. Diskutiert wurde neben den Untersuchungsergebnissen auch, ob bestimmte Maßnahmen zur Verbesserung der Weiterbildung, der Einbeziehung älterer Entwickler und der Laufbahnplanung im Unternehmen durchführbar sind und welche Instrumente dem Personalmanagement gegebenenfalls dazu noch fehlen.

- Am ersten Workshop in Frankfurt/Main (1.Oktober 1998) nahmen 12 Personen teil. Vorgestellt wurden Maßnahmen aus dem Bereich der Laufbahnplanung, der Finanzierung von Weiterbildungsmaßnahmen und der Organisation, wobei mögliche Rollen für älter werdende Entwickler im Vordergrund standen. Ziel war sowohl die Sensibilisierung der Unternehmensvertreter bezüglich spezieller Problematikern (insbesondere der langsam verfallende Qualifikation beim Übergang zu einem anderen Software-Paradigma) als auch die Bewertung der Maßnahmenvorschläge durch die Unternehmenspraktiker.
- Der zweite Workshop (am 18.Mai 1999 in Berlin, 11 Teilnehmer) diente der Beurteilung von teilweise bereits in den Tiefenfallstudien entwickelten bzw. auch schon dort diskutierten Maßnahmen. Dabei lag der Schwerpunkt auf der Vorstellung der Kernproblematiken. Vor allem Strukturierungshilfen für das Personal- und Weiterbildungsmanagement, die den drei Themenbereichen der Tiefenfallstudien entsprachen, wurden diskutiert. Eine zusätzliche Betrachtung bezog sich auf den möglichen Beitrag der Hochschulen zur Fortbildung der Informatiker.

<u>Sensibilisierung, Dokumentation (AP 12):</u>

- Wie schon verschiedentlich erwähnt, dienten die Fallstudien und die Workshops auch der Sensibilisierung von Unternehmensvertretern. Es wurden bestehende bzw. zukünftig mögliche Probleme im Zusammenhang mit älter werdenden Entwicklern angesprochen und Lösungsmöglichkeiten diskutiert.[265]
- Eine Sensibilisierung für die Problematik älter werdender Softwareentwickler erfolgte auch bei den Delphi-Experten[266], insbesondere durch die erfolgte Rückmeldung der Delphi-Ergebnisse an diese.
- Erarbeitung von Zuarbeiten für den „Zukunftsreport", der von der Prognos AG in Zusammenarbeit mit dem IAO und Autoren aus den einzelnen Verbünden zum Thema „Demographischer Wandel" zusammengestellt und bearbeitet wurde (vgl. Pack 1999).

---

[265] Viele der jüngeren Mitarbeiter beschäftigten sich offensichtlich zum ersten Mal mit der Laufbahnproblematik. Abteilungsleiter und Geschäftsführer bzw. Personalverantwortliche reagierten aufgeschlossen und wünschten sich neue Zugänge zu Maßnahmen, die die Weiterbildung fördern können.

[266] Darunter 12 Unternehmensvertreter neben 5 Branchen-Experten und 12 Wissenschaftlern aus Informatik, Soziologie und Arbeitspsychologie.

1.2.c Vorträge und Veröffentlichungen

Vorträge

- S. Berndes: Altern im Betrieb. Neue Sichtweisen und Lösungen im Bereich der Softwareentwicklung (Verbund 4), Verbund-Workshop des Verbund 5 „Innovation, Belegschaftsstrukturen und Altern im Betrieb" (IBAB), Dortmund 12. 2. 1997

- S. Berndes: Innovation bei veränderten Altersstrukturen. Untersuchungsdesign, Forschungskolloquium des Lehrstuhls Technikphilosophie der Brandenburgischen Technischen Universität Cottbus, Cottbus 7.5.1997

- S. Berndes, K. Betzl: Szenarien für die zukünftige Arbeitsgestaltung bei veränderten Erwerbsstrukturen, Gesprächskreis „Arbeit und Soziales": Perspektiven für die alternde Arbeitsgesellschaft – Qualifikation – Innovation, Bonn 28. 5. 1997

- U. Lünstroth: Veränderte Altersstrukturen in der Software-Industrie, Forschungskolloquium des Lehrstuhls Technikphilosophie der BTU Cottbus, Cottbus 29. 10. 1997

- Prof. Dr. K. Kornwachs: Arbeit ohne Ende – Ende ohne Arbeit? Philosophische Anmerkungen zur Arbeit. Katholische Akademie, Berlin, in Cottbus, 22. 4. 1998

- Prof. Dr. K. Kornwachs: Technik der Arbeit – Arbeit der Technik. Ringvorlesung über Philosophie und Technik. Technische Universität Bergakademie Freiberg, 1. 7. 1998

- S. Berndes: Softwareentwicklung am Standort Deutschland – Ergebnisse von INVAS, INVAS-Workshop „Zukunftsfähige Softwareentwicklung am Standort Deutschland" am 1. 10. 1998 in Frankfurt/Main

- U. Weimann: Probleme des Personal- und Weiterbildungsmanagements in Softwareentwicklungshäusern, INVAS-Workshop „Zukunftsfähige Softwareentwicklung am Standort Deutschland" am 1. 10. 1998 in Frankfurt/Main

- U. Lünstroth: Laufbahnentwicklung – Gestaltungsmöglichkeiten durch Weiterbildung und Gratifikation, INVAS-Workshop „Zukunftsfähige Softwareentwicklung am Standort Deutschland" am 1. 10. 1998 in Frankfurt/Main

- Chr. Kolodzik: Organisationsformen der modernen, innovativen Softwareentwicklung, INVAS-Workshop „Zukunftsfähige Softwareentwicklung am Standort Deutschland" am 1. 10. 1998 in Frankfurt/Main

- Prof. Dr. K. Kornwachs: Ist die Hochschulausbildung praxisgerecht? INVAS-Workshop „Zukunftsfähige Softwareentwicklung am Standort Deutschland" am 1. 10. 1998 in Frankfurt/Main

- Prof. Dr. K. Kornwachs, S. Berndes: Berücksichtigung alternsbedingter Leistungsveränderungen in der Softwareproduktion. Workshop der Prognos AG am 3. und 4. 12. 1998: Innovation mit alternden Belegschaften – Herausforderung für das Personalmanagement, Bensheim/Bergstraße

- S. Berndes, U. Lünstroth: A learning aspect: The older software developer. Tagung: Politics & Internet, 2nd International Congress on Electronic Media & Citizenship in Information Society, Espoo, Finnland, 7. 1. 1999
- S. Berndes: Zum Personal- und Weiterbildungsmanagement in Softwareentwicklungshäusern, INVAS-Workshop II „Zukunftsfähige Softwareentwicklung am Standort Deutschland" am 18. 5. 1999 in Berlin
- U. Lünstroth: Laufbahnentwicklung im Berufsfeld Softwareentwicklung, INVAS-Workshop II „Zukunftsfähige Softwareentwicklung am Standort Deutschland" am 18. 5. 1999 in Berlin
- U. Weimann: Innovatives Weiterbildungsmanagement, INVAS-Workshop II „Zukunftsfähige Softwareentwicklung am Standort Deutschland" am 18. 5. 1999 in Berlin
- Chr. Kolodzik: Organisatorische Aspekte einer zukunftsfähigen Softwareentwicklung, INVAS-Workshop II „Zukunftsfähige Softwareentwicklung am Standort Deutschland" am 18. 5. 1999 in Berlin
- Prof. Dr. K. Kornwachs: Neue Aufgaben für Hochschulen und Intermediäre? INVAS-Workshop II „Zukunftsfähige Softwareentwicklung am Standort Deutschland" am 18. 5. 1999 in Berlin
- Prof. Dr. K. Kornwachs: Softwareentwicklung – nur etwas für junge Leute? Fachkongress „Altern und Arbeit" am 30. 11. 1999 in Berlin

Veröffentlichungen

- K. Kornwachs: Um wirklich Informatiker zu sein, genügt es nicht, Informatiker zu sein. In: Informatik-Spektrum 20, 1997, S. 79–89
- S. Berndes, U. Lünstroth: INVAS (Innovation bei veränderten Altersstrukturen) – Fallstudien aus der Softwareentwicklung. Forum der Forschung, Wissenschaftsmagazin der BTU Cottbus, Cottbus,1998, Heft 6, S. 26–33
- S. Berndes, U. Lünstroth: Dienstleistungsbereich Softwareentwicklung. Karrieren, Faktoren, Biographien. Zwischenbereicht INVAS, Teilprojekt Software. PT-1/98, Lehrstuhl Technikphilosophie der BTU Cottbus 1998.
- S. Berndes, U. Lünstroth (Hrsg.): Erfahrung als Voraussetzung für zukunftsfähige Softwareentwicklung am Standort Deutschland – Berichte über und Perspektiven für ein Arbeitsleben im Berufsfeld Softwareentwicklung. PT-2/98, Lehrstuhl Technikphilosophie der BTU Cottbus 1999
- S. Berndes, U. Lünstroth: Technology, Organisation and Qualifications in Software Development. In E. Coakes, R. Lloyd-Jones, D. Willis (Hrsg.): The New Sociotech, Computer Supported Co-operative Work (CSCW), London 2000

Teilnahme an weiteren Tagungen (ohne Vortrag)

- Poster-Präsentation des INVAS-Teilprojektes Softwareentwicklung im Rahmen der Lausitzer Wissenschaftstage an der BTU Cottbus vom 2. bis 4. Juni 1998.
- Teilnahme von S. Berndes und U. Lünstroth an der Fachtagung „Ältere Angestellte – Arbeitsgestaltung, berufliche Perspektiven und soziale Sicherung" des WSI und des DGB-Angestelltensekretariats in der Hanns-Böckler-Stiftung am 28.10.1998 in Frankfurt/Main. S. Berndes erhielt die Gelegenheit zu einer Kurzvorstellung des Projektes.
- Teilnahme von U. Lünstroth am Fachkongress „Altern und Arbeit" des BMBF am 29. und 30.11.1999 in Berlin.

A 1.2.d Das Projektteam

Wissenschaftliche Leitung	Prof. Dr. K. Kornwachs
Sekretariat	Frau M. Müller
	Frau D. Hübner
Projektleitung	Herr Dipl.-Ing. S. Berndes
	Herr Dipl. Phys. U. Lünstroth
Organisation (teilweise):	Frau Dr. M. Hammer, M.A.
Studentische Mitarbeiter:	Herr S. Lutz (von November 1996 bis Oktober 1997)
	Herr A. Peine (von Dezember 1996 bis Juni 1997)
	Frau A. Geritz (von Februar 1997 bis Oktober 1998)
	Herr Ch. Kolodzik (von August 1997 bis Juli 1999)
	Herr U. Weimann (von August 1997 bis August 1999)
	Herr P. Schepert (von November 1998 bis Dez. 1999)

A 2 Fallstudien-Dokumentation

Im Folgenden geben wir protokollarisch zusammengefasst die Ergebnisse der Fallstudien wieder, die wir nach fünf Themenbereichen (A 2.1 – A 2.5) ordnen, welche unterschiedliche Probleme in Software-Unternehmen beinhalten.

A 2.1 Die Kurzfallstudien

A 2.1.1 Organisatorische Rahmenbedingungen

„Ältere Entwickler verschwinden in Nischen"

Unternehmens-Typ:

- Software für Geschäftsprozesse (Individuell für Kunden erstellte oder angepasste Software für Verwaltung/Buchhaltung, Management, etc.)
  – für unternehmensinterne Kunden (z.B. in großen Banken u. Versicherungen)

Beim Unternehmen handelt es sich um ein Großunternehmen der Banken- und Versicherungsbranche. Es existieren mehrere Softwareabteilungen, die für die Geschäftsabteilungen Software produzieren. Der auch ohne Rechenzentrumpersonal über hundert Mitarbeiter umfassende EDV-Bereich dieses Unternehmens blickt auf viele Jahrzehnte Entwicklungserfahrung zurück, da frühzeitig die jeweils neuesten technischen Datenverarbeitungsanlagen verwendet wurden.

In der Branche besteht die Notwendigkeit, ältere Datenbestände in neuen Anwendungen weiterbenutzen zu können. Deshalb werden Mitarbeiter gebraucht, die sich mit den älteren Systemen gut auskennen. Unter dieser Prämisse hat sich eine spezifische unternehmensorganisatorische Strukturierung ergeben. Die älteren Softwareentwickler, häufig Umschüler (der 70er Jahre) aus dem kaufmännischen Bereich, waren an der Entwicklung der auf der Programmiersprache Cobol aufbauenden Anwendungen beteiligt. Man lässt sie in den Teams arbeiten, die spezialisiert sind auf die Weiterentwicklung der älteren Programme. Dort führen sie deren Anpassung an veränderte Geschäftsprozesse durch und stellen die fortgesetzte Nutzung der vor vielen Jahren angelegten Datenbestände und älterer Anwendungen sicher. Aufgrund dieses Einsatzes hat sich eine altersmäßige Segmentierung der Arbeitsgruppen herausgebildet.

Die Teams, welche die älteren Programme pflegen, bestehen vorwiegend aus älteren Mitarbeitern, da in diese kaum jüngere Mitarbeiter hineingenommen werden. Die jüngeren Entwickler sind an einer Mitarbeit in diesen Teams von sich aus auch wenig interessiert, da die Arbeitsaufgaben wegen der Benutzung älterer Sprachen und Tools als nicht herausfordernd und attraktiv genug gelten. In der Folge kann es zu einer „innerbetrieblichen Isolation" der in diesen Teams arbeitenden älteren Mitarbeiter kommen. Sie besitzen kaum informelle Kontakte zu anderen Teams und das Interesse an der Weiterqualifikation geht überwiegend verloren. Durch die starke Spezialisierung und die langjährige Tätigkeit ohne Wechsel der Arbeitsaufgabe sind diese Entwickler wenig dahingehend trainiert und motiviert, Beiträge zu Anwendungen zu geben, die neue Konzepte und Tools benötigen. Bei betrieblichen Umstellungen, die Fachwissen und Engagement erfordern, welches außerhalb der engen Spezialisierung dieser älteren Entwickler liegt, besteht die Tendenz, solche Innovationen passiv oder aktiv zu behindern.

Die geschilderte „Strategie" des Mitarbeiter-Einsatzes setzt sich heute fort, so dass auch ein entsprechender „Verschleiß" neu eingestellter Mitarbeiter abzusehen ist. Da bisher die Gratifikationen in diesem Unternehmen überdurchschnittlich sind, findet man trotzdem kaum Unternehmenswechsler. Das Know-how dieser Spezialisten bleibt dem Unternehmen erhalten, aber die Flexibilität gegenüber neuen Arbeitsaufgaben und die Lerngewohntheit sinkt in der Regel stark ab. Das Engagement scheint sich mit zunehmender Betriebszugehörigkeit von der Zentrierung auf die berufliche Tätigkeit zu entfernen.

„Ältere Entwickler im neuen Team wieder am Ball"

Unternehmens-Typ:

- Software für technische Produkte (z.B. Werkzeugmaschinen, Medizintechnik, in der Luftfahrt oder bei der Kraftwerkssteuerung)

Untersucht wurde der Entwicklungsbereich eines Großunternehmens der Elektronikbranche mit etwa 100 Softwareentwicklern in diesem Bereich, in dem Software für komplexe messtechnische Systeme entwickelt wird. Es besteht eine langjährige Erfahrung mit Produktion und Betrieb dieser Anlagen, und der Bedeutung dieser Erfahrung entsprechend finden sich relativ viele ältere Entwickler. Der Anteil der über 40-Jährigen liegt bei einem Drittel (Altersdurchschnitt: 35 Jahre). Der Innovationszyklus ist durch regelmäßige Markteinführung neuer Varianten und Produktlinien bestimmt. Entlang dieser Linie des Produktwechsels machen die Softwareentwickler einen berufsbiographischen Wandel mit. Er ist durch die ständige Weiterentwicklung von Kenntnissen und Fähigkeiten bezüglich des neuen Produkts charakterisiert. Die Entwickler haben meist eine Hochschulausbildung mit Abschluss in einer Ingenieurdisziplin, der Physik oder Informatik hinter sich. In den letzten Jahren hat es zusätzlich einen Trend der Beschäftigung von geringer Qualifizierten, aber innerhalb des Hauses in einem einjährigen Ausbildungsgang intensiv umgeschulten Entwicklern gegeben. Diese führen nicht nur Programmiertätigkeiten aus, sondern decken durchaus einen ähnlichen Tätigkeitsbereich ab wie die Hochschulabgänger.

Im Laufe ihrer beruflichen Entwicklung werden die in der Softwareentwicklung beschäftigen Mitarbeiter nach abgeschlossenen Projekten in der Regel in die sich neu bildende Arbeitsgruppe für die Entwicklung des neuen Produkts übernommen und können sich dort bedarfs- und tätigkeitsnah weiterqualifizieren. Aus ihrem bisherigen Berufsleben werden dementsprechend weniger einzelne Spezialkenntnisse als vielmehr die allgemeine Erfahrung mit Projektarbeit eingebracht. Die darin erworbene produktübergreifende Problemlösungskompetenz zeichnet die älteren Softwareentwickler vor den jüngeren Mitarbeitern aus. Diese Erfahrung, zusammen mit ständig erfolgender Erneuerung des Fachwissens, bewirkt, dass die älteren Softwareentwickler eine begründete Bewertung technischer Neuerungen vornehmen können. Wird dieses in den Teams als Bereicherung empfunden und gewürdigt, so wird wiederum eine positive Motivation gegenüber der Aneignung von Fachwissen stabilisiert. Der bestehende Weiterqualifikations-Druck hat nur dann negative Konsequenzen für die älter werdenden Softwareentwickler, wenn die Weiterqualifikation gänzlich dem Privatinteresse überlassen und in der Freizeit ausgeführt werden soll oder die Lerninhalte mit der bisherigen Praxiserfahrung der älteren Mitarbeiter nicht verknüpft werden können.

A 2.1.2 Organisatorischer Wandel

„Fehlspezialisierung bei fehlendem Kundenkontakt"

Unternehmens-Typ:

- Software für Geschäftsprozesse (Individuell für Kunden erstellte oder angepasste Software für Verwaltung/Buchhaltung, Management, etc.)

Das Tochterunternehmen von mehreren IT-Großunternehmen führte umfangreiche Umstrukturierungen zur Verlagerung des Geschäftsfeldes durch. Statt des engeren Bereichs der Softwareentwicklung, werden nun hauptsächlich Beratungstätigkeiten zu betriebswirtschaftlicher Software angeboten. Der Anteil der Entwicklungstätigkeiten liegt nur noch bei 6 %. Ein Großteil der Beschäftigten (Altersdurchschnitt: 42 Jahre) konnte zwar gehalten werden, vielen Entwicklern fiel die Umschulung aber schwer, was sowohl mentalen Problemen bei den Beschäftigten, dem Wandel des Tätigkeitsfeldes zu folgen, als auch Mängeln bei der Durchführung der Umschulungsmaßnahmen geschuldet ist.

Diesen Problemen der Umschulung ist es hauptsächlich auch zuzuschreiben, dass das Image älterer Mitarbeiter im Unternehmen gelitten hat. So konnte das Bild entstehen, dass ältere Softwareentwickler vorwiegend an alten Methoden festhalten, das Risiko scheuen würden, in andere Tätigkeiten zu wechseln, und die Aneignung betriebswirtschaftlichen Wissens ihnen schwer fallen würde. Ein Teil der Ursachen für dieses negative Image liegt auch in der vor der Umstrukturierung gegebenen starken Spezialisierung der älteren Entwickler. Diese führte dazu, dass die Tendenz vorherrschte, sich Breitenwissen über das Feld der Softwareprodukte nicht anzueignen.

Die jetzige Geschäftsführung, die sich eine Unternehmenskultur des lebenslangen Lernens auf die Fahnen geschrieben hat, ist sich durchaus mancher Ursachen für die Lernschwächen der vom Vorgängerunternehmen übernommenen, vielfach älteren Entwickler bewusst. Sie sieht, dass lange andauernde Routinetätigkeiten in eng abgegrenzten spezialisierten „Nischen" ganz wesentlich zur Verringerung kognitiver Flexibilität und der Motivation zur Weiterqualifikation beiträgt. Genau dieses aber geschah mit den Entwicklern, die unter der vormaligen Unternehmensführung in den vergangenen Jahrzehnten nur in eine starke Spezialisierung hinein getrieben wurde, eine zunehmend zur Routine verkümmernde Arbeit. Das geringe Vorkommen von herausfordernder Tätigkeit und deren Wechsel kann als Ursache für die negative Einstellung der älteren Entwickler gegenüber jeglichem Tätigkeitswandel angesehen werden. Denn sie verstärkt und gewöhnt an Tendenzen fehlenden Engagements und der Nichtannahme von Herausforderungen.

Zu diesen strukturellen Problemen kommt hinzu, dass die Umschulungsmaßnahme auf Beratertätigkeit als einmaliger, großer Kraftakt unter Existenzdruck durchgeführt wurde. Aus der Sichtweise der Erwachsenenpädagogik keine sehr erfolgversprechende Maßnahme zur Einbeziehung älter werdender Mitarbeiter, wenn der neu zu lernende Tätigkeitsbereich so wenig Anknüpfungspunkte an die bisherige Aufgabe bietet und es abzusehen ist, dass eine Konkurrenzsituation zwischen neueingestellten und älteren, umgeschulten Mitarbeitern durch Ausübung derselben Tätigkeit nach der Umschulung eintritt. Ursächlich für diese Umstände ist aber nicht ein fehlendes Verständnis des älter werdenden Softwareentwicklers durch die Unternehmensführung. Primär sind sie der Notwenigkeit der schnellen Umstrukturierung des Unternehmens geschuldet, durch die allein gewährleistet war, dass das Unternehmen im Geschäftsfeld Beratung konkurrenzfähig wurde.

„Nicht alle Alten haben Angst"

Unternehmens-Typ:

- Software für Geschäftsprozesse (Individuell für Kunden erstellte oder angepasste Software für Verwaltung/Buchhaltung, Management, etc.)
  - für unternehmensinterne Kunden (z.B. in großen Banken u. Versicherungen)

Das Großunternehmen der Banken- und Versicherungsbranche beschäftigt etwa 100 Softwareentwickler, wobei die Pioniere der 70er Jahre durch ihre Systemkenntnis und auch durch Führungspositionen tonangebend sind. Der Druck durch steigende Kapitalkosten führte auch für den EDV-Bereich bereits vor 10 Jahren zu Überlegungen der Kostensenkung durch Restrukturierung. Nach einem fehlgeschlagenen Versuch des Outsourcing der EDV wurde wenige Jahre später eine komplette Umstrukturierung der Softwarearchitektur anvisiert. Die parallel dazu durchgeführte organisatorische Umgestaltung hin zu einer flacheren Hierarchie führte bei einem Teil des EDV-Managements zu Positionsängsten. Ein anderer Teil der im Durchschnitt über 50-Jährigen Führungspersonen betrachtete die Umgestaltung aber als Herausforderung für das Gesamtunternehmen. Durch die Tendenzen der Innovationsbehinderung verschärfte sich die zuvor schon problematische Situation der gegenseitigen Abschottung der EDV-Abteilungen. Diese reichte so weit, dass wichtige Informationen nicht rechtzeitig weitergegeben wurden. Die technisch-organisatorische Innovation wurde somit zwar zum Teil behindert, konnte sich letztlich aber in weiten Bereichen unter Hinnahme von ein paar Kompromissen durchsetzen. Das hatte die erwarteten positiven Folgen für das Daten-handling, bei dem eine Effizienzsteigerung zu verzeichnen war.

„Umstellung auf Kompetenz in Kundennähe"

Unternehmens-Typ:

- Software für Geschäftsprozesse (Individuell für Kunden erstellte oder ange-passte Software für Verwaltung/Buchhaltung, Management etc.)

Bei diesem Unternehmen handelt es sich um die Tochter eines Großunternehmens, das eine Ausweitung der Softwareproduktion für externe Kunden anstrebt. Ver-bunden damit ist eine Veränderung der Organisationsstruktur sowie die personelle Expansion bei bereits mehr als 100 in der Softwareentwicklung fest angestellten (Altersdurchschnitt: 35 Jahre) und fast ebenso vielen freien Mitarbeitern, die eben-falls eine hohe Unternehmensbindung besitzen. Für die Umsetzung der betriebs-wirtschaftlichen und logistischen Abläufe des Kunden in Software ist langjährige Erfahrung notwendig. Deshalb wird die Vergabe der wesentlichen Aufgaben, wel-che die Kenntnis von Geschäftsprozessen bei der Erstellung der Software beinhal-ten, in weniger lohnintensive Länder ausgeschlossen. Für diese Aufgaben, die eine hohe Qualifizierung erfordern, wird auch bei Verlagerung reiner Codieraufgaben ins Ausland eine Kernbelegschaft in Deutschland bestehen bleiben und ausgebaut werden. Gerade bezüglich der neu zu gewinnenden Kunden spiele das Unterneh-mensimage, das auf den Erfahrungen der Mitarbeiter beruht, eine große Rolle und stelle einen Vorteil gegenüber den weniger renommierten Softwarehäusern dar.

Bezüglich der älteren Mitarbeiter zeigt sich das typische Bild eines Unterneh-mens im Bereich der Erstellung von Software für Geschäftsprozesse, das einen or-ganisatorischen Wandel durchführt. Die Problematik der Einbeziehung älterer Entwickler in diesen Prozess wird noch verschärft durch den unternehmensge-schichtlich bedingten Aspekt der Prägung durch die hierarchischen Strukturen der jetzigen Muttergesellschaft, in der nach Angaben der Personalleitung ein An-spruchsdenken und ein Unwille aktiv am Umlernen teilzunehmen, nicht unüblich gewesen sein soll.

Im Umgestaltungsprozess, der eine größere Kundenorientierung zum Ziel hat, überlagern sich diese allgemeinen Innovationshindernisse mit spezifischeren Prob-lemen im Bereich der Softwareentwicklung. Die Umorganisation verursachte so-wohl Positionsängste bei älteren Mitarbeitern in Führungskraft-Positionen als auch Ängste bei lernungewohnten älteren Entwicklern bezüglich der befürchteten Not-wendigkeit, inhaltlich umzulernen. Die Tendenz, an altbekannten Systemen und Softwarelösungen festzuhalten, war ausgeprägt, was nicht allein aus der Tatsache einer langjährigen, in engen Bahnen spezialisiert ablaufenden Arbeit in diesen Be-reichen zu erklären ist. Auch eine aus berufsbiographischen Gründen nicht vor-handene Fähigkeit der abstrakten Kenntnis von Konzepten der Informatik scheint dazu beizutragen. Das liegt an einer für die 70er Jahre typischen Entwicklung, die daraus resultierte, dass noch eine zu geringe Zahl an Informatikern auf dem Arbeitsmarkt zur Verfügung stand. Damals wurden viele Umschüler aus den Handwerks- und kaufmännischen Berufen sowie aus dem Bereich der Pädagogik im EDV-Bereich eingestellt. Dieses war möglich, da der Softwarebereich noch nicht die heutige Komplexität erreicht hatte und es auch sinnvoll erschien, betriebswirtschaftlich ausgebildete Personen die Software erstellen zu lassen, da sie sich mit den Geschäftsprozessen auskannten.

In der Beziehung zu jüngeren Kollegen ist das „Senioritätsprinzip" (die generelle Zunahme der Entgelthöhe mit dem kalendarischen Alter bzw. der Betriebszugehörigkeit) nach den Aussagen mehrerer Befragter eine wesentliche Ursache für die Verschlechterung der Arbeitsatmosphäre. Insgesamt entstand im Unternehmen das Bild des älteren Mitarbeiters, der generell eine abnehmende Karriereorientierung aufweise und ab etwa dem 50. Lebensjahr auch eine abfallende Leistungsfähigkeit. Dieses Bild beruht auf Erfahrungen und Vorurteilen, die u.a. aufgrund der bestehenden Unternehmensstrukturen entstanden.

„Der Softwarekunde ist vor Ort"

Unternehmens-Typ:

- Software für Geschäftsprozesse (Individuell für Kunden erstellte oder angepasste Software für Verwaltung/Buchhaltung, Management, etc.)

Das mittelständische Unternehmen, das in Competence Center aufgegliedert ist, beschäftigt über 250 festangestellte und ca. 80 freie Mitarbeiter und bietet kundenindividuelle Softwareentwicklung im Bereich der Verwaltung, des Datenmanagements sowie SAP-Einführung an. Man kann auf eine langjährige, seit den 70er Jahren oft mit Umstrukturierungen und organisatorischen Veränderungen verbundene Unternehmensgeschichte zurückblicken. Dadurch liegen sowohl Erfahrungen mit älteren Mitarbeitern als auch unterschiedlichen Qualifikationen im Bereich der Softwareentwicklung vor. Für die Zukunft wird keine Bedrohung durch die Softwareentwicklung im Ausland gesehen, da eine enge Beziehung zum Kunden eine Betreuung vor Ort erfordert.

Durch die Umstrukturierungsmaßnahmen und bei technologischen Sprüngen waren öfters Weiterqualifikationen und Umschulungen erforderlich. Dabei ist generell dann kein unüberwindliches Problem aufgetreten, wenn die Mitarbeiter im Lauf von Ausbildung und Berufsausübung ein genügend großes bzw. breites Hintergrundwissen erhalten hatten und keine Lernentwöhnung stattfand. Das war über breite Bereiche verschiedenster Qualifikationen bei Hochschulabgängern aus der Soziologie, der Mathematik und Informatik, dem Ingenieur-, natur- und wirtschaftswissenschaftlichen Bereich sowie bei Lehrern der Fall. Unüberwindliche Schwierigkeiten bot dagegen eine mehrmals versuchte Umschulung von gering qualifizierten Frauen (Altersdurchschnitt: 44 Jahre), die in den 70er Jahren Massendatenverarbeitung mittels Lochkarten betrieben.

Als Beispiele für Anpassungsmaßnahmen wurden insbesondere die organisatorischen Umgestaltungen bei der Fusion der vier Unternehmen zu jetzt nur noch

einem Unternehmen seit Mitte der 90er Jahre sowie damit verbunden die Einführung flacher Hierarchien, eines differenzierten Gratifikationssystems und die strategische Neuausrichtung vom SW-Produkt- zum Projekthaus erwähnt. Die Re-
organisation des Geschäftsbereichs, der in den 70er Jahren ein PPS-Systems
entwickelt hatte, und seine Ausrichtung auf eine verstärkte Beratungstätigkeit in
den 90er Jahren sorgten auch im technologischen Bereich für zum Teil sprunghaf-
te Änderungen. Da die qualifizierten Mitarbeiter in der Softwareentwicklung unabhängig vom Alter oder der Dauer ihrer Betriebszugehörigkeit jeweils die Entwicklung entlang veränderter Anforderungen der Kunden begleitet, getragen und
z.T. auch eingefordert haben, hat es bezüglich deren Weiterbeschäftigung und
Beitrag für die Innovationsfähigkeit keine Probleme gegeben.

A 2.1.3 Das Bild des älteren Softwareentwicklers im Unternehmen

„Vorurteile vom älter werdenden Softwareentwickler"

Unternehmens-Typ:

● Software für Geschäftsprozesse (Individuell für Kunden erstellte oder angepasste Software für Verwaltung/Buchhaltung, Management, etc.)

In diesem Unternehmen konnten zwei Arbeitsbereiche, mit jeweils mehreren Dutzend Mitarbeitern, näher betrachtet werden. Anhand der durchgeführten Interviews kann das Bild des älteren Entwicklers bei Vorgesetzten und jüngeren Mitarbeitern dargestellt werden.

Aufgrund der bisher favorisierten, „jugendzentrierten" Personalstrategien ver-
wundert es nicht, dass im Arbeitsbereich A, der sich mit neueren Basiskonzepten
(objektorientierte Sprachen, Client-Server-Architekturen sowie Internet-Anwen-
dungen) beschäftigt, die meisten Mitarbeiter 2–5 Jahre Betriebszugehörigkeit angeben, während im Bereich B (IBM mainframe und PC, sowie eine breite Palette
an Programmiersprachen, aber mit Schwerpunkt auf Cobol) eine durchschnittliche
Betriebszugehörigkeit von 10–15 Jahren besteht. Es ist davon auszugehen, dass
ein Großteil dieser Zeit die ausgeführte Tätigkeit fachlich eng spezialisiert war.
Dementsprechend fällt auch die Einschätzung der Weiterqualifikationsmöglichkeit
durch den Bereichsleiter negativ aus. Es wird von ihm als beinahe unmöglich angesehen, für die auf Cobol festgelegten Mitarbeiter mittelfristig eine Perspektive
zu entwickeln.

Für die Entstehung und Stabilisierung weitgehend nicht altersgemischter Bereiche ist nicht allein die organisatorische „Isolierung" verantwortlich. Ursache von
„altersspezifischen" Kommunikationsproblemen schon innerhalb von Bereich B
sind unterschiedliche „Programmierkulturen". Dieses Problem wird ganz deutlich
in den Interviews mit den beiden Bereichsleitern, in denen das Verhältnis beider
Bereiche gegeneinander durch den Begriff „ritualisierte Abneigung" beschrieben
wurde. Die jüngeren Mitglieder des Arbeitsbereiches A, Hochschulabgänger mit

wenigen Jahren Berufserfahrung, stellen sich durch Abwertung des Bereichs B und der anderen Bereiche des Unternehmens in die Rolle einer Innovationselite. Während sie die neuesten Anwendungen vorantrieben, wären die anderen bei Cobol und bei alten Systemen „stehen geblieben". Teilweise wird ihre Karriereorientierung auch als für die eigene Teamatmosphäre belastend empfunden. Die jüngeren Mitarbeiter möchten in vielen Projekten arbeiten und sich in die interessanten Aufgaben einbringen. Dadurch wird die Koordination der Arbeit erschwert.

Der für Bereich A zuständige Bereichsleiter hat die Problematik dieser Arbeitssituation erkannt und teilt auch die Einschätzung der Wichtigkeit von Überblicks-Know-how, das sowohl die Kenntnis der Geschäftsprozesse beinhaltet als auch die Fähigkeit, neue Technik auf ihre Einsetzbarkeit in der Praxis zu bewerten. Gerade weil die Perspektive für den Softwarebereich in Deutschland eher in Richtung Beratung denn Programmierung gehe, würde dieses Know-how wesentlicher. Diese Einschätzung über die Wichtigkeit von Erfahrung deckt sich im wesentlichen mit derjenigen des Bereichsleiters für Bereich B, wobei jedoch hier klarer gesehen wird, dass zur größeren Bedeutung des Kundenkontaktes auch steigende Anforderungen bezüglich der Kommunikationsfähigkeit, der Kritikfähigkeit und der Systemanalyse notwendig werden, die bei älteren Mitarbeitern besser ausgeprägt sein können.

Als Beispiel einer erfolgreichen Weiterqualifikationsmaßnahme wird die Berufsbiographie eines Mitarbeiters angeführt, der mit ca. 55 Jahren unter Weiternutzung seiner Programmiersprachenkenntnisse auf eine Tätigkeit in einer anderen Betriebssystem-Umgebung überging. Als Faktoren, die den Erfolg garantierten, wurden neben der Initiative des Mitarbeiters die Anleitung und fortgesetzte Hilfestellung bezüglich des Betriebssystems sowie baldige Erfolgserlebnisse angegeben.

„System-Generalisten erwünscht"

Unternehmens-Typ:

- Software für technische Produkte (z.B. Werkzeugmaschinen, Medizintechnik, in der Luftfahrt oder bei der Kraftwerkssteuerung)

Das Unternehmen ist durch die Entwicklung des Hardwaresystems „Orbit" groß geworden, das weiterhin die Grundlage des Geschäftserfolges bildet. Jedoch werden seit Jahren weniger Ingenieure im HW-Bereich benötigt, und während hier ein personeller Abbau stattfindet, wird der Softwarebereich (inklusive hardwarenaher SW) auch in den kommenden Jahren noch stark wachsen. Bei einer durchschnittlichen Betriebszugehörigkeit von 10 Jahren bei den Ingenieuren liegt der Altersdurchschnitt deshalb im HW-Breich mit 41 Jahren deutlich über demjenigen im Softwarebereich (35 Jahre).

Aufgrund der technologischen Prägung durch die „Orbit"-Hardware besteht eine gewisse Inflexibilität des Unternehmens. Der Stolz einiger der an der Entwicklung beteiligten Ingenieure wirkt sich dahingehend aus, dass Weiterqualifikationsmaßnahmen, die der Umschulung für Tätigkeiten im Softwarebereich dienen, auf geringe Akzeptanz treffen.

Das Unternehmen befindet sich damit in einer zwiespältigen Situation. Einerseits bildet „Orbit" auch weiterhin die Grundlage des geschäftlichen Erfolgs und es werden Leute gebraucht, die einen Überblick über das Hardwaresystem besitzen. Dazu werden dann auch jüngere Leute in einer „Generalisten"-Funktion ausgebildet, um durch das damit erlangte Überblickswissen über die komplexen Anwendungsmöglichkeiten neue Kundenwünsche erfüllen zu können. Andererseits zeigen sich Hemmnisse auf dem Weg der Umstrukturierung vom Hardware- zum Softwareschwerpunkt durch diejenigen, die mit dem traditionellen Bereich durch ihre Pionier-Tätigkeit in den 70er und 80er Jahren emotional stark verwachsen sind.

Langfristig ist ein ähnlicher Trend für den Softwarebereich ebenfalls abzusehen. Schon heute zeigt sich ein starker Trend zu immer größerer Standardisierung von Basisfunktionen. Als Auswirkung für die Tätigkeit des Softwareentwicklers lässt sich ein Rückgang der Programmiertätigkeit verzeichnen, deren Anteil inzwischen unter die 15-%-Marke gerutscht ist. Der zur Zeit stattfindende Boom beim Softwarepersonal kann demnach nicht über die kritische Frage hinwegtäuschen, was geschehen soll, wenn auch hier einmal im Personalbereich kein weiteres Wachstum stattfindet. Die neuen Mitarbeiter müssen durch Weiterqualifizierung in ihren Einsatzfeldern und der Laufbahnentwicklung flexibel bleiben.

Aufgrund der derzeitigen Arbeitsmarktsituation bei Informatikern und aus finanziellen Überlegungen heraus wird nicht ausgeschlossen, als „Umsetzer in Programmcode", d.h. als reine Programmierer, auch Mitarbeiter ohne Hochschulstudium einzustellen. Damit ergibt sich die kritische Frage, wie auch für diese Beschäftigtengruppe, die keine Hochschul-Qualifikation besitzt, eine Laufbahnplanung in der Softwareentwicklung gelingen soll. Denn wegen des geringeren Ausbildungstandes und der schnell zur Routine werdenden Tätigkeit ist aber nach bisherigen Erfahrungen im Bereich der Softwareproduktion für Geschäftsprozesse bei diesen Entwicklern in der Regel zu erwarten, dass sie in späteren Umstrukturierungsphasen eher inflexibler sind als Hochschulabgänger, die ein generelles Konzept von Informatik und Abstraktionsfähigkeit besitzen sowie Teamarbeit und „das Lernen gelernt" haben.

A 2.1.4 Rahmenbedingungen für Softwareentwicklung am Standort Deutschland: Kundenorientierung der Unternehmen und Laufbahnplanung der Entwickler

„Zukunftsmarkt Softwareentwicklung?"

Unternehmens-Typ:

- Software für technische Produkte (z.B. Werkzeugmaschinen, Medizintechnik, in der Luftfahrt oder bei der Kraftwerkssteuerung)

Das Unternehmen ist bereits langjährig und weltweit im Bereich Herstellung und Verkauf von Hardware-Strukturen tätig und verstärkt seit einigen Jahren den Softwarebereich. Dabei ergänzen sich die Schwerpunktsetzung innerhalb des Unternehmens einerseits und das Outsourcing andererseits. Der teure Softwareentwicklungs-Standort Deutschland erhält durch deutlich kostengünstigere Standorte (z.B. China, Indien und Tschechien) zunehmend Konkurrenz, so dass bereits heute einige Aufgaben in diese Länder ausgelagert werden. Hierbei handelt es sich im Wesentlichen um Maintenance-Tätigkeiten. Der Kostenfaktor wird in der Zukunft wesentlich über den Ausbau von Softwareentwicklungskapazitäten in Deutschland mitentscheiden sein.

Der betrachtete Bereich betreibt die Entwicklung von Software für das Management von verteilten IT-Infrastrukturen, insbesondere für die Umstellung von Mainframe- auf Client-Server-Architekturen, und beschäftigt bei wachsendem Personalzuwachs bereits über einhundert Entwickler.

Entsprechend einer offenen Unternehmenskultur ist auch der Managementstil wenig hierarchisch bestimmt. In einem jährlich stattfindenden Abstimmungsgespräch mit dem Vorgesetzten werden Verantwortlichkeiten vereinbart und nicht bestimmte Arbeitsaufgaben.

Bedingt durch den noch nicht sehr langjährigen Fokus auf den Bereich von Softwareentwicklung, ist das Durchschnittsalter derzeit ca. 30 Jahre. Es gibt nur wenige ältere Mitarbeiter in diesem Bereich, da in dem Unternehmen konsequente Mitarbeiterentwicklung in andere Verantwortlichkeiten stattfindet. Die geringen Erfahrungen mit älteren Mitarbeitern in diesem Umfeld kann daher nur anhand von Erwartungen und Anforderungen dokumentiert werden. Bedingt durch den schnellen Wandel in der Informationstechnologie bestehen hohe Anforderungen an alle Mitarbeiter hinsichtlich Flexibilität, ständigem „lebenslangem Lernen" und Produktivität. Inwiefern diese Belastung auf ältere Mitarbeiter Auswirkungen hat, kann nicht konkret belegt werden.

Dementsprechend sind derzeit Maßnahmen für eventuell notwendig werdende, angepasste Arbeitsgestaltung und Prävention von negativen Stressauswirkungen bei älteren Softwareentwicklern noch nicht in der konkreten Planung. Grundsätzlich ist es Aufgabe des direkten Vorgesetzten, darauf zu achten und Lösungen gemeinsam mit dem Mitarbeiter zu finden. Als Kernkriterium für eine erfolgreiche langjährige Tätigkeit als Softwareentwickler wird die Motivation benannt, ständig Neues zu lernen und am technisch-organisatorischen Wandel engagiert und aktiv teilzunehmen.

Generell wird seitens des Unternehmens die Notwendigkeit einer Änderung der Ausrichtung der Qualifikation bei Softwareentwicklern gesehen. Die Interessen der Informatik-Hochschulabgänger seien vielfach zu technikzentriert, gebraucht würden aber zunehmend Managementfähigkeiten, Talent zur Organisation von eigener Arbeit und Teamarbeit sowie der Spaß am Kundenkontakt. Die heutigen Hochschulabgänger der Informatik seien schon offener und flexibler als ihre Vorgänger, aber diese Entwicklung müsse noch verstärkt werden, auch eine Aufgabe für die Hochschulen.

„Marktführerschaft durch Mitarbeiterqualifizierung"

Unternehmens-Typ:

- Software für technische Produkte (z.B. Werkzeugmaschinen, Medizintechnik, in der Luftfahrt oder bei der Kraftwerkssteuerung)

Das Unternehmen arbeitet in einem Bereich der Mess-, Regel- und Automatisierungstechnik, in dem ein weltweiter Konzentrations-Wettbewerb herrscht. Softwareentwickler (überwiegend Informatiker) stellen die Hälfte der etwa 100 Mitarbeiter in dem als Software-Factory organisierten Unternehmensbereich. Das Durchschnittsalter wird mit Mitte/Ende Dreißig angegeben. Der Druck auf die Preise wird nach Einschätzung des Managements, dessen Ziel die Erringung der Marktführerschaft ist, zu einer Verkürzung der Entwicklungszeiten von drei Jahren auf ½ Jahr führen. Trotz fortschreitender Standardisierung wird der Geschäftserfolg aber weiterhin davon abhängen, die adäquaten Einzellösungen für den jeweiligen Kunden bereitstellen zu können. Dieser erwartet nicht einzelne Produkte sondern Gesamtlösungen, die preisweit sind. Als entscheidendes Element dabei wird im Unternehmen die Software angesehen. Es gilt, den Kundenwünschen inhaltlich und preislich zu entsprechen, wobei den Kunden die eingesetzte Technik wenig interessiert. Somit ist für das Unternehmen die andauernde Verfolgung technologischer Trends nur eine der Notwendigkeiten. Denn ebenso wichtig ist es, ein Verständnis für die Geschäftsprozesse des Kunden zu gewinnen, eine Aufgabe, die vom Projektleiter geleistet wird.

Die vor einigen Jahren erfolgte Umstellung von funktionaler zu vollständiger Projektorganisation wurde durch große und langfristig angelegte Anstrengungen des Mitarbeitertrainings begleitet. Die erwartete Effizienzsteigerung ist eingetreten, das Management hält aber weitergehende enorme Weiterqualifikationsanstrengungen aufgrund des fortgesetzten Druckes auf Preise und Entwicklungszeiten in den kommenden Jahren für erforderlich. Die bisher dafür zur Verfügung gestellten 10–20 Arbeitstage im Jahr müssten auch durch privates Engagement erweitert werden, um diesem Veränderungsdruck hinreichend begegnen zu können. Das „Lernen im Team" soll angeregt und gefördert werden. Der Mitarbeiter muss sich an wechselnde Tätigkeit gewöhnen, da die Entwicklung der letzten Jahre zeige, dass Veränderungen im Unternehmen diese erfordern und auch klar ist, dass der Wert des Mitarbeiters am Arbeitsmarkt neben der Spezialisierung wesentlich davon abhängen wird.

„Kritische Schnittstelle zwischen Technik und Geschäft"

Unternehmens-Typ:

- Software für Geschäftsprozesse (Individuell für Kunden erstellte oder angepasste Software für Verwaltung/Buchhaltung, Management, etc.)
  – für unternehmensinterne Kunden (z.B. in großen Banken u. Versicherungen)

Während andere Geschäftsbereiche der Bank Einsparungen unterliegen, expandiert der Softwarebereich, dem schon jetzt mehr als einhundert Entwickler (Altersdurchschnitt: 35 Jahre) angehören. Ein weltweiter Einsatz ist selbstverständlich, die Geschäftssprache interner Reports ist Englisch. Es existieren mehrere Kompetenzzentren im Ausland und weitere Outsourcing-Bemühungen stehen mittelfristig an, um Kostenvorteile zu nutzen.

Im Banken- und Versicherungsbereich sind es die enormen, zu verarbeitenden Datenmengen, die auch nach Jahrzehnten noch einsehbar und mit der neuesten Software verarbeitbar sein müssen, und nicht so sehr eine größere Komplexität, die das Geschäft der Softwareentwicklung bestimmen. Daraus ergeben sich lange Laufzeiten einmal eingeführter Programm-Pakete, die aber ständig an sich verändernde Richtlinien, Geschäftsprozesse sowie neue Geschäftsfelder angepasst werden müssen. Aktuell ist der Umbau auf Client-Server-Strukturen und Anwendungen in electronic banking. Um die lange Anwendungszeit störungsfrei zu gewährleisten, werden sowohl die Entwicklungs-Tools als auch die middle ware standardisiert und in großem Umfang ein zentrales software repository system benutzt.

Eine enge Zusammenarbeit zwischen den Geschäftsfeldern und den Softwareabteilungen ist das A und O des Erfolges von Projekten der Softwareentwicklung. Deswegen ist es völlig unzureichend, nur auf die Neuigkeiten im technologischen Sektor zu sehen. Erfahrung mit der internen Abstimmung und in Verhandlungen mit den Softwarenutzern aus den Geschäftsbereichen der Bank muss vorhanden sein, denn dieses sind kritische Funktionen, die sicher bei flacher werdenden Hierarchien zunehmend nicht nur von Führungskräften geleistet werden. Ebensolches gilt für den Anstoß zu Innovationen, der im Rahmen sich verflachender Hierarchien von der Führungs- zu einer Entwickler-Aufgabe werden wird, wie die Personalleitung erkannt hat. Deswegen sind als Qualifikation der eingestellten Informatiker neben der guten fachlichen Note eine Eignung für die Teamarbeit und Stärken in Kommunikationsfähigkeit und bei der schriftlichen Dokumentation erwünscht. Leider – so wird attestiert – brächten die Hochschulabgänger dieser Disziplin noch kein ausgeprägtes, normales Ingenieurverständnis mit. Die Softwareentwickler würden sich noch vielfach als „freischaffende Softwarekünstler" ansehen, und auch die Benutzung von Tools kaum zu einer planbaren Arbeit beitragen. Der Trend zur Rationalisierung im Software-Projektmanagement setze sich zwar fort, es sei aber noch ein großes Potenzial vorhanden.

„Karrierewege der Kernbelegschaft"

Unternehmens-Typ:

- Software für technische Produkte (z.B. Werkzeugmaschinen, Medizintechnik, in der Luftfahrt oder bei der Kraftwerkssteuerung)

Das junge Unternehmen existiert seit etwa 10 Jahren und wurde durch zwei Informatiker gegründet. Es entwickelt und verkauft Datenbanken und Schnittstellen zu Ausgabegeräten. Nach einigen Jahren der selbständigen Existenz wurde ein finanzstarker Partner zur Finanzierung des weiteren Wachstums gesucht. Aus diesem Grunde wurde die Angliederung an einen Großkonzern vorgenommen. Inzwischen werden etwa drei Dutzend festangestellte Softwareentwickler beschäftigt (Durchschnittsalter 31 Jahre). Die Fluktuation ist gering, so dass die Mitarbeiter in der Regel Karriere im Unternehmen machen. Es gibt keine freien Mitarbeiter, da sich bei diesen das große finanzielle Engagement des Unternehmens im Bereich der Weiterqualifizierung nicht lohnen würde.

Man versteht sich als technologieorientiertes Unternehmen, das Kunden angepasste Lösungen verkauft. Das Management ist herausgefordert durch den Versuch, die Teilziele der Technologie- und der Kundenorientierung miteinander zu vereinbaren. Die Mitarbeiter sind interessiert an neuester Technik und Methoden, können dafür aber nur einen geringen Teil ihrer Arbeitszeit aufwenden. Die Technologieorientierung drückt sich u.a. durch hausinterne Prüfungen neuer Technologien aus, z.T. wird auch an Eigenentwicklungen gearbeitet. Dem Kunden wird oft die Technologie dadurch nahegebracht, indem ein Prototyp vorgestellt wird, der unter denselben Voraussetzungen (technische Umgebung) entwickelt wurde, die der Kunde besitzt. Die Kundenorientierung des Unternehmens wird dadurch unterstrichen, dass alle Mitarbeiter Kundenkontakt besitzen. Dadurch ist es für sie möglich, zu sehen, was beim Kunden an Funktionalität erwartet wird und was dort technisch nützlich ist.

Das Unternehmen ist zwar noch jung, aber wegen der geringen Fluktuation kann man bereits jetzt Laufbahnentwicklungen erkennen. Die herrschende Meinung geht davon aus, dass sich der älter werdende Softwareentwickler von der Programmiertätigkeit fortentwickelt. Das allgemein akzeptierte Bild ist, dass er übergeordnete Tätigkeiten ausüben sollte. Von einem 40-Jährigen, der sich auf eine Entwickler-Stelle bewirbt, wird dementsprechend vermutet, dass in der Karriere etwas nicht regulär gelaufen ist. Es wird auch davon ausgegangen, dass der älter werdende Softwareentwickler zu einer verstärkten Übernahme von ihn motivierender Verantwortung strebt, sei diese nun fachlich-inhaltlich oder bestehend in einer Führungstätigkeit. Drei Beispiele für Laufbahnentwicklungen seien beschrieben, zuerst einmal diejenige eines der Unternehmensgründer. Der Informatiker (FH) wechselte im Alter von etwa 35 Jahren durch diese Gründung nach siebenjähriger Laufbahn innerhalb eines Automobilkonzerns in eine Führungsposition als Selbständiger, nämlich als Vorgesetzter für zunächst drei Mitarbeiter. Einer dieser Mitarbeiter, damals ein Fachhochschulstudent der Informatik, durchlief die fachliche Entwicklung vom Codierer zum Konzipierer und weiter zum Berater mit Kundenkontakt. Ein weiterer Fachhochschul-Informatiker, der ebenfalls mit Programmiertätigkeit anfing, entwickelte sich innerhalb seiner fünfjährigen Betriebszugehörigkeit zum Projektleiter im Bereich Dokumentationswesen. Diese Art der Spezialisierung bedeutet aber für ihn nicht die Abkopplung vom technologischen Wandel, denn der Informatiker verfolgt weiterhin die neuesten Entwicklungen im Bereich Internet, e-mail und WAN.

„Erfahrene Entwickler für komplexe Systeme"

Unternehmens-Typ:

- Software für technische Produkte (z.B. Werkzeugmaschinen, Medizintechnik, in der Luftfahrt oder bei der Kraftwerkssteuerung)

Der Geschäftsbereich Luft- und Raumfahrttechnik des Großunternehmens hat in den letzten Jahren sinkende Umsatzzahlen zu verzeichnen. Eine Folge ist, dass auch der Personalbestand schrumpft, und die überwiegende Arbeit in der Wartung und Fortentwicklung der bestehenden Systeme liegt. In der Entwicklungsabteilung für Hardware und Software arbeiten ausschließlich Ingenieure, darunter viele ältere. Nur 5 % der hier Beschäftigten sind Softwareentwickler im engeren Sinne, hinzu kommen aber noch die Systementwickler, deren Tätigkeitsfeld an der Schnittstelle zwischen Hardware und Software liegt. Man findet eine breite Altersverteilung vom 28-Jährigen Hochschulabgänger über den 45-Jährigen Entwickler bis zum 55-Jährigen Systemingenieur. Die Qualifikation dieser älteren Mitarbeiter wird nicht allein deswegen gebraucht, weil sie sich mit den älteren Systemen gut auskennen, sondern auch weil eine breite Palette der Erfahrung mit den komplexen Systemen wichtig ist. Aufgrund des Zusammenspiels vieler Komponenten sind vielfältige Fehlermöglichkeiten gegeben, die zu überblicken und zu analysieren es einiger Erfahrung bedarf. Das wird auch dadurch deutlich, dass einige Ingenieure dieses Bereichs, die inzwischen in den Vorruhestand gegangen sind, noch häufig informell konsultiert werden. Für ältere Mitarbeiter, die sich fachlich exzellent entwickelt haben, aber keine Führungskarriere anstrebten, wurde die Tätigkeitsdefinition des Fachberaters geschaffen. Diese Fachberater-Position kann zur Schaffung eines gleitenden Übergangs des Tätigkeitswechsels auch in Bezug auf einen Teil der Arbeitszeit definiert sein, so dass es z.B. möglich ist, zu 20 % Fachberater zu sein. Damit hat man gute Erfahrungen gemacht.

A 2.1.5 Die Situation der Kleinunternehmen

„Gewünscht: erfahrene Entwickler mit Persönlichkeit"

Unternehmens-Typ:

- Software für Geschäftsprozesse (Individuell für Kunden erstellte oder angepasste Software für Verwaltung/Buchhaltung, Management, etc.)

Das seit fünf Jahren bestehende Kompetenzzentrum mit unter 20 Mitarbeitern betreibt primär Anpassungsentwicklung für die betriebliche Einbindung einer Standard-Software im Verwaltungs- und Workflow-Bereich. Dementsprechend herrschen kleine Projekte mit Dauern von etwa einem Monat vor. In der gegenwärtigen Situation ist die Marktnachfrage nach diesen Dienstleistungen langfristig gesichert und stetig steigend, was ein entsprechendes Unternehmenswachstum auch auf personeller Ebene erlaubt. Im Kundenkontakt dominieren die Anwenderprobleme, so dass die ständige Verfolgung der technologischen Entwicklung zwar notwendig ist, aber nicht die Hauptrolle beim Geschäftserfolg spielt. Wegen des notwendig engen, lokalen Kundenkontaktes wird auch nicht erwartet, dass ausländische Konkurrenz in diesem Softwaremarktbereich am hiesigen Standort Erfolge erzielen kann.

Aus den im Kompetenzzentrum gemachten Erfahrungen heraus wird für die Teamarbeit eine altersgemischte Struktur als ideal angenommen, da die Erfahrung, der fachliche Überblick und die soziale Kompetenz der älteren Mitarbeiter insbesondere in der Beratertätigkeit beim Kunden gefragt ist. Das bedeutet nicht, dass in der anfänglichen Phase der Teambildung keine Probleme auftraten. Es wird davon berichtet, dass es Vorurteile bei den jüngeren Softwareentwicklern den älteren gegenüber gab, die in der Zusammenarbeit abgebaut wurden. In diesen Erfahrungen zeigte sich, dass der Arbeitserfolg vom entstehenden Teamklima und der gegenseitigen fachlichen Anerkennung genauso abhängig ist wie von der fachlichen Expertise. Die Erfahrung war, dass eine förderliche Atmosphäre gerade von einzelnen Personen getragen wird. Diese Personen sind als fachliche Autorität mit Erfahrung und als engagierte Persönlichkeit anerkannt. D.h. ihre Expertise wird nicht unbedingt oder primär im Sinne des Spezialistentums, sondern als fachlicher Überblick und in Form von erfahrungsgetränkter (Projekt-) Managementfähigkeit anerkannt. Möglicherweise ist diese Situation mit derjenigen zwischen Meister und ausgelernten Mitarbeitern in Handwerksbetrieben vergleichbar. Dabei ist allerdings aufgrund der Wichtigkeit der Schaffung einer kreativen und kommunikativen Situation in der Softwareentwicklung dem Aspekt der Unternehmenskultur von Seiten des Personalmanagements gesteigerte Beachtung zu schenken.

Aufgrund der kurzen Projektlaufzeiten und damit verbundener Planungszeiträume des Unternehmens nach Quartalen verdient die Weiterqualifikation der Mitarbeiter ebenfalls gesteigerte Beachtung. Dem Entwickler obliegt sicherlich die Hauptlast der Laufbahnplanung. Seine Eigeninitiative ist unumgänglich. Das Unternehmen muss seinerseits Freiräume schaffen für die Weiterqualifikation und Rahmenbedingungen für das „Lernen im Team".

„Karriere in der Softwareentwicklung heißt Projektleitung"

Unternehmens-Typ:

● Software für Geschäftsprozesse (Individuell für Kunden erstellte oder angepasste Software für Verwaltung/Buchhaltung, Management etc.)

Das noch kein Jahrzehnt alte Unternehmen mit unter 20 Mitarbeitern betreibt die Anpassungsentwicklung des universellen betriebswirtschaftlichen Programms „Satellit" zumeist für kleinere Firmen. Das Programm baut auf einem Datenbanksystem als Standard-Software und Programmentwicklungstool auf. Die Geschäftsführung ist sich sehr bewusst darüber, dass im Vordergrund der unternehmerischen Aktivitäten der für den Kunden sichtbare Nutzen steht und wertet, dass die Technik nur 5 % des Geschäftserfolges ausmacht. Das technische Leitbild für die eingesetzte Software ist die z.T. erreichte Unabhängigkeit von der speziellen Hardwaregrundlage, von Betriebssystemen und Tools. Jeder in diesem Unternehmen arbeitende Softwareentwickler besitzt Kundenkontakt. Dieser soll es ermöglichen, die Kundenwünsche bezüglich der Anpassung der betriebswirtschaftlichen Software an die speziellen Gegebenheiten der Firma detailliert kennenzulernen. Ein gewisses Problem besteht darin, dass Entwickler von den Kunden abgeworben werden, die dann dort den Computer-Bereich betreuen.

Ein Drittel des Personals sind Softwareentwickler (Durchschnittsalter: 25 Jahre), das sind Hochschulabgänger und teilweise junge, ungelernte Computerfreaks. Im Unternehmen ist man der Meinung, dass zur Ausübung der Programmiertätigkeit eine Hochschulausbildung nicht erforderlich ist, so dass die reine Programmiertätigkeit auch von Programmier-Facharbeitern und von Hochschulabsolventen in den ersten Jahren ihrer Berufsausübung übernommen werden kann. Es wird bei den Hochschulabsolventen davon ausgegangen, dass diese ihre Interessen im Laufe der beruflichen Entwicklung immer mehr in Richtung auf Projektmanagement-Tätigkeiten verlagern wollen und dementsprechend der Anteil der Programmiertätigkeit in ihrem Aufgabenbereich sinkt. Sobald sich diese Wünsche und Karriereorientierungen in Richtung Projektleitung verschoben haben, sei davon auszugehen, dass die Leistung eines Projektleiters in der Programmiertätigkeit abnehme. Der Programmier-Facharbeiter wird gegenüber diesem als um einen Faktor fünf leistungsfähiger und effizienter in dieser speziellen Tätigkeit angesehen. Die sich bei den Hochschulabgängern zeigende Karriereorientierung hat auch Konsequenzen für die Organisation der Weiterqualifizierung, für die die Mitarbeiter ihre Freizeit zur Verfügung stellen. Die Kosten teilen sich Mitarbeiter und Unternehmen.

Das Unternehmen ist sehr pragmatisch in der Findung von Mitarbeitern und es wird hauptsächlich der Weg über Praktika und Hochschulkontakte beschritten, der es ermöglicht, die potentiellen Mitarbeiter bei der Arbeit kennenzulernen. Unternehmensphilosophie ist, in dieser Weise (ein Praktikum über mehrere Monate hinweg) den Arbeitsstil, die Fähigkeit zur Teamarbeit und die Einfügung in den betrieblichen Stil zu erkennen. Man ist sich auch bewusst über die Schwierigkeiten des Einstieges in die berufliche Praxis und hat dafür einen 15-monatigen Ausbildungsplan mit zu erreichenden Meilensteinen aufgestellt.

„Fehlende Standards – geringe Softwarequalität"

Unternehmens-Typ:

- Software für Geschäftsprozesse (Individuell für Kunden erstellte oder angepasste Software für Verwaltung/Buchhaltung, Management, etc.)

Mit weniger als 50 Mitarbeitern erwirtschaftet das Unternehmen einen Umsatz von 100 Millionen DM, der vor allem durch Hardware-Verkäufe und nicht durch die Softwareproduktion getätigt wird. Die Entwicklung von Software ist für das Unternehmen aber von strategischem Interesse. Chancen, hier einen wesentlichen Marktanteil zu erobern, werden für den Übergang von der 16-Bit- zur 32-Bit-

Technologie gesehen. Die bisher entwickelte Software, die zum Teil an Großkunden vertrieben wurde, stammt zumeist aus dem betriebswirtschaftlichen Bereich.

Die Arbeitssituation ist geprägt von Zeitdruck bei der Erstellung der Software, der es im Einzelfall nicht ermöglicht völlig optimal ausgereifte Programme zur Verfügung zu stellen. Dies führt für den Kunden zunächst zu keinerlei Nachteil, da die Funktionsfähigkeit der Programme gewährleistet ist, erschwert aber die Arbeit, wenn später Änderungswünsche auftreten und Zusatzanforderungen eingearbeitet werden sollen. Vor allem vom Projektmanagement nicht beeinflussbare Faktoren sind für den Zeitdruck verantwortlich. Einen starken störenden Einfluss in der akuten Arbeitssituation kann der direkte telefonische Zugriff des Kunden zum Softwareentwickler haben. Zeitverzug tritt dadurch auf, dass auf diesem Wege eine ständige Beschäftigung mit Problemen aufgenötigt wird, die gerade beim Kunden aufgetreten sind. Das hindert an der Konzentration auf die Programmieraufgabe.

Ein genereller Zeitdruck werde durch die kurzen Entwicklungsdauern erzwungen. Hier für wird der Preisdruck am Markt verantwortlich gemacht und die unternehmensorganisatorische Trennung der Arbeitsbereiche Entwicklung und Vertrieb. Die Vertreter des Vertriebes geben dem Marktdruck nach und sagen dem Kunden ein preiswertes Softwareprodukt zu, können aber nicht den Arbeitseinsatz abschätzen, der zur Erstellung des Produktes notwendig sein wird und bleiben so mit der Preiskalkulation auf zu niedrigem Niveau.

Als weiterer Grund für Zeitdruck bei der Softwareentwicklung wird der schnelle technische Wandel identifiziert, der für eine unübersehbare Vielzahl von Anwendungen und Varianten bei der Standard-Software gesorgt hat. Diese Situation ist gerade für kleinere Unternehmen kritisch, da sie sich nicht zu jedem Spezialbereich einen Spezialisten leisten können. Die Lösung, bei der Kenntnis von Randgebieten und Details in den vielen Softwareproduktvarianten auf das private Interesse und die Weiterqualifikation der Mitarbeiter über deren engeres Spezialgebiet hinaus, die in der Freizeit durchgeführt wird, zu vertrauen, kann für das Unternehmen nicht optimal sein. Es ist die unsicherste Lösung, die nicht erst dann zusammenbrechen kann, wenn einer der Spezialisten das Unternehmen verlässt. Verschärft wird diese Situation durch die Geschäftsabsichten der Herstellerfirmen und unternehmensintern durch Computerfreaks, die aus technischem Neuerungsstreben und ohne primär auf den effektiven Nutzen, den der Kunde davon hat, darauf bestehen, die jeweils neueste Variante der Standard-Software anzubieten.

„Druck durch Konkurrenz und Arbeitsmarkt"

Unternehmens-Typ:

- Software für Geschäftsprozesse (Individuell für Kunden erstellte oder angepasste Software für Verwaltung/Buchhaltung, Management, etc.)

Ein Anfang der 90er Jahre gegründetes Unternehmen mit etwa 20, überwiegend jüngeren Mitarbeitern, das sich auf den Vertrieb von Systemlösungen, die Vernetzung und den Entwurf von Datenbanken spezialisiert hat. Die Softwareentwicklung hat einen Anteil von unter 20 % am Umsatz.

Als wesentlich wird nicht die Übernahme der technischen Neuerung per se betrachtet, sondern die Einführung einer Innovation, d.h. eines Produktes, das vom Kunden angenommen wird und diesem verkauft werden kann. Das spiegelt sich auch in der Verteilung der Tätigkeiten auf die Arbeitszeit wider. Dort machen die Modellierung, die Konzipierung von Lösungen und der Kundenkontakt den wesentlichen Teil des Zeitbudgets aus. Nur etwa 20 % wird für reine Codierungsaufgaben aufgewandt. Die zumeist kleineren Projekte werden in kleinen Teams (maximal 6 Personen) bearbeitet. Viele der Mitarbeiter sind in 2–3 Projekten zugleich tätig. Entsprechend dieser Arbeitsstruktur ist bei der Neueinstellung von Softwareentwicklern neben der fachlichen Qualifikation und den Gehaltsvorstellungen ein Kriterium, ob sie in das Unternehmensprofil passen und sich als teamfähig erweisen. Gute Erfahrungen hat man mit der Durchführung von Schülerpraktika gemacht. Einem besonders versierten und motivierten Schüler wurde bereits eine Einstellung versprochen, falls er beabsichtigt, Informatik zu studieren.

Im Unterschied zu anderen Unternehmen, in denen die Programmierung mit Cobol noch den größten Anteil am Umsatz ausmacht, ist man hier der Meinung, dass diese Sprache gar nicht mehr beigebracht werden bräuchte. Aufgrund der eigenen Praxiserfahrungen wird darauf geschlossen, dass an den Hochschulen vielfach veraltete Inhalte gelehrt würden. Z.T. hätten die Hochschulabsolventen keine Ahnung, wie gearbeitet wird. Ein speziell beklagtes Manko liegt darin, dass eine Kundenorientierung in der Hochschulausbildung nicht trainiert würde. Im Bereich der Gehaltsvorstellungen von Hochschulabsolventen wurde angemerkt, dass diese sich an den Gehältern für Hochschulassistenten ausrichten und dementsprechend für kleinere Softwarehäuser völlig überzogen wären. Dieses Problem wird natürlich durch den derzeit „leergefegten" Informatiker-Arbeitsmarkt verschärft. Ein spezielles Problem haben diese Entwicklungshäuser mit der Konkurrenz, die durch von Hochschulprofessoren betriebenen Softwarefirmen entstehen, da letztere Know-how preiswerter anbieten können.

Das Gratifikationssystem enthält Projektprämien, die bei Erfolg, insbesondere in Hinsicht auf die Einhaltung der Terminierung, gewährt werden. Um eine hohe Unternehmensbindung zu erhalten, wird guten Mitarbeitern ein jährlicher Gehaltszuwachs in Aussicht gestellt.

Projektbezogene Weiterqualifikationsmaßnahmen werden kurzfristig vor den Projekten, in denen das Know-how gebraucht wird, durchgeführt. Darüber hinausgehendes Lernen ist Privatsache des Mitarbeiters, so dass dafür keine Arbeitszeit und keine finanziellen Mittel zur Verfügung gestellt werden. Zur Beschaffung von Literatur, soweit sie nicht an nahegelegenen Hochschulen verfügbar ist, können aber Finanzmittel bereitgestellt werden.

Die Einbeziehung von älteren Entwicklern in Innovationsprozesse wird skeptisch beurteilt, da über diese vermutet wird, dass sie das neue Wissen über technologische Entwicklungen nicht besitzen. Aus diesem Grunde gelten jüngere Mitarbeiter in der Branche als innovativer und kreativer.

„Vielfältige Qualifikationen im Spiel"

Unternehmens-Typ:

● Standard-Software (Nicht individuell für einen Kunden hergestellte, z.B. Büro-, Datenbank-, Internet-Anwendungs-Software.)

Der älter werdende Softwareentwickler im Bereich der Produktion von Computer-Spielen ist in diesem Unternehmen um die 30 Jahre alt. Zwar finden sich in den kleinen Projektteams, in denen etwa 10 Personen im Laufe von eineinhalb Jahren ein neues Spiel herstellen, vorwiegend Studenten als freie Mitarbeiter. Aber die inzwischen dreißigjährigen Unternehmensgründer, die als Selbständige das unternehmerische Risiko tragen und zur Pionier-Generation der PC-Welt gehören, denken bereits an ihren Abschied von der direkten Programmiertätigkeit. Sie sind über ihr Hobby in das Geschäft hineingekommen, beschäftigten sich intensiv ab Anfang der 80er Jahre mit dem PC und lernten dabei spielerisch und selbständig das Programmieren. Heute wachsen praktisch keine solchen Autodidakten mehr nach.

Für eine derartige Aneignung ist der Bereich inzwischen zu komplex und anspruchsvoll geworden. Und dieser Trend reißt nicht ab. Die Möglichkeit der Netzwerkanbindung wird zukünftig eine große Herausforderung darstellen. Man muss sich den wachsenden technischen Möglichkeiten des Kunden anpassen und die Forschungslandschaft beobachten, um neue Entwicklungen in den Simulationstechniken nicht zu verpassen. Aber selbst in diesem Bereich schnellen technologischen Wandels, gibt es die Basistechnologie, die sich nicht ändert, wenn zu neuen Spielversionen übergegangen wird. Das mit dieser Technologie verbundene Erfahrungswissen stellt einen Kern des zukünftigen Erfolges des Unternehmen dar. Weitere Bereiche, in denen die Geschäftserfahrung eine große Rolle spielt, betreffen natürlich die Beobachtung der Marktsituation, die Vermarktung der erstellten Software, aber auch die Zusammenarbeit mit den Spiele-Autoren. Noch können die Unternehmensgründer sich in die Käufer intuitiv hineinversetzen, da sie an denselben Spielideen Gefallen finden.

Den freien Entwicklern, die bei der Produktion von Computerspielen mitarbeiten, fehlen zu Beginn ihrer Tätigkeit die Spezialkenntnisse, sei es die Computer-Graphik betreffend oder den Sound und sie kennen auch nicht die im Vorgängerprojekt geschaffene Erfahrungsbasis in Technologie, Tools und Organisation der Arbeit. Deshalb wird die Arbeit nicht nur als enge Teamarbeit unter Leitung der erfahrenen Unternehmensgründer organisiert, sondern es findet eine Einarbeitung, fast Ausbildung in jeweils einer Spezialisierung statt. Jeder dieser Entwickler träumt davon, einmal mit einem eigenen Programm erfolgreich zu sein. Bei Verbleiben im Multimediabereich ist es aber realistischer, von einer Laufbahn auszugehen, die zu spezialisierten Programmierern führt. Diese werden dann als älter werdende Softwareentwickler darauf achten müssen, dass ihre Spezialisierung nicht zu eng ausfällt. Sich ein mit zunehmender Erfahrung verbreiterndes, von ihnen überblicktes Fachgebiet zu erschließen, wird den freien Mitarbeitern niemand abnehmen. Haben sie bisher von den Spezialkenntnissen der Computer-Autodidakten, also den Unternehmensgründern, profitiert, so sollten sie frühzeitig ebenso deren berufsbiographische Erfahrungen beachten, die sich auf den Wechsel von Technologien, das Umlernen und auf die Gestaltung von Teamarbeit sowie auf die Mitarbeiterführung beziehen. Die Unternehmensgründer ziehen aus ihrer Erfahrung des Wechsels der Programmiersprache von Assembler nach C++ und aus der Perspektive des jungen Selbständigen insbesondere zwei Lehren: Ein Wechsel sollte öfter vollzogen werden, damit man sich an seine Formen gewöhnt und das Umlernen desto leichter fällt. Man muss sich auch mental von der reinen Programmiertätigkeit trennen können. Eine Grundvoraussetzung, um delegieren zu können, sei das Verkraften der schmerzhaften Erfahrung, dass andere Entwickler in neuen oder speziellen Gebieten des Programmierens besser sind als man selbst.

A 2.2 Die Tiefenfallstudien

Bei den drei Unternehmen der Tiefenfallstudien handelte es sich um ein Kleinunternehmen (KU), ein mittelgroßes Unternehmen (MU) und ein Großunternehmen (GU). Alle drei waren vom Unternehmens-Typ:

- Software für Geschäftsprozesse (Individuell für Kunden erstellte oder angepasste Software für Verwaltung/Buchhaltung, Management, etc.)

A 2.2.1 Zusammenfassung der Interviews im Kleinunternehmen „KU"

Bezüglich der Aufträge und der Mitarbeiteranzahl handelt es sich bei KU um ein wachsendes und prosperierendes Unternehmen. Der Umsatz beträgt ca. 2 Mill. DM bei mehr als 20 Mitarbeitern (ca. 10 SW-Entwickler), wobei sich das derzeitige jährliche Wachstum dabei auf 40–50 % beläuft. Die Kapazität der Auftragsannahme ist auf zwei Jahre ausgebucht. Es existiert eine stärkere Fluktuation unter den Mitarbeitern, die beklagt wird, da die neu eingestellten Entwickler in einem längeren Prozess (über ein Jahr) eingearbeitet werden müssten.

Die mittelfristige Notwendigkeit der **Kapazitätsplanung** (Kapazitäts- und Ressourcen-Abstimmung der Mitarbeiter-Arbeitszeiten) aufgrund dieses Wachstums wird gesehen und ist durch die Schaffung einer Projektkoordinator-Stelle, die ein älterer Mitarbeiter einnimmt (Software-Organisator, der längere Zeit arbeitslos war) in Angriff genommen. Es wird erwartet, dass innerhalb von zwei Jahren eine vollständig funktionierende Projekte-Koordination aufgebaut ist.

Mittelfristig ist die Einführung hierarchischer Stufen und Verantwortlichkeiten geplant, wobei der bisherigen 3-stufigen Hierarchie neue Stufen hinzugefügt werden. Allerdings erhalten die Mitarbeiter laut Geschäftsführer Status und Anerkennung nicht so sehr über diese Einordnung, sondern über die Akzeptanz beim Kunden.

Bei Entwicklung und Vertrieb des komplexen Warenwirtschafssystems kann man zwei Arten von **Innovation** unterscheiden:

- längerfristige Perspektive (etwa ¾-jährlicher Zyklus) der Weiterentwicklung des Produktes zu neuen Versionen,
- kurzfristige Perspektive der Hinzufügung spezieller Features und Schnittstellen im Projekt für den einzelnen Kunden (Projekte mit Dauern von 2 Monaten bis 2 Jahren, z.Zt. laufen ca. ein Dutzend Projekte).

Projektmanagement

a) Ablauforganisation (ein typischer Projektablauf):

- Nach erfolgter Akquise wird mit dem Kunden ein Workshop von 1–2 Tagen durchgeführt, um die Bedürfnisse und die Organisationsabläufe des Kunden (sehr detailliert) kennenzulernen.
- Schon während dieses Workshops und anschließend wird mit dem Projektleiter und dem Kunden das Pflichtenheft erstellt.
- Ist das Pflichtenheft erstellt, wird es dem Programmkoordinator übergeben, welcher die Anpassungsaufgaben auf die Programmierer verteilen und die Verwendungsmöglichkeit von vorhandenen Routinen überprüfen soll.
- Während der Entwicklungsarbeit steht der Projektleiter, welcher das Pflichtenheft erstellt hat, den Programmierern für Rückfragen zur Verfügung.
- Nach dem Abschluss der Anpassungsarbeiten wird die Software beim Kunden implementiert, was hauptsächlich die Aufgabe des Projektleiters ist.
- Kunden haben die Möglichkeit ihre Mitarbeiter bei KU auf die Software kostenpflichtig schulen zu lassen.
- Nach dem Abschluss des Projektes steht für Rückfragen und Probleme eine Hotline zur Verfügung, welche von fast allen Entwicklern nach einem Wochenplan betreut wird. Hieraus ergibt sich ein **Kundenkontakt** für die Programmierer, die dann auch bei Problemen nach der Implementation zum Kunden kommen.

b) Benutzerbeteiligung

Die Einbeziehung des Kunden erfolgt hauptsächlich nur zur anfänglichen Organisationsanalyse und in der Implementierungsphase. Während der Anpassungsentwicklung erfolgt kein Feedback, was nach Aussagen zu Terminverspätungen durch unklare Kundenanforderungen führen kann.

Vorschlag: Gerade KU müsste prädestiniert sein, bei ihrem hohen Grad der Standardisierung der Software, Prototyping durchzuführen und den Kunden nach der Fertigstellung neuer Features das Ergebnis zu präsentieren. Das Argument „Der Kunde hat dafür keine Zeit" ist hier fehl am Platz, wenn man den Preis der Software und die Dauer ihres Einsatzes betrachtet. Überzogenen Kundenforderungen kann man durch vertragliche Fixierungen vorbeugen. Nicht zu unterschätzen sollte dabei die Zeitersparnis sein, welche dadurch auftritt, dass das Problem während der Entwicklungsphase mit dem Kunden geklärt wird und nicht erst nachträglich Verbesserungen gemacht werden müssen. Deshalb sollte durchaus eine verstärkte Benutzerbeteiligung in Betracht gezogen werden.

c) Probleme mit dem Projektmanagement

In der Projektarbeit auftretender **Zeitdruck** verhindert oder erschwert teilweise bei manchen Mitarbeitern eine Weiterbildung im Unternehmen. Die gute Auftragslage belastet die Weiterbildungs-Situation (Möglichkeit der Durchführung/ Teilnahme an Weiterbildungs-Maßnahmen). Eine weitere Folge ist, dass die organisatorische Hektik manchmal Doppelarbeit und -entwicklungen verursacht.

Als **Ursachen für Zeitdruck** im Projekt wurden eine ganze Reihe unterschiedlich schwerwiegender und teilweise einander bedingende Gründe genannt:

Projektplanung ist erschwert durch:
- Leistungen (Pflichtenheft) nur schwer quantifizierbar und man muss sauber analysieren und dem Kunden oft zunächst ein Vokabular beibringen (Nur bei professionellen Kunden kann man die Projektschritte verdeutlichen.),
- tägliche Schwankungen der Leistungsfähigkeit des einzelnen Programmierers erschweren die Vorplanung von Arbeitsleistung und damit von Terminen,
- bei großen Programmier-Aufgaben (und Problemen aus der Hotline) wird der zeitliche Rahmen unüberschaubar,
- nicht einschätzbarer Zeitaufwand (z.B. beim Einrichten von Druckern und speziellen Formularen des Kunden) oder wenn die Hardware, die der Kunde besitzt, nicht passt,
- kurzfristige oder lukrative neue Projekte, die zusätzlich zu erledigen sind und schnell eingeschoben werden,
- Versprechen der Akquisiteure gegenüber dem Kunden-Unternehmen (unrealistische Terminzusagen, welche gemacht werden, um den Kunden nicht zu verlieren, obwohl die Ressourcen bereits ausgelastet sind) oder die Kunden setzen kurzfristige Termine. Oft ist ein Grund dafür, dass der Kunde den Aufwand nicht einschätzen kann.

Projektdurchführung ist gestört durch:
- Unvorhersehbarkeiten (bei Hotline und schnell zu erledigenden Zusatztätigkeiten),
- Ablenkung der Programmierer durch Fragen, die sie zu aktuellen Hotline-Problemen beantworten müssen,
- Missverständnisse zwischen Kunde und Projektleiter,
- Überlastung des Projektleiters in manchen Phasen des Entwicklungsprozesses.

d) Hotline für Kunden-Probleme

Laut Geschäftsführung soll jeder Mitarbeiter zeitweise mit der Hotline beschäftigt werden, um auch Kundenkontakt zu bekommen. Die Arbeit an der Hotline empfinden die Mitarbeiter aber übereinstimmend auch als Störung und Unterbrechung ihres Arbeitsablaufes in der Entwicklungstätigkeit. Übereinstimmend wurde ausgesagt, dass sich die Arbeitsfertigstellung vor allem durch solche Störungen (auch Zwischenfragen von Kollegen; Zusatztätigkeiten die schnell erledigt werden müssen) immer wieder verzögert. Der Prozess des Wieder-Hineindenkens in die Programmieraufgaben raubt produktive Zeit.

Vorschlag: Für die Entwickler müsste eine störungsfreie Umgebung geschaffen werden. Wenn jeder an der Hotline beteiligt werden soll, dann erscheint es besser, dieses nicht nur für einen Zeitraum von 6h zu organisieren, sondern über einen Zeitraum von mehreren Tagen. Dieser so geschaffene Hotline-Beauftragte steht gleichzeitig für die Fragen der Mitarbeiter zur Verfügung. Der Programmkoordinator kann diese Arbeit ebenfalls bei seinen Projektplanungen mit eintakten. Auch sollten die Anfragen aus der Hotline bewusst ausgewertet werden, um gezielt eine Qualitätsverbesserung zu erreichen.

e) Projekte-Koordination (Kapazitätsplanung)

Projekt- bzw. Programmanagement ist nach Aussagen der Verantwortlichen bei KU in noch erheblichem Umfang verbesserungsfähig, obwohl sich seit der Anfangszeit (vor fünf Jahren) in Bezug auf Nachbesserungswünsche, bei Kunden aufgetretener Fehler und dem Einhalten der Termine beim Kunden schon erhebliche Verbesserungen zeigten. Erst kürzlich ist eine Projektkoordination initiiert worden und der weitere Fortschritt ist abzuwarten. Durch den neuen Koordinator wird versucht, Doppelarbeit zu vermeiden und die Projektdauer besser abzuschätzen.

Die Mitarbeiter fordern eine größere Transparenz zwischen den Mitarbeitern (Kapazitäten) und den Projekten. Mehr Öffentlichkeit der Inhalte könnte Doppelarbeit vermeiden helfen.

Vorschlag: Intranet-Datenbank, die jedem Mitarbeiter seinen Projektfortschritt darstellt und Informationen über die Arbeit der Kollegen enthält. Die in dieser Datenbank erfassten, relativ detailliert beschriebenen Arbeitsaufgaben, werden nach Abschluss unter bestimmten Stichworten archiviert. Für die Pflege dieser Datenbank sind die Mitarbeiter größtenteils selbst zuständig. Um diese zu dieser Arbeit anzuhalten, ist es notwendig, ein entsprechendes Anreizsystem zu schaffen. Z.B. könnte die Belohnung erfolgen, wenn ein Kollege diese Informationen nutzbringend verwerten kann. Für die sonstige Organisation dieser Datenbank können sich vor allem ältere Mitarbeiter anbieten, welche dies als Aufgabenbereich übernehmen und es somit durchsetzen.

f) Wissenstransfer

- Es gibt allgemeine Aussagen, die auf eine ungenügende Unterstützung der informellen und formellen Kommunikation (Wissensaustausch) zwischen den Mitarbeitern hinweisen.
- Hotline-Anfragen (Kundenwünsche und -beschwerden) werden zwar dokumentiert, aber nicht systematisch ausgewertet. Dieses könnte durch ein einfaches,

aber abgestimmtes Verschlagwortungssystem und die Benennung eines zuständigen, ggf. älteren Entwicklers verwirklicht werden.
– Absprachen in informeller Kommunikation oder durch formale Mittel gestützt (bisher durch Aufgabenteilung und bemerkte Programmdoppelzugriffe, später vielleicht möglich durch Tools, deren Doppelnutzung auffällt).

g) Qualitätsmanagement und -zertifizierung

Die Aussagen zum Thema, ob und in welchem Maße Qualitätssicherung im Unternehmen möglich und finanzierbar ist, reichten von euphorisch bis ablehnend. Ein direktes Qualitätsmanagement gibt es nicht. Eine gewisse Sicherheit wird durch den modularen Aufbau des Warenwirtschaftssystems erreicht. Für dieses nachträglich Tools zur Funktions-, Stress- und Lastüberprüfung zu erstellen, wäre sicherlich bei der Größe des Programms zur Zeit nicht vertretbar. Eine Notwendigkeit für eine höhere Qualitätssicherung wird im Unternehmen selbst nicht gesehen (wegen schlechtem Kosten-Nutzen-Verhältnis).

Eine Qualitätszertifizierung des Prozesses der Softwareentwicklung möchte die Geschäftsführung nicht, weil sie von der Qualität der Berater und des Zertifikates nicht überzeugt wäre. Des weiteren würde man in ein unflexibles Schema gepresst, welches überhaupt nicht zur Struktur der Softwareentwicklung passt.

Weiterbildung

Bei der Bewertung des Weiterbildungsmanagements bei KU wurden vier Aspekte betrachtet: Akteure, Verhandlungssituation, zeitliche Bestimmung und Finanzierung.

Aspekt	Situation im Unternehmen KU
Akteure	Die **Eigeninitiative der Mitarbeiter** beschränkt sich auf private Weiterbildung, zu der eine ausgeprägte Bereitschaft besteht. Die vom Unternehmen angebotene Unterstützung wird jedoch kaum in Anspruch genommen, was auf die geringe Aufklärung der Mitarbeiter über die finanziellen Möglichkeiten zurückgeführt werden kann. Allgemeines Fazit: die Geschäftsführung wählt sinnvolle Weiterbildungs-Maßnahmen und ordnet diese dem Entwickler mit der passenden Spezialisierung zu. Das wird bei weiterer personeller Expansion mittelfristig nicht mehr möglich sein.
Verhandlungs-situation	Im Unternehmen KU wurde festgestellt, dass die Aufgabe der Auswahl bzw. des Vorschlags von Weiterbildungsmaßnahmen durch den Vorgesetzten (in diesem Falle einer der Geschäftsführer) übernommen wird.[267] Eine mittel- bis langfristige Planung für den Mitarbeiter ist aufgrund dieser Tatsache nicht möglich. Es gibt auch Mitarbeiter, die aus unterschiedlichen Gründen keine Weiterbildung für nötig halten. Für diese **weniger engagierten Mitarbeiter** sollte der Vorgesetzte eine größere Verantwortung übernehmen.

---

[267] Hinsichtlich der Größe des Unternehmens ist das durchaus verständlich, da die Finanzdecke bei kleinen Unternehmen nicht ausreicht um eine andere Aufgabenverteilung zu rechtfertigen.

Zeitliche Bestimmung	Die Weiterbildung steht in starkem Zusammenhang mit der Projektarbeit. Für die erfolgreiche Durchführung und Qualität der Projekte ist das von großer Wichtigkeit und kann nur als positiv herausgestellt werden. Ein Problem für kleinere Unternehmen, die einem sehr hohen Konkurrenzdruck ausgesetzt sind, ist, dass mit **sehr kurzen Projektzeiten** agiert werden muss. Das untersuchte Unternehmen KU versucht aus diesem Grund, seine Mitarbeiter in ihren softwarebezogenen „Privathobbys" zu unterstützen, weil während der Projektarbeit keine Zeit zur Weiterbildung bleibt. Das in der Freizeit erworbene Spezialwissen kann in der täglichen Projektarbeit verwendet werden.
Finanzierung	In anderen Unternehmen – gerade den größeren – gab es viele Mitarbeiter, welche sich eine zeitliche Beteiligung (Durchführung der Weiterbildung in der Freizeit) nicht aufbürden lassen wollten. Im Unternehmen KU allerdings wäre ein Großteil der Befragten bereit, Freizeit teilweise zur Verfügung zu stellen. Auch bei der Finanzierung wurde die Möglichkeit einer Beteiligung nicht negativ bewertet.[268] Die angesprochene **Eigeninitiative der Mitarbeiter**, die auch bei der Finanzierung vorhanden ist, ermöglicht es, eine Zusammenarbeit der Geschäftsführung mit den Mitarbeitern anzustreben. Eine Kreditfinanzierung von Weiterbildungs-Maßnahmen, bei der die Kosten zwar vom Unternehmen übernommen, aber erst nach Ablauf einer bestimmten Frist amortisiert werden, stieß auf Zustimmung.[269] Des weiteren wurde die Prämierung von Projekterfolgen durch Weiterbildungs-Maßnahmen als positiv bewertet.

Die folgenden **Weiterbildungs-Maßnahmen** wurden von den befragten Mitarbeitern als interessant und **mittel- bis langfristig planbar** eingestuft:

– Qualitätsmanagement und -zertifizierung,
– betriebswirtschaftliche Kenntnisse im Zusammenhang mit dem Warenwirtschaftssystem, welches das Kern-Softwareprodukt des Unternehmens ist,
– Allgemeine Schulungen, wie Buchhaltung etc.

Fazit: Abschließend kann man sagen, dass die befragten Mitarbeiter zwar Verbesserungspotenziale sehen, es aber auch verstehen, wenn aufgrund des starken Wettbewerbs die Weiterbildung in manchen Bereichen zu kurz kommt.

---

[268] Für KU wurde hinsichtlich der Finanzierung von Weiterbildungs-Maßnahmen ein positiver Trend ermittelt. Während vor längerer Zeit Weiterbildung noch spontan und nach der jeweiligen Kassenlage finanziert wurde, ist nach Angaben des Geschäftsführers jetzt ein Weiterbildungs-Budget planbar, da sich die Ertragssituation inzwischen deutlich gebessert hat.

[269] Das würde bedeuten, dass sich der Mitarbeiter für eine bestimmte Frist an das Unternehmen bindet, um durch seine Arbeit die Kosten der Weiterbildung auszugleichen. Wechselt er vor der festgesetzten Frist das Unternehmen, muss er den Restwert der vorfinanzierten Weiterbildung selbst tragen. Dabei wurde eine Frist von vier Jahren Unternehmenszugehörigkeit von den Mitarbeitern als akzeptabel eingeschätzt. Eine längere Zeit wäre nicht wünschenswert, da ein Unternehmenswechsel allgemein als vorteilhaft angesehen wird.

Mitarbeiterentwicklung

<u>a) Allgemeine Anmerkungen</u>

Zunächst einmal ist auf die geschickt durchgeführte Nachwuchsrekrutierung bei KU hinzuweisen. Praktikumsplätze für Ingenieur-Studierende mit Softwarekenntnissen werden in einer hohen Anzahl (15 Plätze pro Semester) zur Verfügung gestellt. Die Zusammenarbeit mit möglichen zukünftigen Mitarbeitern wird außerdem in einem Vertrag als freier Mitarbeiter vorbereitet und überprüft. Bei Erfolg wird der Softwareentwickler in die Kernbelegschaft übernommen. Kontakte zu Hochschullehrern (Ingenieurwesen, Informatik, BWL) am Ort sind ausgebaut und werden auf praxisrelevante Konzepte und Zukunftstrends hin ausgewertet.

<u>b) Job rotation und Verantwortungsbereiche</u>

Ein Tätigkeitswechsel wird bei KU nicht praktiziert, was wahrscheinlich auch an der geringen Größe des Unternehmens liegt. Die geplanten **Ausweitungen von Verantwortungsbereichen** und die explizite Benennung von dementsprechenden Zuständigen ist zu begrüßen. Dadurch werden nicht nur zusätzliche Möglichkeiten bereitgestellt, Status und Anerkennung zu gewinnen. Durch diese Maßnahme ergeben sich auch vorbildhafte Perspektiven für die Weiterentwicklung aller Entwickler, da diese angeregt werden, über ihre zukünftige Berufsperspektive und die Weiterentwicklungsmöglichkeiten in solche Verantwortungsbereiche hinein nachzudenken.

Insbesondere in Bezug auf die Weiterentwicklungsmöglichkeiten der hauptsächlich mit Programmieraufgaben beschäftigten Mitarbeiter wird es notwendig sein, verstärkt die vorliegenden Bemühungen und Hilfestellungen durch das Unternehmen bekannt zu machen und Initiativen der Mitarbeiter anzuregen, über das Studium der Fachliteratur hinaus Weiterbildungsmöglichkeiten zu suchen. Diese Programmier-Facharbeiter, die nicht sämtlich bereits eine Perspektive für eine stärker kundenorientierte Tätigkeit als Berater, Projektleiter oder in der Kundenschulung entwickelt haben, dieses möglicherweise auch gar nicht wollen, müssen sich darüber klar werden, welche anderen Optionen ihnen in einem Zeithorizont von einer Dekade offen stehen.

Teilweise wird als längerfristige Perspektive des älter werdenden Entwicklers das Wechseln von Mitarbeitern in Stellen als **Systembetreuer beim Kunden** entworfen. Dieses erinnert allerdings stark an das Weggehen/Abschieben in eine (Routine-)Tätigkeit im Rechenzentrum, die man von Großunternehmen kennt und wäre letztlich wohl so etwas wie eine nicht herausfordernde Tätigkeit, also eine „Schonarbeitsplatz-Perspektive". Bezüglich einer glückenden Laufbahnentwicklung müsste (z.B. über Arbeitszeitkonten) eine Möglichkeit gefunden werden Maßnahmen zur Erhaltung der kognitiven Fähigkeiten (Lernfähigkeit, auch beim Übergang zu anderen Softwarekonzepten), wie beispielsweise Hochschul-Sabbaticals, durchzuführen.

Rollen für ältere Mitarbeiter in der Softwareentwicklung
(Ausführlich: siehe Kapitel 5)

Ziel des Konzeptes „Rollen für ältere Softwareentwickler" ist es, für älter werdende Mitarbeiter, die sich primär mit der Programmierung beschäftigen und sich deshalb sehr stark spezialisiert haben, Aufgabenkomplexe bzw. Stellen (sog. Rollen) zu ermitteln und zu bewerten. Dabei sollen diejenigen Rollen ausgewählt werden, die für die Entwickler aufgrund ihrer durch Berufs- und Lebensalter positiv gewachsenen Leistungspotentiale besonders gut geeignet sind.

Mit Hilfe der Definition der Aufgabenkomplexe wird ein Hilfswerkzeug für das Personalmanagement bereitgestellt, mit dem das Personalmanagement in den Unternehmen älter werdenden Softwareentwicklern Aufgaben entsprechend ihren Fähigkeiten anbieten kann. Ein Test des Instrumentes wurde in den Tiefenfallstudien durchgeführt. Im folgenden werden Aussagen aus dem Unternehmen zur Einschätzung der Eignung älterer Softwareentwickler für diese Rollen in tabellarischer Form wiedergegeben. Für eine Darstellung der diskutierten Anforderungen in der übersichtlichen, grafisch aufbereiteten Form eines Eignungs-Portfolios siehe Kapitel 5.

Zu den für die einzelnen Aufgabenkomplexe benötigten Qualifikationen wurde im Unternehmen KU folgende Meinungen vertreten:

Aufgaben der operativen Ebene	Aussagen im Unternehmen KU zu: Einschätzung der Eignung älterer Softwareentwickler für diese Rollen
Projektleitung u. Systemkonzeption/ -analyse	Für ältere Mitarbeiter mit Erfahrung eine exzellente, herausfordernde Aufgabe.
Systembetreuung/ -verwaltung	Sehr geeignet für die älter werdenden Softwareentwickler.
Qualitätssicherung	Keine Meinungsbildung hierzu im Unternehmen.

Indirekte Aufgaben innerhalb der Softwareentwicklung	Aussagen im Unternehmen KU zu: Einschätzung der Eignung älterer Softwareentwickler für diese Rollen
Wissenstransfer	Konkrete Vorstellungen über unterstützende Maßnahmen oder gar Stellen gibt es aber nicht.
Innovationsmanagement	Es liegen keine konkreten Vorstellungen vor.
Hotline	Besetzung einer solchen Stelle durch einen älteren Softwareentwickler durchaus denkbar.
Kundenschulung	Eignung älterer Mitarbeiter für Kundenschulungen wurde mehrfach betont.
Coaching	Gegenläufige Ansichten im Unternehmen.
Marketing/ Akquise	Ältere Entwickler können durchaus im Marketing- und Akquisebereich tätig werden

Incentives

Bei der Frage nach der Akzeptanz der Kreditfinanzierung der Weiterbildung und der Weiterbildung als Gratifikation stimmten alle befragten Mitarbeiter zu. Zustimmung wurde ebenfalls hinsichtlich einer am Unternehmenserfolg orientierten variablen Entlohnung signalisiert (d.h. ein Teil des Festgehaltes wird umgewandelt). Im Großen und Ganzen waren eigentlich alle bereit, dafür einen *Teil* ihres Gehaltes in eine Form des leistungsabhängigen Gehaltes umzuwandeln. Hier wäre eventuell noch Handelsbedarf, da in diesem Unternehmen nach unserem Kenntnisstand besonderes Engagement zur Leistung noch nicht in besonderem Maße honoriert wird. Zwar gab es zwei Fälle von besonders engagierten Mitarbeitern, welche jetzt eine Niederlassung leiten, aber für das kleinere kurzfristige Engagement scheint es kein Anreizsystem zu geben.

Vorschlag: Schaffung eines stärker leistungsorientierten Anreizsystems. Voraussetzung dafür wäre sicherlich die Entwicklung eines Bewertungssystems, welches eine gute Ermittlung des Arbeitsergebnisses zulässt. Da die Geschäftsführung demnächst die Vertrauensarbeitszeit einführen möchte, wird die Einführung eines solchen Systems unerlässlich sein.

Die Mitarbeiter schienen ansonsten mit ihrer finanziellen Situation zufrieden zu sein. Zumindest gab es nicht eine negative Antwort hinsichtlich des Gratifikationssystems. Alle Empfehlungen beziehen sich dementsprechend auf die Bildung von Anreizen zur Erhöhung der Leistung.

A 2.2.2 Zusammenfassung der Interviews im Unternehmen „MU"

Das Unternehmen (ca. 300 Mitarbeiter, keine freien Mitarbeiter) betreibt Projekte der Anpassungsentwicklung von Standard-Software für betriebswirtschaftliche Lösungen. Fast alle Mitarbeiter verstehen sich dementsprechend als Entwickler *und* Berater (meist mit absolut überwiegendem Anteil an Beratung). Der Umsatz, der (ähnlich wie die Anzahl der Mitarbeiter) 1998 ein Wachstum von ca. 20 % aufwies, wird dementsprechend zu mehr als 95 % auf Beratungstätigkeit zurückgeführt. Mit dieser ist der (geringe) Anteil an Softwareentwicklung letztlich aber in der Projektdurchführung untrennbar verbunden.

Das Unternehmen besitzt ein **fortschrittliches, ausgearbeitetes Entlohnungssystem** mit Berücksichtigung von 10 – 40 % variablen, erfolgsabhängigen Anteilen. Das Gros der Mitarbeiter ist dementsprechend darauf eingestellt, gute Leistung in Form von Erfolg beim Kunden und abrechenbarer Tätigkeit beim Kunden zu erbringen. Die Einführung von **Vertrauensarbeitszeit** führte unter diesen Bedingungen zu vielen Überstunden bis hin zu Symptomen der „Selbstausbeutung" der Mitarbeiter. Als Indizien dafür können benannt werden:

- Überstunden sind üblich und werden (zumindest von den jüngeren Beratern ohne Familienbindung) gerne in Kauf genommen, da starke Lohnanreize bestehen.
- Vielen Interviewten ist der Fall bekannt, dass wegen dringender Projekte („Projektdruck", Zeitdruck) Maßnahmen der Weiterbildung kurzfristig verschoben werden (ohne neg. Auswirkungen auf das Projekt).

– Der hohe variable Lohnanteil verhindert keine unmittelbar verwertbare Weiterbildung (nicht nur Zeitdruck, sondern auch „Lohndruck"), aber wirkt als Einbuße für den Mitarbeiter, so dass das Eigeninteresse des Mitarbeiters an der Durchführung längerfristig verwertbarer Weiterbildung nicht unterstützt wird.

Aufgrund der Überstunden und da Maßnahmen zur Weiterbildung nicht direkt in die Erfolgsbilanz des Mitarbeiters eingehen, legt kaum jemand der Software Entwickler bzw. Berater einen gesteigerten Wert auf Weiterbildung in Form von Kursen und Seminaren. Im Rahmen der Ausübung der Tätigkeit als SAP-Berater führt das allerdings mittelfristig zu keinen gravierenden Konsequenzen für die Laufbahnentwicklung, da regelmäßig mit dem Erscheinen neuer Updates und neuer Versionen eine Weiterbildung der Berater eingeleitet wird und somit ein **Prozess kontinuierlichen Lernens** angestoßen ist, so dass mangelndes „Weiterbildungsbewusstsein" nicht zur Verringerung der Lernfähigkeit führt.

Man kennt die **Problematik veränderter Motivation bei älteren Entwicklern** aus dem eigenen Unternehmen, nämlich aus der früheren Unternehmensgeschichte und ist bemüht, Fälle älterer, unselbständig arbeitender Mitarbeiter sozialverträglich ausscheiden zu lassen (Nutzung von Altersteilzeit). Das Entlohnungssystem beinhaltet durch das Element der Leistungsfeststellung auch ein Warnsystem, so dass kritische Fälle der Personalleitung frühzeitiger als in anderen Unternehmen bekannt werden und in der Regel durch Maßnahmen der Weiterbildung ein weiterer Abfall der Leistungskurve verhindert werden kann. Für ältere Mitarbeiter stellen die dann durchzuführenden Crash-Kurse aber in vielen Fällen anscheinend ein großes Hindernis dar, so dass in diesen Fällen eine noch frühzeitigere Planung von Laufbahn-Möglichkeiten und dafür notwendigen Weiterbildungsmaßnahmen geraten erscheint. Die **Situation älterer bzw. älter werdender Softwareentwickler** im Unternehmen MU ist charakterisiert durch folgende Punkte:

– Kaum ein aus dem Vorgängerunternehmen übernommener älterer Mitarbeiter ist von der vormaligen Haupttätigkeit der Softwareentwicklung zum jetzigen Unternehmens-Schwerpunkt der SAP-Beratung gewechselt.
– Dass ein älter werdender Entwickler das Unternehmen verlässt und zu einem Kunden geht, um dort **Systembetreuung** zu macht, scheint ein Standardfall zu sein. Aber wegen der kurzen Unternehmensgeschichte ist noch nicht abzusehen, ob das auch in Zukunft eine „Standard-Laufbahnentwicklung" sein wird und sein kann. Wichtig ist auch zu bemerken, dass nicht das Unternehmen die älter werdenden Mitarbeiter in diese Tätigkeiten abschiebt, sondern der ältere Entwickler aus eigenem Antrieb eine Position sucht, die mehr Routinetätigkeit enthält. Nichtsdestotrotz ist diese Tätigkeit auch in Unternehmensinteresse, obwohl dabei ggf. wertvolle Erfahrung abwandern könnte, denn die beim Kunden arbeitenden ehemaligen Mitarbeiter bleiben mit dem Unternehmen in Kontakt und führen ggf. zur Kontinuität weiterer Aufträge aus ihrem neuen Unternehmen.
– Die Personalleitung wünscht sich mehr als die bisherigen Fälle (ca. 5 % der Belegschaft) von Altersteilzeit (= verkappte Form des Vorruhestandes).

– Die älteren Mitarbeiter kommen in **Crash-Kursen** nicht mehr mit, da ihre Lernfähigkeit und/oder ihre Lernmotivation in vielen Fällen herabgesetzt erscheint.

Weiterbildung

Wichtig zu wissen ist, dass es sich bei dem untersuchten Unternehmen um eine Tochtergesellschaft handelt, denn der größte Teil der Weiterbildungs-Maßnahmen findet bei der Muttergesellschaft statt. Dabei handelt es sich fast ausschließlich um Weiterbildung im Bereich betriebswirtschaftlicher Software.

Weiterhin ist auf den **hohen variablen Lohnanteil** im Unternehmen MU hinzuweisen. Diese Art der Gratifikation wirkt sich unbedingt negativ auf die Bereitwilligkeit des Mitarbeiters aus, sich weiterzubilden. Einige der befragten Mitarbeiter, meistens die jüngeren, gaben an, in ihrer Arbeitszeit keine Weiterbildungs-Maßnahmen durchzuführen, da dies bei dem hohen variablen Lohnanteil ihren Verdienst schmälern würde. So bliebe letztendlich nur die Freizeit übrig, die jedoch nicht notwendigerweise zur Weiterbildung genutzt wird. Somit beschränkt sich die Weiterbildung dann weitgehend auf das Lesen von Literatur.

Bei der Bewertung des Weiterbildungsmanagements bei MU wurden vier Aspekte betrachtet: Akteure, Verhandlungssituation, zeitliche Bestimmung und Finanzierung.

Aspekt	Situation im Unternehmen GU
Akteure	Die Akteure sind primär der jeweilige Mitarbeiter und der Vorgesetzte. Jedoch wird die Aufgabe der Auswahl bzw. Filterung der Weiterbildung im betriebswirtschaftlichen Bereich zu einem gewissen Teil durch die Muttergesellschaft übernommen. In den Unternehmensbereichen, die sich nicht mit betriebswirtschaftlicher Software befassen, verlässt man sich auf die Eigeninitiative des Mitarbeiters.
Verhandlungssituation	Die Weiterbildungsmaßnahmen werden überwiegend durch die Karrierevorstellungen der Mitarbeiter vorgegeben, sowohl was den Inhalt als auch was die Anzahl der besuchten Kurse betrifft. Der **engagierte Mitarbeiter** geht auf den Vorgesetzten zu und fordert seine gewünschten Weiterbildungs-Maßnahmen. Dies ist ein Fall, welcher bei MU recht häufig anzutreffen ist. Als Nachteil muss aber betont werden, dass **weniger engagierte Mitarbeiter** keine Weiterbildungs-Maßnahmen erhalten, da sie sie nicht einfordern. Weithin positiv wurde auch das Mitarbeitergespräch von den Mitarbeitern bewertet. Die Einschätzung der Leistungsfähigkeit und die daraus resultierenden Weiterbildungs-Maßnahmen bedeuten eine innovationsorientierte Entwicklung des Weiterbildungs-Managements. Allerdings wurde deutlich, dass die im **Personalgespräch** festgelegten bzw. angesprochenen Weiterbildungs-Maßnahmen nicht die nötige Beachtung erhalten, die sie verdienen. Hier müsste das Personalmanagement mit mehr Nachdruck die Verwirklichung der Weiterbildung sichern.

Zeitliche Bestimmung	Bei der zeitlichen Bestimmung wird, wie in den anderen untersuchten Unternehmen auch, in starkem Maße problem- bzw. projektbezogen gehandelt. Das heißt, Weiterbildungs-Maßnahmen stehen üblicherweise in Zusammenhang mit den durchzuführenden Projekten. Als längerfristige Perspektive sei vorgeschlagen: Da sich das Unternehmen MU auf mehreren Geschäftsfeldern bewegt, könnte für den Mitarbeiter zum Beispiel eine **schrittweise Aneignung einer zweiten Spezialisierung** in Betracht kommen, die für ein späteres Tätigkeitsfeld notwendig wäre, wenn das alte nicht mehr benötigt wird. Im Hinblick auf entsprechende Weiterbildungs-Maßnahmen wurde dem Unternehmen zwar Unterstützung bescheinigt, es bestehe allerdings das Problem, dass durch den hohen variablen Lohnanteil die Weiterbildung wieder zu Lasten des Verdienstes geschehen müsse. Um diesen negativen Effekt auszugleichen, wäre die Umlegung von Überstunden auf Weiterbildungs-Maßnahmen bzw. die Prämierung (Weiterbildung als Projektprämie) sinnvoll.
Finanzierung	Die Finanzierung von Weiterbildungs-Maßnahmen erfolgt, soweit sie den Projekterfolg unterstützen, durch das Unternehmen. Allerdings existiert für die jeweilige Abteilung kein festgelegtes Weiterbildungs-Budget, da die einzelnen Abteilungen entweder als Profit- oder Cost Center ausgelegt sind. Bei den Mitarbeitern wurde festgestellt, dass diese durchaus bereit wären, unter bestimmten Voraussetzungen einen vertretbaren Eigenanteil beizusteuern. Es besteht bereits die Tendenz, sich privat weiterzubilden und dies selbst zu finanzieren. Das betrifft in vielen Fällen das Lesen von Fachzeitschriften und anderem, z.B. Information über das Internet.

Die **Qualität der Weiterbildungs-Maßnahmen** wurde unterschiedlich beurteilt. Während interne Seminare als eher qualitativ unterdurchschnittlich beurteilt wurden, gab es für externe Seminare gute Bewertungen.

Mitarbeiterentwicklung und Laufbahnplanung

a) Karriere und Status-Gewinnung

– Es scheint bei den Mitarbeitern generell davon ausgegangen zu werden, dass eine Karriere nur über einen Unternehmenswechsel zu bewerkstelligen ist, da MU über eine flache Hierarchie verfügt. Aber die bestehenden Möglichkeiten der Differenzierung der Laufbahn im Unternehmen sind klar strukturiert, so dass von einem Informationsdefizit auf Seiten der Mitarbeiter als Ursache für diese Ansicht nicht auszugehen ist.

– Neben dem rein finanziellen Erfolg (geregelt über das erfolgsabhängige Entlohnungssystem) und dem vierstufigen System der Kennzeichnung von Berater-Stellen (mit unterschiedlicher Qualifikation und Erfahrung) hinaus existieren im Unternehmen durchaus andere Möglichkeiten, **Anerkennung und Status** zu gewinnen. Als ein interessanter Ansatz wurde die Spezialisierung in einem SAP-Modul genannt, für das der Mitarbeiter dann Experte ist und Beratungsleistung auch (bei entsprechender Gestaltung des Verrechungssystems) im Hause erbringen kann.

b) Möglichkeiten für ältere Softwareentwickler

- Eine Notwendigkeit zusätzlicher Stellen, gerade für erfahrene ältere Mitarbeiter ergibt sich auch, wenn man dem **Mangel an guten Trainern** für Schulungen im Unternehmen begegnen will. Da diese Arbeit bisher von den Mitarbeitern nur nebenbei erledigt werden kann, ergibt sich immer eine Konkurrenzsituation zum Erbringen von Leistung in den Projekten. Die Errichtung eines Profit-Centers für das Training könnte ein Anstoß sein, hier auch unter den gegebenen Bedingungen bessere Trainingsleistungen zu ermöglichen und anzuspornen.

c) Maßnahmen des Personal- und Weiterbildungsmanagements

- Die Personalabteilung scheint den Prozess der Laufbahnplanung und der Impulsgebung zum Besuch von Weiterbildungsmaßnahmen nur mit einem Fragebogen für das Personalgespräch mit dem Vorgesetzten zu unterstützen. Des weiteren wird die Personalabteilung erst dann hinzugezogen, wenn ein Abfall der Leistung unter einen bestimmten Normwert auftritt.
- Ein **Tätigkeits- und/oder Bereichswechsel** findet in der Regel nicht statt. Sie werden – im Rahmen der gegebenen organisatorischen Strukturen – auch als schwierig angesehen. Wechsel dieser Art wären aber sinnvoll, um die Bewahrung kognitiver Flexibilität zu fördern. Das Personal- und Weiterbildungsmanagement sollte sich fragen, wie man diese Aktivität ermöglichen und unterstützen kann.
- Die Umschulung und die Berater-Weiterbildung läuft in Form von Crashkursen ab. Es wird berichtet, dass jüngere Berater damit keine wesentlichen Probleme haben, älteren Mitarbeitern diese Lernform jedoch nicht entgegenkommt. Diese **Unzuträglichkeit von Crash-Kursen für Ältere** lässt sich auch der einschlägigen gerontologischen Literatur entnehmen. Studien der Erwachsenenbildung stützen die These, dass ältere Personen anders lernen und damit andere Lernbedingungen brauchen als jüngere.

Organisation

a) Allgemeine Bemerkungen

Im Unternehmen MU gibt es eine sehr flache Hierarchie, die es nur einem geringen Personenkreis ermöglicht, über Karriere zu Status zu gelangen. Nach der Meinung einiger Mitarbeiter kann man Status bei MU über eine breite Qualifizierung bzw. nur mit einem Unternehmenswechsel erreichen. Bei einigen Softwareberatern scheint der Mangel an Aufstiegsmöglichkeiten kein Problem zu sein, andere wiederum gedenken, dieses Problem mit einem Unternehmenswechsel zu kompensieren.

b) Tätigkeitswechsel

Jobrotation wird bei MU nicht kontrolliert durchgeführt. Auf Wunsch können Mitarbeiter in andere Abteilungen versetzt werden und einige Mitarbeiter arbeiten an vielen verschiedenen Projekten mit. Die Projektleiter geben ungern gute Mitarbeiter ab und die Entwickler möchten nicht aus einer gewohnten Gruppe herausgerissen werden. Des weiteren gibt es bei MU für alle Mitarbeiter hohe variable Lohnanteile, welche in der Anfangszeit nach dem Wechsel sicher nicht so hoch ausfallen würden. Allgemein wird in MU aus Rentabilitätsgründen sehr kurzfristig gedacht und geplant. Job rotation kostet kurzfristig Geld; der Erhalt der kognitiven Fähigkeiten und der Flexibilität verbunden mit mittel- bis langfristiger Amortisation werden nicht oder kaum berücksichtigt.

c) Informelle Kommunikation und Wissenstransfer

Bei MU wird der Wissenstransfer und die informelle Kommunikation von vielen Mitarbeitern als schlecht eingeschätzt und das Vorhandensein von Doppelarbeiten und -entwicklungen bestätigt. Das Einrichten einer **Knowledge-Datenbank** wurde vorgeschlagen, aber vom Personalleiter abgelehnt, welcher sich auf Erfahrungen der Muttergesellschaft berief. Dort wurde diese Datenbank mangels Akzeptanz zu wenig genutzt. Der Personalleiter zeigt sich über diese Datenbanken und deren Ergebnisse informiert, hat sich aber über eine variierende Einführung noch keine Gedanken gemacht. Auch hier kommt die Problematik der zu kurzfristigen Planung zum Tragen. Mitarbeiter mit der Pflege einer solchen Datenbank zu beauftragen scheint kaum denkbar zu sein, da diese ja nicht unmittelbar und messbar produktiv werden würden.

d) Benutzerbeteiligung

Nach verschiedenen Aussagen wird bei MU ein Prototyping in Abhängigkeit von der Größe und Dauer der Projekte mit spürbarem Erfolg durchgeführt. Allerdings wird der Kunde nur mit einbezogen, wenn neue Features entwickelt werden. Probleme mit Kunden gibt es bei MU dadurch, dass der Kunde eine starke Machtstellung besitzt und der Firma leicht zusätzliche Arbeit während der Durchführung des SAP-Projektes aufdrücken kann. Um dem entgegenzuwirken werden die Forderungen des Kunden detailliert vertraglich fixiert.

e) Qualitätsmanagement

Der Softwareentwicklungsprozess ist bei MU zertifiziert (ISO 9001) und es gibt einen Verantwortlichen für die Qualitätssicherung. Ansonsten spielt Qualitätssicherung bei MU nach übereinstimmenden Aussagen der Interviewten keine große Rolle. Projektleiter wissen zwar von dem Vorhandensein von Qualitätsvorschriften, wenden diese unter dem Zeitdruck der Projektarbeit aber nicht extensiv an. Code-Review wird beispielsweise nach einer Aussage nur bei der Feststellung von Fehlern durchgeführt. Durch das Verwenden von vielen Modulen und anschließende iterative Verbesserungen wird jedoch ein gewisses Qualitätsniveau gesichert.

Rollen für ältere Mitarbeiter in der Softwareentwicklung

Ziel des Konzeptes „Rollen für ältere Softwareentwickler" ist es, für älter werdende Mitarbeiter, die sich primär mit der Programmierung beschäftigen und sich
deshalb sehr stark spezialisiert haben, Aufgabenkomplexe bzw. Stellen (sog. Rollen) zu ermitteln und zu bewerten. Dabei sollen diejenigen Rollen ausgewählt
werden, die für die Entwickler aufgrund ihrer durch Berufs- und Lebensalter positiv gewachsenen Leistungspotenziale besonders gut geeignet sind.

Mit Hilfe der Definition der Aufgabenkomplexe wird ein Hilfswerkzeug für das
Personalmanagement bereitgestellt, mit dem das Personalmanagement in den Un-
ternehmen älter werdenden Softwareentwicklern Aufgaben entsprechend ihren
Fähigkeiten anbieten kann.

Ein Test des Instrumentes wurde in den Tiefenfallstudien durchgeführt. Im folgenden werden die Aussagen aus dem Unternehmen zur Einschätzung der Eignung älterer Softwareentwickler für diese Rollen knapp wiedergegeben. Eine ausführliche Darstellung findet sich in Kapitel 5.

Aus dem Unternehmen MU können abgekürzt folgende Meinungen zu den
vorgeschlagenen Aufgabenkomplexen wiedergegeben werden:

Aufgaben der operativen Ebene	Aussagen im Unternehmen MU zu: Einschätzung der Eignung älterer Softwareentwickler für diese Rollen
Systembetreuung/ -verwaltung	Für älter werdende Softwareentwickler unumstritten gut geeig- net und bereits jetzt eine gängige Karriere.
Qualitätssicherung	Durch ein positives Beispiel eines in diesem Tätigkeitsfeld be- schäftigten älteren Entwicklers als Rolle für ältere Mitarbeiter bestätigt.

Indirekte Aufgaben innerhalb der Soft- wareentwicklung	Aussagen im Unternehmen MU zu: Einschätzung der Eignung älterer Softwareentwickler für diese Rollen
Wissenstransfer	Unterschiedliche Meinungen zur speziellen Eignung älterer Softwareentwickler für diese Aufgabe.
Innovationsmanagement	Innovationsmanager werden von den Gesprächspartnern generell abgelehnt.
Hotline	Bei MU wird bereits ein älterer, ehemaliger Softwareentwickler für die Aufgabe in der Hotline-Arbeit geschult und eingesetzt.
Kundenschulung	Die Gesprächspartner waren sich mehrheitlich einig über die gute Eignung für älter werdende Softwareentwickler.
Coaching	Ein Coaching durch ältere Mitarbeiter ist in der Weitergabe von Projektmanagementerfahrung und Überblickswissen vorstellbar.
Marketing/ Akquise	Die Arbeit im Marketing-Bereich für ältere Softwareentwickler kommt kaum in Frage.

Incentives

Im Großen und Ganzen ergab sich der Eindruck, dass die Mitarbeiter mit den immateriellen und materiellen Zuwendungen seitens des Unternehmens sehr zufrieden sind. Ein stärkerer Motivationsanreiz hinsichtlich Teamarbeit und Einzelleistungen wurde als nicht notwendig erachtet.

Zu den Vorschlägen der **Kreditfinanzierung der Weiterbildung** bzw. der Weiterbildung als Gratifikation konnten sehr heterogene Ansichten beobachtet werden, trotzdem war eher eine Tendenz zur größeren Ablehnung festzustellen. Die Kreditfinanzierung der Weiterbildung wird bei den Neueinstellungen (in den Trainee-Programmen) bereits praktiziert. Die daraus entstehende Bindung an das Unternehmen wurde als sehr fesselnd betrachtet. Es gab allerdings den Gedanken, dass ein stark interessiertes Konkurrenz-Unternehmen die ausstehende Summe für den Mitarbeiter wohl als „Ablösesumme" übernehmen würde.

Weiterbildung als Gratifikation möchten die Mitarbeiter nicht unbedingt, da sie während der Weiterbildungs-Maßnahmen ihren variablen Lohnanteil nicht verdienen können. Betriebsuntypische Gratifikation passt laut Personalleiter nicht in das Schema des Unternehmens. Spezielle nichtfachbezogene Maßnahmen, wie z.B. Englischkurse, werden durch das Unternehmen aber durchaus *mit*finanziert. Im Allgemeinen betrachten die Mitarbeiter den vorhandenen Weiterbildungs-Anteil als völlig ausreichend. Die Mitarbeiter von MU sind sehr stark finanziell orientiert. Das liegt daran, dass sich dieses Unternehmen durch die Kombination von festen und variablen Lohnanteilen ein wirkungsvolles Instrument geschaffen hat, wenn es darum geht, die Mitarbeiter an Weiterbildungs-Maßnahmen zu beteiligen und ihnen während dieser Zeit nicht den sonst üblichen Lohn auszahlen zu müssen.

In der MU wird die Arbeitszeit der Mitarbeiter nicht erfasst. Die Mitarbeiter müssen ein definiertes und vereinbartes Ziel erreichen und werden bei dessen Erfüllung leistungsorientiert entlohnt. Zusätzlich haben sie einen festen Lohnanteil, welcher unabhängig von der Leistungserbringung gezahlt wird. Die Geschäftsleitung sowie die Mitarbeiter sehen in dieser Organisation die einzig vernünftige Möglichkeit im innovativen Bereich der Softwareentwicklung tätig zu sein. Der Betriebsrat steht dem aber sehr kritisch gegenüber.

Negativ zu dieser Organisation ist zu bemerken, dass die Mitarbeiter zur „Selbstausbeutung" neigen, um ein maximales Arbeitsentgelt zu erzielen. Des weiteren entsteht dadurch eine Unternehmenskultur, die von jedem Unternehmensmitglied eine entsprechende Arbeitsleistung abverlangt. Aus diesen Gründen ist eine solche Unternehmenskultur für ältere Arbeitnehmer **bei erhöhter Familien- und Freizeitorientierung** denkbar schlecht geeignet. Anderseits wird mit diesem System das Senioritätsprinzip weitestgehend vermieden.

Symptome wie das Burn-Out fallen hier *tendenziell* auf fruchtbaren Nährboden. Die Mitarbeiter trauen sich nicht, ihren Verschleiß anzuzeigen und die unmittelbaren Vorgesetzten unterliegen einem Interessenkonflikt. Dieser Interessenkonflikt besteht einerseits aus der Fürsorgepflicht gegenüber den Unterstellten und anderseits aus der Unternehmensforderung nach maximaler Leistungserfüllung. Entgegenwirkende Maßnahmen sind bisher noch nicht notwendig geworden und das Problem scheint von allen Beteiligten auch noch nicht erkannt worden zu sein. Aufgrund unserer Ausführungen gegenüber den Mitarbeitern war erkennbar, dass das Problem (z.B. in Form der Vereinbarkeit einer Familienorientierung mit diesem Entlohnungssystem) bei den Interviewten erkannt wurde und Denkprozesse auslöste.

Eine betriebliche Altersversorgung wurde aufgrund der „jüngerenzentrierten" Altersstruktur nicht eingeführt. Es gibt aber eine Direktversicherung als Incentive, in der das 13. Gehalt (Weihnachtsgeld) eingezahlt werden kann und bei dem das Unternehmen die Pauschalsteuern übernimmt.

A 2.2.3 Zusammenfassung der Interviews im Unternehmen „GU"

Das große Unternehmen bietet eine breite Produktpalette im Bereich der Software für Geschäftsprozesse an, die u.a. SAP-Beratung, unternehmensinterne Anwendungen und ebenso individuell für einen Kunden entwickelte Software beinhaltet. Wichtige Rahmenbedingung für die zukünftige betriebliche Altersstruktur wird sein, dass am bislang größten Standort „X-Dorf" das Unternehmen nicht weiter expandieren wird. Hier arbeiten insgesamt 1200 Mitarbeiter, von denen ca. 500 Entwickler sind. Zusätzlich werden 250 freie Mitarbeiter beschäftigt.

In den letzten fünf Jahren fand ein Übergang in der Ausrichtung der Geschäftsfelder und – in der Folge davon – in der Organisationsstruktur statt. Diese führt hin zu mehr externen Kunden, also einem verstärkt profitorientierten System. Dadurch ergibt sich aber auch die Konzentration auf kurzfristig ertragreiche Projekte, was dann zu einer strukturbedingten Vernachlässigung längerfristiger Perspektiven der geschäftsstrategischen Ausrichtung auf der Ebene einzelner Bereiche führt. Dieses wird allerdings in den Fällen aufgehoben, in denen der Abteilungsleiter längerfristige Ziele formuliert und an kurzfristigeren Rentabilitätsvorstellungen erfolgreicher Projektarbeit vorbei „privat" verfolgt.

Unter der vorherrschenden Ausrichtung auf Projektrentabilität leidet dann auch die Weiterbildung - dieses sogar zweifach: Eine fehlende längerfristige Geschäftsperspektive verhindert, dass der Mitarbeiter für sich im Unternehmensbereich eine längerfristige Perspektive seiner beruflichen Weiterbildung entwerfen kann. Die kurzfristige Orientierung am Projekterfolg erschwert weiterhin die Inanspruchnahme von Weiterbildungsmaßnahmen, da die Kosten direkt nur über Projektmittel verrechnet werden können und im Zweifelsfall Maßnahmen aufgrund von Zeitdruck in Projekten ausfallen oder verschoben werden müssen. Als weitere Folgen der Effizienzorientierung, die für die Weiterbildung und die Laufbahnplanung Bedeutung haben, sind zu nennen, dass früher vorhandene Management-Stellen für ältere Mitarbeiter weggefallen sind, dass der Projektdruck nicht nur dazu beiträgt Maßnahmen der Weiterbildung zu verschieben, sondern auch die informelle Kommunikation vermindert und dass sich eher eine Konkurrenz zwischen den Abteilungen entwickelt und kaum Zusammenarbeit stattfindet sowie bei

Einführung einer auf den Erfolg des einzelnen Mitarbeiters zugeschnittenen Leistungsentlohnung auch auf dieser Ebene das Entstehen einer Konkurrenzsituation bei manchen Interviewten befürchtet wird. Es wird berichtet, dass vor der Umorganisation mehr Weiterbildungsmaßnahmen stattfanden, die allerdings eher vom Vorgesetzten „nach dem Gießkannenprinzip" ausgeteilt wurden.

Grundsätzlich besitzen die Abteilungsleiter im Unternehmen einen Spielraum, um bezüglich der Weiterbildung Verbesserungen einzuführen. Dabei sollten sie stärker vom Personalbereich und von der Trainingsabteilung unterstützt werden. Die vorhandene Aufgeschlossenheit und beobachtbare, erste Ansätze zur individuellen Unterstützung von Weiterbildungs-Aktivitäten lassen zu, die zukünftige Situation mit einem gewissen Optimismus zu betrachten.

Organisatorische Aspekte

a) Generelle Anmerkungen

Bei manchen der interviewten Mitarbeiter aus der Softwareentwicklung wurden zwei Probleme hervorgehoben: die Existenz eines großen Verwaltungsapparates, dessen Mitarbeiter ebenfalls aus den Einnahmen bezahlt werden müssen, sowie ein Mangel an Synergieeffekten. Das Vorhandensein großer Abteilungen der Unternehmensverwaltung bei einer Unternehmensgröße wie bei GU ist durchaus nicht ungewöhnlich. Im Gegenzug sollten sich aus der Unternehmensgröße aber Synergieeffekte schöpfen lassen. Bei Unternehmen deren Output immaterielle Güter sind, bestehen diese Synergieeffekte aus der konsequenten Ausnutzung von vorhandenen Erfahrungen und Wissen. Um sich diese Ressourcen nutzbar zu machen bedarf es eines intensiven und optimierten Wissenstransfers durch alle Abteilungen hindurch, was bei GU momentan nicht der Fall ist.

Ein weiteres Problem kann in der hohen Anzahl von freien Mitarbeitern gesehen werden, welche einen beträchtlichen Teil des Know-hows der GU tragen. Durch gezielte Übertragung dieses Wissens auf interne Mitarbeiter wird teilweise versucht, dem **Problem der Wissensabwanderung** zu begegnen. Gelegentlich wurde gesagt, dass das Problem der freien Mitarbeiter weniger dramatisch sei, da hauptsächlich für ganz spezielle Kunden programmiert würde, und Konkurrenzunternehmen nur in den USA zu finden wären. Diese Argumentation ist schon im Hinblick auf das Organigramm kaum aufrechtzuhalten. Abteilungen werden gebildet, welche auf einen weitaus größeren Markt abzielen (z.B. die SAP-Beratungsdienstleistung). Selbst eine Abteilung, welche sich mit der Lösung von sehr spezialisierten Softwareproblemen beschäftigte, konnte einen Kunden aus einem ganz anderen Sektor gewinnen, womit eine vielseitige Einsatzmöglichkeit dieser Softwareentwickler deutlich wird. Die Gefahr des Verlustes von Kompetenzträgern, seien es feste oder freie Mitarbeiter, ist also durchaus gegeben.

Weiterhin wurde die Trennung von Vertrieb und Entwicklung bemängelt, welche die Durchführung von innovativen Vorhaben behindere. Für die Bewilligung von Forschungsgeldern durch die Geschäftsführung bedarf es einer positiven Bewertung des innovativen Vorhabens durch die Entwicklungsabteilung *und* durch den Vertrieb. Die Vertriebsabteilung, als Profitcenter organisiert, gibt ihre Zustimmung nicht, wenn keine kurzfristigen Absatzchancen in Sicht sind.

In einer weiteren, generellen Aussage wurde die Ausrichtung der Abteilungsleiter bemängelt, deren Hauptziel die Erreichung von Zielvorgaben zur Maximierung eines variablen Bonus sei, anstatt innovative Projekte voranzutreiben. Einzelne Aussagen aus verschiedenen Abteilungen bezogen sich auf eine fehlende strategische Ausrichtung ihrer Abteilungen: „Neueste Sachen werden oft nur in privater Initiative angegriffen, das tägliche Geschäft steht im Vordergrund."

b) Informelle Kommunikation und Wissenstransfer

Es fehle nicht nur zwischen den Abteilungen an Kommunikation, sondern selbst zwischen abteilungsinternen Projekten werde sich oft kaum noch ausgetauscht. Sinnvoll wäre ein Cluster von mehreren Abteilungen, eine übergreifende Zusammenarbeit. Eventuell sollten extra Mitarbeiter für diese Koordination eingestellt werden. Eventuelle Vorgehensweise:

- Abteilungsinterner Mitarbeiteraustausch zwischen den Projekten
- bereichsübergreifender Mitarbeiteraustausch
- Mitarbeiterdaten- und Wissensdatenbank (Vorsicht: unterschiedliche Begriffsverwendung zwischen den Abteilungen)

c) Benutzerbeteiligung

Ergebnisse:

- Bei größeren Projekten gibt es Benutzerbeteiligungen (teilweise auch in exemplarischer Weise erfolgreich).
- Benutzerbeteiligung sei aber durchaus noch verbesserungsfähig.
- Ein Widerspruch zwischen Festpreis und Benutzerbeteiligung wird konstatiert: mehrmalige Beteiligung des Kunden verleitet zu mehr Forderungen, die nicht im Festpreis abgedeckt sind.
- „Wenn man den Kunden zu oft mit einbezieht, sieht der auch, was schief läuft."

Kommentar: Dies sind keine Probleme, die nicht gelöst werden könnten. Allerdings wurde bisher darüber im Unternehmen GU noch nicht tiefer nachgedacht und es besteht keine diesbezügliche Unternehmensphilosophie.

d) Qualitätsmanagement

Für die Qualitätssicherung (QS) gibt es übergreifend keine Richtlinien und Standards, allenfalls das Gegenlesen der Software-Programme durch Kollegen. Die Qualitätssicherung liegt beim Ermessen des Projektleiters. Der Kunde will nach Angaben vieler Interviewter die QS nicht bezahlen, aber hauptsächlich scheitert sie am Zeitdruck in der Projektarbeit. Notwendig erscheint deswegen eine **Unternehmensphilosophie der Qualitätssicherung**, also auch das Engagement der Geschäftsführung. Aus der Vergangenheit des Unternehmens ist das Thema QS durch leidige Erfahrungen negativ besetzt. Wenn mehr externe Kunden vor der Tür stehen, wird in dieser Richtung vielleicht auch mehr gemacht werden. Auch hier wieder der Eindruck, dass man sich an der Spitze des Unternehmens mit dieser Thematik noch nicht hinreichend damit auseinandergesetzt hat.

Mitarbeiterentwicklung

Im Unternehmen GU bestehen bisher häufig nur kurzfristige Laufbahnperspektiven bei den Mitarbeitern, z.T. sind aber auch schon geeignete **Optionen der Mitarbeiterentwicklung** geschaffen worden durch

- (impliziten) Tätigkeitswechsel, der allerdings noch explizit von allen Abteilungsleitern und durch die Strategie der Geschäftsführung unterstützt werden müsste,
- Gleichstellung von Entwicklern ohne Hochschulabschluss (Fachinformatikern) in der Möglichkeit, an Weiterbildungsmaßnahmen teilzunehmen, die auch deren Karrieren unterstützen.

Wesentlicher unternehmenskultureller Hintergrund, der die Entwicklung von Laufbahnperspektiven der Softwareentwickler erschwert, besteht in zum Teil weit verbreiteten Vorstellungen, die hier als „Betriebsmythen" bezeichnet werden sollen. Es soll ausdrücklich betont werden, dass diese „Mythen" zwar nicht *generell* als falsch bezeichnet werden können. Da sie aber leider zu bereitwillig auch als Argument dafür herhalten könnten, dass keine Maßnahmen der Laufbahnentwicklung und der Weiterbildung in Angriff genommen werden, müssen sie zumindest benannt und relativiert werden. Diese **Betriebsmythen und ihre potentiellen Gefahren** sind:

- Es besteht im Unternehmen die in dieser Ausschließlichkeit nicht haltbare Auffassung, dass in der Softwareentwicklung bereits die Aufhebung der klassischen Trennung von Entwickler- und Berateraufgabe gelungen sei. Dabei verlässt man sich zu sehr auf einen Automatismus der Qualifizierung, der für den älter werdenden Softwareentwickler weg von Programmieraufgaben und hin zur Beratertätigkeit führt. Diese verbreitete Anschauung kann dazu führen, dass der Vorgesetzte seine Verantwortung für die Laufbahnentwicklung des Mitarbeiters *vollständig* auf das Eigenengagement des letzteren verlagert.
- Es wird angenommen, dass die wesentlichen Probleme bei den heutigen älteren Mitarbeitern durch deren geringere Qualifikation (kein Hochschulabschluss in Informatik) bedingt ist und in Zukunft durch die höhere Qualifikationen Probleme der Weiterbildung weitgehend entfallen werden. Dieses ist sicherlich teilweise zutreffend, lässt jedoch eine Sensitivität für mögliche künftige Problemen der Altersstruktur bei einer nicht weiter wachsenden Mitarbeiteranzahl am Standort „X-Dorf", relativ geringer Fluktuation und langjähriger, hochspezialisierter Tätigkeit vermissen.

- „Die Leute lernen in den Projekten, d.h. beim Arbeiten." Das stimmt und es gibt wesentliche vorbildliche Beispiele einer **lernenden Organisation** auf der Abteilungsebene. Allerdings gilt das nur für das kurzfristig im Projekt benötigte Spezialwissen. Übergreifendes Fachwissen, das für den Übergang zu einem neuen Softwarepradigma benötigt wird, um in Kategorien des neuen Konzepts denken zu lernen, und z.T. auch die Bemühung um nichtfachliche Schulung (Projektmanagement, soziale Kompetenz, etc.) fallen nicht darunter. Die Sichtweise sollte also erweitert werden.
- Aussagen zur Gleichbehandlung von Hochschulabsolventen und Fachinformatikern bei Weiterbildungsmaßnahmen werden schon im Unternehmen relativiert, nämlich dahingehend, dass durchaus für die Laufbahnentwicklung der geringer qualifizierten, *zusätzliche* Lernanstrengungen erforderlich sind. Die Frage ist, ob sich dessen alle **Fachinformatiker** bewusst sind und weitergehende Anstrengungen zur Weiterbildung wollen. Ein erster Test wird in den folgenden Jahren am Kriterium festgemacht werden können, wie viele Fachinformatiker Projektleiter werden.
- Eine sehr gute Möglichkeit der Erfahrungsverbereiterung für das Unternehmen und den Mitarbeiter, der an dieser Art von Tätigkeitswechsel teilnimmt, manifestierte sich in der Aussage: „Der Wissenstransfer geschieht ‚über Köpfe', d.h. wenn Mitarbeiter der einen Abteilung in einer anderen mitarbeiten." Allerdings wurde oft zugegeben, dass dieser Wechsel viel zu wenig stattfindet. Er müsste auch von der Unternehmensleitung unterstützt werden und nicht nur auf persönlichen Netzwerken beruhen.
- Die teilweise auch strukturell bedingte **jugendzentrierte Innovationsstrategie** („Die Hochschulabgänger bringen das neue Wissen und Können mit.") versagt dann, wenn das Team bzw. die Abteilung „gemeinsam altert" und nicht erweitert wird. Schließlich – so zeigen die Beispiele aus anderen Unternehmen – bliebe dann nur die unbefriedigende Lösung, dieses Team (bzw. die Abteilung) aufzulösen oder nur zu Wartungsaufgaben für ältere, auslaufende Systeme heranzuziehen.
- „Schulungen stehen allen offen." Aber es scheint eine Tatsache zu sein, dass sie vorwiegend von den Jüngeren in Anspruch genommen werden und es u.a. bei den älter werdenden Mitarbeitern von Unternehmensseite **Anstöße zu mehr Engagement für die Weiterbildung** benötigt.
- Es bestehen Ängste, eine fachliche Differenzierung („Fachkarrieren") brächten Unruhe in das Unternehmen. Bei den von uns gesprochenen Mitarbeitern erschien die Bewusstseinsbildung aber in der Regel schon weiter fortgeschritten, so dass zu solchen Ängsten vor diesem Hintergrund kaum noch Veranlassung bestünde. Es war häufig schon so, dass sie unter einer **Fachkarriere** nicht mehr den absehbaren Aufstieg auf Posten im Organigramm verstanden, sondern durchaus ein wesentlich flexibleres System der Anerkennung spezifischer Qualifikationen und Tätigkeiten.
- Das Vorurteil, „Mitarbeiter engagieren sich in genügender Weise für ihre Weiterbildung, da es ihr Eigeninteresse ist", trifft auf viele Softwareentwickler zu,

aber auf manche eben nicht. Und auch wenn letztere eine Minderheit vom Typus introvertierter oder an ihre Laufbahnplanung nicht bewusst denkender Entwickler darstellt, so macht man es sich doch zu leicht, wenn eine diesbezügliche Verantwortung des jeweiligen Projekt- bzw. Abteilungsleiters sowie der Personalleitung nicht gesehen und wahrgenommen wird. Zumindest für diejenigen Mitarbeiter, „die nicht so laut nach Weiterbildung rufen", müsste ein „Warnsystem" installiert werden, welches dem Entwickler, der in eine fachliche Nische zu geraten droht, neue Impulse gibt.

– Der Aussage „Ältere werden gebraucht – für ältere Systeme" kann nicht widersprochen werden. Es ist aber wichtig, anzumerken, dass voraussichtlich immer weniger Personal für die älteren Systeme gebraucht werden wird und der Mitarbeiter wie auch das Unternehmen sich deshalb frühzeitig um Weiterbildung als langfristig angelegte und in mehreren Schritten vollzogene Umschulung bemühen müssen.

– „Leute, die mit 50 schlecht sind in der Arbeit, sind es auch schon mit 30 gewesen." Auch diese Einsicht und Erfahrung birgt die Gefahr in sich, dass daraus ein Argument gegen die Unterstützung von Maßnahmen der Weiterbildung seitens des Unternehmens wird.

– Schon unternehmensintern findet die Aussage „es gibt keine reinen Programmierer" ihre Relativierung. Zumindest gelten Einschränkungen für die große Menge an freien Mitarbeitern, aber auch für den oben schon angesprochenen Typus des introvertierten Softwareentwicklers, der in allen Altersstufen zu finden ist, und dem Impulse zu seiner weiteren Qualifizierung vom Unternehmen gegeben werden müssen.

Weiterbildung

Das Unternehmen GU besitzt sehr viele Abteilungen, die unterschiedlichen Aufgaben nachgehen. Individual-Softwareentwicklung wird ebenso betrieben wie SAP-Beratung und die Betreuung und Weiterentwicklung anderer, älterer betriebswirtschaftlicher Software. Während der Tiefenfallstudie wurden zwei Abteilungen näher untersucht. Zum einen eine Individualsoftwareabteilung und zum anderen eine Abteilung, die sich mit einer älteren betriebswirtschaftliche Software beschäftigt und wo hauptsächlich Wartungsaufgaben anstehen.[270]

Bei der Bewertung des Weiterbildungsmanagements bei GU wurden vier Aspekte betrachtet: Akteure, Verhandlungssituation, zeitliche Bestimmung und Finanzierung.

---

[270] Da für eine innovative Betrachtungsweise der Weiterbildung die erstgenannte Abteilung im Vordergrund steht, beschränken sich die folgenden Ausführungen zum größten Teil auf die Vorgehensweise der Weiterbildung in der Individualsoftware-Abteilung. Jedoch soll in Ergänzung dazu auch auf negative Entwicklungen in der anderen Abteilung hingewiesen werden.

Aspekt	Situation im Unternehmen GU
Akteure	In der Regel der Mitarbeiter selbst sowie sein Vorgesetzter, aber hier auch eine Trainings- und Schulungsabteilung. Der Abteilungsleiter lässt dem Mitarbeiter den größtmöglichen Spielraum. Aus den Angeboten der Trainingsabteilung kann sich dieser über interessante Seminare oder Kurse informieren und seine favorisierten Lehrgänge auswählen. Über die Durchführung der Weiterbildungs-Maßnahmen entscheidet dann letztendlich der Vorgesetzte.[271] Zukunft: Falls der im Unternehmen diskutierte Vorschlag der Einführung eines **Weiterbildungs-Managers**[272] realisiert wird, wäre damit auch der Vorgesetzte in gewisser Weise entlastet.
Verhandlungssituation	Der Mitarbeiter geht auf den Vorgesetzten zu und bespricht mit ihm die notwendig werdenden Weiterbildungs-Maßnahmen. Diese werden dann meistens vom Vorgesetzten bestätigt. Von engagierten Mitarbeitern werden keine gravierenden Probleme bei der Vergabe von Finanzmitteln für die Weiterbildung beschrieben. Allerdings – und das betrifft nicht nur die hier genauer betrachtete Abteilung – erhalten geringer engagierte Mitarbeiter deutlich weniger Weiterbildungs-Maßnahmen. In diesem Punkte sollte der Vorgesetzte mehr Verantwortung übernehmen und introvertierte oder aus anderen Gründen weniger engagierte Mitarbeiter stärker darauf hinführen.[273]
zeitliche Bestimmung	Die problembezogene, auf die Anforderungen des aktuellen Projektes ausgerichtete und somit kurzfristige Weiterbildung steht im Vordergrund. Aber es werden auch schon mittelfristige Maßnahmen der Weiterbildung geplant. Eine wichtige Voraussetzung bei der langfristigen Planung von Weiterbildungs-Maßnahmen – eine strategische Ausrichtung der jeweiligen Abteilung, nach der sich das Weiterbildungs-Management richten kann – ist leider nicht für alle Abteilungen gegeben. Dort ist zu befürchten, dass **ältere Softwareentwickler** nach Ersetzen der bestehenden Anlagen und Auslaufen der älteren Software-Programme zu Crash-Kursen geschickt werden, die sich vermutlich für viele als lernstil- und altersinadäquat erweisen könnten. Denn solche Kurse sind erfahrungsgemäß für ältere Mitarbeiter sowohl sachlich (Übergang zu neuem Gebiet) als auch psychisch (Entwertung des alten Wissens, Konkurrenz zu jüngeren Entwicklern. Leistungsdruck im Lernen bei ggf. herabgesetzter Lernfähigkeit) mit einer geringeren Erfolgswahrscheinlichkeit behaftet.

---

[271] Dies ist deshalb wichtig, weil es hierbei um die korrekte Terminplanung der Projekte und der daraus resultierenden zeitlichen Beanspruchung für die Weiterbildung geht.

[272] Der Weiterbildungs-Manager hat u.a. als Aufgabe, die Funktion der Filterung zu übernehmen und dafür sorgen, dass die einzelnen Weiterbildungs-Maßnahmen dem Mitarbeiter zugänglich gemacht werden.

[273] An dieser Stelle sei nochmals die im Unternehmen diskutierte Stelle eines Weiterbildungs-Managers erwähnt, der den Vorgesetzten bei der Abstimmung der Weiterbildungsmaßnahmen mit dem Mitarbeiter unterstützen könnte. Dabei wären Weiterbildungsstatistiken und eine Skill-Datenbank nützlich, die bisher noch nicht vorhanden sind.

<table>
<tr><td>Finanzierung</td><td>

Hinsichtlich der Finanzierung scheint es im Unternehmen GU kaum Probleme zu geben. Die *internen* Schulungs-Maßnahmen werden über die Abteilungen verrechnet.[274]

Ein weiterer wichtiger Punkt betrifft das Weiterbildungs-Budget. Es konnte festgestellt werden, dass in den Abteilungen ein Budget für Weiterbildung vorhanden ist, und vom Vorgesetzten verwaltet wird. Dieses Budget könnte für Maßnahmen innovativer langfristiger Art ausgeweitet werden bzw. dafür ein eigenes Budget erstellt werden.
</td></tr>
</table>

Jobrotation

Bisher hat man sich eher darauf verlassen, dass die Abteilungsleiter oder die Mitarbeiter aus eigenem Interesse Tätigkeitswechsel organisieren. Z.B. haben wir in einer Abteilung von einer diesbezüglichen größeren Dynamik gehört, die früher bestand, sich heute aber „auf dem Rückzug" befindet. Diese Entwicklung ist nach Aussage der Mitarbeiter auch auf den Umstand zurückzuführen, dass die Projektleiter gute Kräfte ungern abgeben und einer Jobrotation zur Verfügung stellen. Ein weiteres Problem besteht in einer menschlichen Schwäche, der Gewohnheit der Mitarbeiter an ihren bestehenden Arbeitsplatz.

Vorschläge zur Realisierung:

- Vorgehen in kleinen Schritten, nicht sogleich herausreißen aus bestehenden Teams bzw. Tätigkeitsfeldern. Teile der Arbeitsaufgabe sollten bei der Durchführung eines Rotationsschrittes erhalten bleiben.
- Vermischen von Abteilungen durch Anwendung des Systems überlappender Gruppen (eventuell auch für den Wissenstransfer günstig).
- Einsetzung einer Skill-Datenbank (Beschreibung der Qualifikation der Entwickler) zur Vorauswahl möglicher Aspiranten für Tätigkeitswechsel. (Eine *Vor*auswahl ist deswegen nur möglich, da solche Datenbanken keine hinreichende Aussage über die *Qualität* der Qualifikation geben. Darüber hinaus sind sie nur bei regelmäßiger Pflege nützlich.)
- Fazit: Ein konzerninterner Wechsel des Tätigkeitsbereiches von Softwareentwicklern in einem etwa 3 Jahres-Turnus erscheint möglich und sinnvoll.

Rollen für ältere Mitarbeiter in der Softwareentwicklung
(Ausführlich: siehe Kapitel 5)

Ziel des Konzeptes „Rollen für ältere Softwareentwickler" ist es, für älter werdende Mitarbeiter, die sich primär mit der Programmierung beschäftigen und sich deshalb sehr stark spezialisiert haben, Aufgabenkomplexe bzw. Stellen (sog. Rollen) zu ermitteln und zu bewerten. Dabei sollen diejenigen Rollen ausgewählt

---

[274] Allerdings wurde von den Mitarbeitern teilweise bemängelt, dass die von der Trainingsabteilung angebotenen Kurse nicht immer aktuelle Themen für die Projektarbeit bzw. zukünftige Projektarbeit bereit halten.

werden, die für die Entwickler aufgrund ihrer durch Berufs- und Lebensalter positiv gewachsenen Leistungspotenziale besonders gut geeignet sind.

Ein Test des Instrumentes wurde in den Tiefenfallstudien durchgeführt. Zu diesem Zweck wurden die Gesprächspartner in den Unternehmen gebeten, die relativen Beziehungen der erforderlichen Eigenschaften der vorgeschlagenen Aufgabenkomplexe zu fixieren. Zur Darstellung der Anforderung bot sich dabei ein Portfolio mit dreidimensionaler Gestaltungsweise (soziale Kompetenz, Belastung und Erfahrung) an.

Im folgenden werden Aussagen aus dem Unternehmen zu den in den Aufgabenkomplexen benötigten Leistungspotenzialen, zur Belastung sowie zur Einschätzung der Eignung älterer Softwareentwickler für diese Rollen in tabellarischer Form wiedergegeben.

Im Großunternehmen GU wurden die folgenden Meinungen zu den vorgeschlagenen Aufgabenkomplexen vertreten (Ausführlich: siehe Kapitel 5):

Aufgaben der operativen Ebene	Aussagen im Unternehmen GU: Einschätzung der Eignung älterer Softwareentwickler für diese Rollen
Projektleitung und Systemanalyse	Die Aufgaben des Projektleiters sollten nach einhelliger Meinung schon in jüngeren Jahren ausgeübt werden.
Systembetreuung/ -verwaltung	Niemand möchte freiwillig diese Aufgaben über einen längeren Zeitraum ausüben.
Qualitätssicherung	Ältere Softwareentwickler wären geeignet.

Indirekte Aufgaben innerhalb der Softwareentwicklung	Aussagen im Unternehmen GU: Einschätzung der Eignung älterer Softwareentwickler für diese Rollen
Wissenstransfer	Sehr gute Eignung älterer Mitarbeiter.
Innovationsmanagement	Der mögliche Einsatz älter werdender Softwareentwickler als Innovationsmanager ist bei den Gesprächspartnern umstritten.
Hotline und Kundenschulung	Durchweg befürwortende Meinungen bezüglich der Eignung älter werdender Softwareentwickler.
Coaching	Ältere Entwickler seien als Coach nur bedingt einsetzbar.
Marketing/ Akquise	Unterschiedliche Ansichten hierzu.

Incentives

Das Unternehmen GU bezahlt ihre Mitarbeiter teilweise unter dem westdeutschen Durchschnitt. Die Verflachung der Hierarchien wurde unter anderem dazu genutzt, die Gehaltsstrukturen zu senken. So erhalten die Projektleiter kaum mehr Zuwendungen als ihre Projekt-Mitarbeiter. Einerseits wurde ein **Mangel an Projektleitern** beklagt, anderseits war zu erfahren, dass einige Mitarbeiter durchaus die Fähigkeiten und Qualifikationen besitzen würden, um diese Tätigkeiten durchzuführen. Allerdings haben diese keinen Anreiz um Projektleiter zu werden, da sie in diesem Aufgabenbereich den „Prellbock" zwischen Kunden, Unternehmensführung und Mitarbeitern ohne sonstige Vorteile sehen.

Während der Interviews gab es Meinungen, welche eine größere Belohnung finanzieller Art der individuellen und der Teamleistung forderten. Der Großteil der Befragten war der Ansicht, das die Motivation nicht allein über den Status („Ich gehöre zu GU") und Belobigungen (durch den Projekt- bzw. Abteilungsleiter) zu erreichen ist. Die Mitarbeiter schätzen vor allem die materiellen Anreize und verspüren dadurch Anerkennung durch das Unternehmen.

Vielfach wurde bemerkt, dass nicht honoriertes Engagement im Projekt dazu führt, dass die Leistung in darauf folgenden Projekten reduziert wurde. Besonders kritisch ist sicherlich die Erfolgsmessung von innovativen Projekten. Doch hier muss die Zukunftsträchtigkeit der Projekte berücksichtigt werden, um auch in Zukunft konkurrenzfähig zu sein. Allgemein ergab sich der Eindruck, dass der Horizont bei GU sehr kurzfristig angelegt ist. So werde jede eingesparte Stelle in der Controlling-Abteilung als Erfolg gefeiert, da ja Geld eingespart würde. Die Frage, wie viel diese Stelle eingebracht hatte und über einen mittel- bis langfristigen Zeitraum noch eingebracht hätte, scheint nicht im Vordergrund zu stehen.

Der Gedanke von der **Weiterbildung als Projektprämie** im Rahmen der leistungsorientierten Vergütung wurde (wegen steuerlicher Vorteile) im Allgemeinen begrüßt, obwohl teilweise die Wertschätzung durch die Mitarbeiter bezweifelt wurde.

Die Antworten auf die Frage nach der Akzeptanz der Kreditfinanzierung (Mitarbeiter tilgen den Kredit durch Zugehörigkeit zum Unternehmen) kostenintensiver Weiterbildung waren sehr heterogen. Teilweise war Interesse zu verspüren, andererseits Ablehnung mit der Begründung, dass die Entlohnung bei GU unter dem Durchschnitt liegt und das Unternehmen diese Kosten durchaus tragen sollte.

Hinsichtlich der geplanten Einführung der **Vertrauensarbeitszeit** kamen bei den Mitarbeitern Befürchtungen einer versteckten und eventuell nicht entlohnten Mehrarbeit heraus. Aus Fallstudien in anderen softwareentwickelnden Unternehmen ergab sich eine Bestätigung der Befürchtung von Mehrarbeit. (Allerdings enthielt das Gehalt in diesen Unternehmen einen überdurchschnittlich hohen Leistungsanteil, der zur Mehrarbeit der Mitarbeiter aus Eigeninteresse motivierte. Mit der Einführung der Vertrauensarbeitszeit im Verbund mit dieser stark leistungsorientierten Entlohnung ging in diesen Fällen auch eine Veränderung der Unternehmenskultur einher. Ebenso war das Entstehen von Gruppendruck und eine Tendenz zur Selbstausbeutung festzustellen. Aus diesen Gründen ist die Vertrauensarbeitszeit keinesfalls für ältere Mitarbeiter geeignet.)

A 3 Die Fragebögen für die Interviews

A 3.1 Der Fragebogen für die Kurzfallstudien

Themen- bereich	Kernfragen
	<u>Fragen an die Geschäftsleitung</u>
Allgemeine Unternehmensdaten, Geschichte des Unternehmens	Unternehmensgröße (Umsatz, -entwicklung) Produkte und Dienstleistung für welche Märkte? Geschichte des Unternehmens
	Alter der SW-Entwicklung und deren geschichtliche Entwicklung entlang – wichtiger Projekte, wichtiger technologischer Meilensteine und Marktzäsuren
	Bestimmungsgrößen der Softwareentwicklung – Markt (evt. auch technikgetrieben) – Technologie (Hard- und Software), sonst.
	Wie sehen Sie die Situation in der Softwareentwicklung? – Stress – durch Markt/Kunden, Technologie, sonst.
	Strategische Positionierung des Unternehmens (Einordnung des Unternehmens) Vorgegebene Antwortmöglichkeiten: – Dienstleister mit dem Ohr am Kunden – Standard-Softwareentwickler – Applikationsentwickler – Projekthaus
Mitarbeiterzahl, -qualifikation, -alter	Daten der SW-Entwickler: Durchschnittsalter und typische Qualifikation (ange-lernter Programmierer, Akademiker, Informatiker) und typische Karriere – Vertragsverhältnisse (freie – feste Mitarbeiter) – Verweildauer der Entwickler an einem Arbeitsplatz – Was sind die Gründe für SW-Entwickler, wenn Sie Ihr Unternehmen verlas-sen?
Innovationen in der Vergangenheit des Unternehmens	Was ist eine Innovation in Ihrem Hause? (und im Bereich der SW-Entwicklg.)? Nennen Sie Beispiele für wichtige erfolgreiche und evtl. nicht erfolgreiche Inno-vationsprojekte? – Neuerungsgrad? (Marktneuheit . . ., Grad d. Änderungen am Code, Qual. MA notwendig?)
	Beispiele für Innovationen in der Geschichte des Unternehmens – Rolle von Opponenten, Proponenten – Rolle älterer Mitarbeiter
	Wer bringt Wissen und Neuerungen in das Unternehmen ein? Vorgegebene Antwortmöglichkeiten: – neuer Mitarbeiter – alter, erfahrene Mitarbeiter – sonst.

<table>
<tr><td rowspan="4">Zukunft des eigenen Hauses</td><td>Unternehmensstrategie, Leitbild, Credo
Wohin werden sich Markt, Technologie und Organisation entwickeln?</td></tr>
<tr><td>Welchen Einfluss, glauben Sie, wird die Globalisierung auf Ihr Unternehmen haben? (Begründen Sie bitte Ihre Einschätzung!)
– keinen Einfluss, – Einfluss, weil Kunden evtl. weg gehen, – großen Einfluss, weil wir nach draußen gehen werden, – sonst.</td></tr>
<tr><td>Von welchen der zukünftigen Innovationen glauben Sie, dass Sie von älteren Mitarbeitern zu bewältigen sein werden, in welcher Rolle werden Sie Anteil haben?</td></tr>
<tr><td>Denken Sie, dass die Anforderungen an Mitarbeit in der Softwareentwicklung auch in Zukunft noch durch ältere Mitarbeiter zu erfüllen sein werden?
– Liste der Anforderungen[275] vorgelegt
– Typen älterer Mitarbeiter (aus Firmengeschichte, evt. Qualifikationsniveau als Variable)</td></tr>
<tr><td rowspan="2">Erfahrungen mit älteren Mitarbeitern</td><td>Sind bei Ihnen ältere Mitarbeiter vorhanden (solche, die mindestens 15 Jahre im Unternehmen tätig und/oder älter als 45 sind)?
– Anzahl
– Qualifikation
– typische Karrieren
(Tätigkeitswechsel, Neu-Qualifikation, Neu-Anfänge)</td></tr>
<tr><td>Wie sehen Sie in Ihrem Hause die Bereitschaft, dass ältere und jüngere Mitarbeiter in einem Team zusammenarbeiten?
– Beispiele der Zusammenarbeit (Lehrer-Schüler, alt-jung)</td></tr>
<tr><td>Urteile über ältere Mitarbeiter</td><td>Welche der folgend aufgeführten Eigenschaften sind bei den älteren Mitarbeitern Ihres Hauses typischerweise schwächer oder stärker im Vergleich zu jüngeren Mitarbeitern gleichen Typs vorhanden?
– Liste der Anforderungen: Belastbarkeit, Motivation (extrinsisch: Status, Geld; intrinsisch: Inhalt der Arbeit), Lernfähigkeit, Kritikfähigkeit, Flexibilität, Kommunikationsfähigkeit, Kommunikationsbereitschaft, Erfahrung, kognitive Eigenschaften,
– Wissen über: Markt, Technik, Organisation, Fähigkeit, die eigene Arbeit in größerem Zusammenhang zu sehen,
– Systemanalytische Fähigkeiten, abstraktes Denken, Kenntnis von Programmiersprachen, Entscheidungskompetenz
– Typen älterer Mitarbeiter (aus Firmengeschichte, evtl. Qualifikationsniveau als Variable)</td></tr>
</table>

---

[275] Die Liste der Anforderungen: Belastbarkeit, Motivation (extrinsisch: Status, Geld; intrinsisch: Inhalt der Arbeit), Lernfähigkeit, Kritikfähigkeit, Flexibilität, Kommunikationsfähigkeit, Kommunikationsbereitschaft, Erfahrung, kognitive Eigenschaften, Wissen über: Markt, Technik, Organisation, Fähigkeit, die eigene Arbeit in größerem Zusammenhang zu sehen, systemanalytische Fähigkeiten, abstraktes Denken, Kenntnis von Programmiersprachen, Entscheidungskompetenz.

	Wodurch sind Ihres Erachtens die Unterschiede zu erklären? Vorgegebene Antwortmöglichkeiten: – biologische Veränderungen – zeitliche Exposition von arbeitsplatzspezifischen Einflüssen – zeitliche Exposition lebensindividueller Einflüsse – Entwicklung und Herausbildung charakterlicher Grundeigenschaften – aufgrund der Bildung und Ausbildung (primar, sekundar, akadem. Bereich)
Unternehmenskultur	Welche Unternehmenskultur pflegen Sie? Vorgegebene Antwortmöglichkeiten: – Diskussionsklima, – Führungsstil (kooperativ, hierarchisch), – Betriebsklima
	Warum arbeiten die Mitarbeiter in Ihrem Unternehmen? Vorgegebene Antwortmöglichkeiten: – Geld verdienen, – Pflicht tun, – Selbstverwirklichung, – Freizeit
	Welche Kultur in der Zuteilung von Arbeit und Qualifikationsmaßnahmen pflegen Sie? Vorgegebene Antwortmöglichkeiten: – Arbeit und Qualifikation holen, – Arbeit und Qualifikation wird zugeteilt
	Ist es denkbar, dass: – ein verdienter Mitarbeiter mit Leistungspotenzial halbtags arbeitet? – ein guter Mitarbeiter ein Jahr an der Uni eine Neu-Ausbildung macht? – ein guter Mitarbeiter in Forschungsprojekten eingebunden wird, hierzu an Uni wechselt?
	Auf welchem Wege erlangen die Mitarbeiter in Ihrem Unternehmen ihren Ruf/Status? Vorgegebene Antwortmöglichkeiten: – aufgrund vergangener Leistungen – aufgrund Alter und Erfahrung – aufgrund formaler Kriterien
	Sind die Mitarbeiter in Ihrem Hause in einer Konkurrenzsituation?
Personal- und Weiterbildungsmanagement und dessen Zukunft	Erscheint den (manchen) Mitarbeitern Weiterbildung als Drohung oder als Herausforderung? Ist das abhängig von der Ausbildung oder Qualifikationsstufe?
	Wie wird in Ihrem Hause der SW-Mitarbeiter gesehen? Vorgegebene Antwortmöglichkeiten: – Arbeitskraft, Mensch, – Human Kapital, das es zu erhalten gilt
	Welche Instrumente des Personal- und Weiterbildungsmanagements werden in Ihrem Hause eingesetzt? Vorgegebene Antwortmöglichkeiten: – Rekrutierungsinstrumente (Assessment-Center etc.) – Entwicklungsinstrumente (Jobrotation, trainee programs . . .) – Qualifikationsinstrumente – Personal-Controlling: Führungskaderlisten – Gratifikationsinstrumente (allg. Lohnregelung, Karrieren, Verhandlungen) – Qualifikationsansprüche (wie erwirbt man die?, wer zahlt?) – Mitarbeitergespräche zur Zielvereinbarung (wie häufig, durch wen?) – etc. Welche Mitarbeitergruppen werden davon berührt (Altersabhängigkeit)?
	Welche Strategie in der Zuteilung von Arbeit und Qualifikationsmaßnahmen fahren Sie? Vorgegebene Antwortmöglichkeiten: – Arbeit und Qualifikation holen – Arbeit und Qualifikation wird zugeteilt

	Ist es denkbar, dass: – ein verdienter Mitarbeiter mit Leitungspotenzial halbtags arbeitet? – ein guter Mitarbeiter ein Jahr an der Uni eine Neu-Ausbildung macht? – ein guter Mitarbeiter in Forschungsprojekten eingebunden wird, hierzu an Uni wechselt? Welche Herausforderungen sehen in der Zukunft für eine erfolgreiche Personalarbeit?
Zukunft der Organisation im Unternehmen	Denken Sie, dass Sie mit ihrer heutigen Organisation noch in 20 Jahren werden arbeiten können? Zukunftsperspektive Vorgegebene Antwortmöglichkeiten: – Kernbelegschaft und virtuelle Teams – System aus freien Mitarbeitern
	Welche organisatorischen Maßnahmen sind zu erledigen, um die von Ihnen skizzierte Organisation in Ihrem Unternehmen einzuführen? – Betriebsvereinbarungen – Betriebsverschmelzungen, Sanierungen, Konkurse – Bildung einer Holding-Struktur Sind hierbei besondere arbeitsrechtliche Bestimmungen berührt? Sehen Sie Handlungsbedarf in der Novellierung der gesetzlichen Grundlagen dieser Bestimmungen?
	In welcher Weise werden in der von Ihnen skizzierten Organisation die typischen Konflikte gelöst? – Karriere, Status, Macht, – Gratifikation, – Leitungsfähigkeit, – legitime Entscheidungen – Integration verschiedener Ansichten, (Binnenorientierung, Außenorientierung)
	Wie sehen Sie ein ideales Team? – ältere Mitarbeiter – jüngere Mitarbeiter
	Denken Sie, dass die Ihnen vorschwebende Struktur in Zukunft in der Lage sein wird, die heute bei Ihnen arbeitenden „jungen" SW-Mitarbeiter noch zu integrieren? – Bei welchen Personen glauben Sie, dass es geht, bei welchen nicht?
	Ist es möglich, dass ältere Mitarbeiter bei jüngeren Mitarbeitern in die „Lehre" gehen?
	Organisationsmodell von VSS vorstellen – KoM-Kompetenzmanager – KAM-Key Account Manager – KaM-Kapazitätsmanager
	Geht so ein Modell auch bei Ihnen? (Konflikte: Geld, Status, Karriere)

Spezielle Fragen an Mitarbeiter in der Softwareentwicklung

Situation der älteren Mitarbeiter in der Softwareentwicklung	Denken Sie, hier in einem Unternehmen zu sein, in dem Sie auch die kommenden 20 Jahre verbringen könnten und möchten?
	Was ist Ihre persönliche Geschichte? – Ausbildung, – Tätigkeiten, – Vorstellungen über Ihre Zukunft
	Situation in der Softwareentwicklung – Termindruck, – Stress (durch Markt/Kunden, Technologie, sonst.) – Parallelprojekte, – Wechsel der Prioritäten (durch wen: Kunde, Mgt., sonst.)

	Bleibt Ihnen Zeit für die Einarbeitung in neue Themen- und Problemkreise? Werden Sie hierzu von der Leitung aufgefordert? Werden Sie dabei unterstützt? (Zeitschriften, Vorträge . . .)
	Wie arbeiten Sie? Vorgegebene Antwortmöglichkeiten: repetitiv – kreativ oder determiniert, – offen
	Können Sie Ihr Wissen nutzen?
	Wieweit sind Sie in Ihrer Arbeit von anderen und deren Entscheidungen abhängig?
	Wie erleben Sie die Belastungen? Sind sie vorübergehend?
	Schildern Sie uns einen typischen Tages-/Wochenablauf? (einseitige Belastungen, Planbarkeit Komplexität)
	Sind Sie zufrieden mit der materiellen Arbeitssituation? – Büros, Ausstattung, – Besprechungsräume, – etc.
	Was würden Sie sich an Ihrem Arbeitsplatz wünschen? In welchen anderen Strukturen sind Sie eingebunden? (Was ist sonst in Ihrem Leben wichtig?)
Erfahrungen mit älteren / jüngeren Mitarbeitern	Welche Erfahrungen haben Sie in der Zusammenarbeit mit älteren/jüngeren Mitarbeitern? – Zusammenarbeitssituation – Qualifikation der betreffenden Mitarbeiter – deren typische Karrieren (Tätigkeitswechsel, Neu-Qualifikation, Neu-Anfänge)
	Wie sehen Sie in Ihrem Hause die Bereitschaft, dass ältere und jüngere Mitarbeiter in einem Team zusammenarbeiten? – Beispiele der Zusammenarbeit (Lehrer-Schüler, alt-jung)
Urteile über ältere Mitarbeiter (Fremdbild / Selbstbild)	Welche der folgend aufgeführten Eigenschaften sind bei den älteren Mitarbeitern Ihres Hauses typischerweise schwächer oder stärker im Vergleich zu jüngeren Mitarbeitern gleichen Typs vorhanden? – Liste der Anforderungen vorgelegt (siehe Fußnote 275) Wissen über: Markt, Technik, Organisation, Fähigkeit, die eigene Arbeit in größerem Zusammenhang zu sehen, systemanalytische Fähigkeiten, abstraktes Denken, Kenntnis von Programmiersprachen, Entscheidungskompetenz – Typen älterer Mitarbeiter (evtl. Qualifikationsniveau als Variable)
	Wodurch sind Ihres Erachtens die Unterschiede zu erklären? Vorgegebene Antwortmöglichkeiten: – biologische Veränderungen – zeitliche Exposition von arbeitsplatzspezifischen Einflüssen – zeitliche Exposition lebensindividueller Einflüsse – Entwicklung und Herausbildung charakterlicher Grundeigenschaften – aufgrund der Bildung und Ausbildung (primar, sekundar, akadem. Bereich)
Unternehmenskultur	Welche Unternehmenskultur pflegen Sie? Vorgegebene Antwortmöglichkeiten: – Diskussionsklima, – Führungsstil, – Betriebsklima
	Warum arbeiten die Mitarbeiter in Ihrem Unternehmen? Vorgegebene Antwortmöglichkeiten: – Geld verdienen, – Pflicht tun, – Selbstverwirklichung, – Freizeit

	Auf welchem Wege erlangen die Mitarbeiter in Ihrem Unternehmen ihren Ruf/Status? Vorgegebene Antwortmöglichkeiten: – aufgrund vergangener Leistungen – aufgrund Alter und Erfahrung – aufgrund formaler Kriterien
	Sind die Mitarbeiter in Ihrem Hause in einer Konkurrenzsituation? Gibt es hier alterspezifische Unterschiede? Vorgegebene Antwortmöglichkeiten: – Kollegialität, – Konkurrenzverhalten
Bildung und Aus- bildung	Was sind Ihres Erachtens die wichtigsten Ziele einer akademischen Ausbildung? Bitte begründen Sie Ihre Ansichten! Vorgegebene Antwortmöglichkeiten: – Lernen lernen, – Fachwissen vermitteln, – sonst.
Zur Software- Industrie	Wohin sind die vielen Mitarbeiter der SW-Industrie gegangen, die seit Beginn der 70er Jahre dort gearbeitet haben? – These von der Karriere in Vertrieb und Management – These von der Arbeit in den Betrieben, die die Software gekauft haben (differenzieren nach unterschiedlichen Qualifikationen . . .)

A 3.2 Der Fragebogen für die Tiefenfallstudien

Themen- bereich	Kernfragen
Projektmanagement	Wie gehen Sie bei der Projektplanung und -durchführung vor? Gibt es be- stimmte Phasen? [ggf. auch statistische Daten und Ablaufpläne von Projekten]
	Findet bei Ihnen die Projektentwicklung unter Zeitdruck statt? Woran macht sich das bemerkbar?
	Welche Gründe sehen Sie für den Zeitdruck? Vorgegebene Antwortmöglich- keiten: Mängel im Projektmanagement, Kundendruck, andere: . . .
	Werden Meilensteine und Projektfertigstellungstermine eingehalten?
	Welche Gründe sehen Sie für diese Terminverspätungen? – Könnten folgende Gründe Ihrer Meinung nach ebenfalls verantwortlich für Terminprobleme sein: – Unrealistische Projektplanung (Projektdauer wird falsch eingeschätzt) – Unklare Kundenvorstellungen verbunden mit ständigen Änderungen – Bremser im Projekt (mangelnde Qualifikation, -Motivation, Saboteure) – Langwierige Entscheidungsfindungen – Ungenügender innerbetrieblicher Wissenstransfer – Zeitaufwendige Dokumentation und zeitaufwendige Testläufe [Qualitäts- management] – Andere: . . .

Anm.: Bei den folgenden Fragen soll die Realisierbarkeit von Lösungen zu den eben ge- schilderten Problemkomplexen überprüft werden. Bevor die Gesprächspartner zum Thema befragt werden, sollen sie eigene Ideen zur Lösung angeben und Angaben zur Wichtigkeit machen! Probleme nur ansprechen, wenn deren Existenz vorher bestätigt wurde!

Zeitdruck u. Projekt-verzögerung durch Kunden	In welcher Art und Weise berücksichtigen Sie Kundenanforderungen und wie wird der zukünftige Nutzer in das Projekt mit einbezogen? Was halten Sie von punktueller Benutzerbeteiligung und schrittweise Präzisierung und Differenzierung von Anforderungen z.B. durch Prototyping
	Gibt es bei Ihnen eine Hotline? Behindert die Hotline-Arbeit den Projektablauf (da die Mitarbeiter dort zeitweilig eingebunden werden)?
Defizite in der Entscheidungs-findung	Wie sind die Aufgaben eines Projektes auf die Mitarbeiter verteilt? Haben diese ausreichend zugewiesene Kompetenzbereiche in denen Sie relativ autonom entscheiden können? Welche Aufgaben übernimmt der Projektleiter (Koordination, Ansprechpartner)?
	Erhöhung der Autonomie und des Kompetenzbereiches des einzelnen Mitarbeiters durch „management by objectives" (Werden Probleme gesehen?) – wenn bereits angewandt, wie werden die Ziele operationalisiert?
Mängel i. WT	Welche Maßnahmen zur Verbesserung des internen Wissenstransfers (WT) schlagen Sie vor? Entsprechend aufgearbeitete Wissensdatenbank, Wissenschaftstransfer-Mitarbeiter [Aufgabe für ältere Entwickler?]
Defizite in der Projektplanung	Liegen die Hauptursachen der falschen Projektplanung beim Projektleiter? Sollte dann nicht eine stärkere Vermittlung von Projektmanagementtechniken an den Lehreinrichtungen und Lehrgänge zur Einschätzung des innovativen Teils der Entwicklung erfolgen? Zu welchem Anteil macht der <u>Projektleiter</u> noch Softwareentwicklung (Programmierung, Organisation des Softwareentwicklungs-Prozesses)?[Modularisierung/Standardisierung]
Qualitätsmanagement (QM)	Wie wird bei Ihnen QM durchgeführt? – Setzen Sie bestimmte Standards ein? Gibt es für Ihr das Softwaresystem ein bestimmtes Qualitätssicherungssystem, welches entsprechend den Software-Veränderungen iterativ angepasst wird? Werden für die Funktions-, Stress- und Lasttests Software-Werkzeuge verwendet oder ist das die Aufgabe von Testnutzern? Wird die Software im eigenen Haus getestet? Könnten Sie sich vorstellen, die gesamte Qualitätssicherung auszulagern? Welche Qualitätskriterien sind von Bedeutung? In welcher Phase des Projektes spielt das QM eine große Rolle?
Qualitäts-zertifizierung	Halten Sie eine Qualitätszertifizierung (QS) in der Softwareentwicklung für sinnvoll? Vorgegebene Antwortmöglichkeiten: – Bewertung des gesamten Entwicklungsprozesses und somit des Produktes – QS durch unternehmensunabhängige Berater (CMM-Modell)
Aufgaben für ältere Softwareentwickler	Für welche Aufgaben sind ältere Softwareentwickler ihrer Meinung nach prädestiniert? Die älteren Mitarbeiter sind unserer Meinung nach dazu gut geeignet folgende Tätigkeiten ausführen. Schließen Sie sich dieser Meinung an und würden Sie für diese Aufgabenbereiche die notwendigen organisatorischen Voraussetzungen schaffen? (Tätigkeitsfelder: Innovationsmanager, Verantwortlicher für den Wissenstransfer, Coach für junge Mitarbeiter, Projektleitung, Kundenbetreuer und Akquisiteur, Kundenschulung, Systembetreuung)
	Welche Kompetenzen müssen aufgebaut werden, damit ältere Softwareentwickler diese Aufgaben bewältigen können? Können Sie sich vorstellen, solche Stellen für ältere Mitarbeiter zu schaffen?

	Thesen: Probleme in der Zusammenarbeit zwischen älteren und jüngeren Softwareentwicklern beruhen vor allem auf Leistungsunterschieden und dem Senioritätsprinzip sowie den unterschiedlichen Leitbildern und Lebensvorstellungen und den Statusverlusten Älterer aufgrund veränderter Organisationsstrukturen. Können Sie sich einer dieser Thesen anschließen und sind Ihnen weitere Gründe bekannt, welche die Zusammenarbeit zwischen jüngeren und älteren Entwicklern beeinträchtigen? Gibt es Möglichkeiten die von Ihnen genannten Ursachen durch Maßnahmen zu entschärfen?
	These: Dem Senioritätsprinzip kann mit einer verstärkt leistungsorientierten Entlohnung entgegengewirkt werden. Wie weit ist ein solches Entlohnungssystem bei Ihnen fortgeschritten? Gibt es einen festen und variablen Gehaltsanteil? Welche Rolle spielen Berufserfahrung und Betriebszugehörigkeit in der Entlohnung?
Unternehmensklima	Die Generationsunterschiede und die damit verbundenen unterschiedlichen Ansichten lassen sich durch verschiedene organisatorische Maßnahmen kompensieren. Haben Sie solche Maßnahmen (zur Verbesserung des Unternehmensklimas) schon durchgeführt und welcher Art waren diese?
Incentive und Motivation	*These: In der Softwareentwicklung besteht die Tendenz zu flacheren Hierarchien verbunden mit der Schwierigkeit Status zuzuweisen.* Stimmen Sie dieser Problemsicht zu und wie gedenken Sie ggf. den Statusverlusten entgegenzuwirken bzw. sie zu kompensieren?
	Wie beurteilen Sie die Fluktuationsrate in Ihrem Unternehmen bzw. haben Sie damit Probleme? Welche Mittel setzen Sie ein um diese Rate so niedrig zu halten bzw. warum ist sie so hoch?
	Welche Incentive-Modelle werden bisher in ihrem Unternehmen eingesetzt? Planen Sie Änderungen in Ihrem Anreizsystem bzw. wollen Sie andere Komponenten hinzufügen?
	Das Konzept der betrieblichen Altersvorsorge kann die Mitarbeiter an das Unternehmen binden und ein wirksames Incentive-Modell sein. Inwiefern ist Ihnen dieses Modell bekannt? Würden Sie dieses Modell benutzen wollen (Bindung der Mitarbeiter bis diese berufsbiographisch alt sind) oder besteht ihrerseits kein Interesse (Berücksichtigung kurzfristiger Einsparpotenziale sowie Erhöhung der Liquidität)?
	Was halten Sie davon, den Mitarbeitern Weiterbildung als Gratifikationsmaßnahme zukommen zu lassen? Was halten Sie von der Kreditfinanzierung der Weiterbildung?
	Modelle der Mitarbeiterbeteiligungen am finanziellen Unternehmenserfolg stehen zur Zeit in der öffentlichen Diskussion. Haben Sie solche Modelle bereits eingeführt bzw. welche Form der Mitarbeiterbeteiligungen erscheint Ihnen vernünftig und realisierbar?
	Sehen Sie Unterschiede in der Motivationsfrage zwischen älteren und jüngeren Mitarbeitern? (Wodurch sind diese Mitarbeiter motiviert) Warum müssen ältere Mitarbeiter anders motiviert werden? Liegt es an einem altersbedingtem Wechsel weg von der Karriere – hin zur Familienorientierung?
	Selbstverwirklichung, Selbstkontrolle und Autonomie sind wichtige Motivatoren. Gibt es noch Spielräume in der Erweiterbarkeit der Selbstkontrolle in Form von bspw. der Vertrauensarbeitszeit oder halten Sie eine Kontrolle für unerlässlich?

Tätigkeitsdifferenzierung	Welche Tätigkeiten in der Softwareentwicklung sind besonders günstig für jüngere/ältere Entwickler?
Sabbaticals	Bestehen Kontakte zu Hochschulen? Welchen Zweck erfüllen die bestehenden Kontakte bzw. kann man sich vorstellen, dass durch Hochschulkontakte und Sabbaticals Vorteile für das Unternehmen und den Entwickler (abstraktes Denken, Konzeptwissen, Wissen außerhalb direkter aktueller Anwendung) entstehen? (Ggf.: Verbesserungsvorschläge für die Universitätsausbildung und die Hochschule als Weiterbildungsinstitution.)
Tagesablauf	Frage an die Entwickler: Einen typischen Tag schildern bzw. die zeitliche Dauer von Aktivitäten angeben. (Weiterbildungs-Anteil, Beschäftigung mit technologischen Neuerungen, Programmierung, Büro- und administrative Tätigkeiten, Kundenkontakt)
Mitarbeiterentwicklung und Laufbahnplanung	Durch welche Maßnahmen versucht man die Kompetenzträger zu halten? Wird über eine diesbezügliche Bedeutung von Laufbahnplanung nachgedacht?
	Kümmert sich das Unternehmen um die Laufbahnplanung der Mitarbeiter? Welche Maßnahmen gibt es in der Regel? Was sollte in Zukunft an Maßnahmen hinzukommen?
	Findet bei den Softwareentwicklern ein Tätigkeitswechsel statt?
	Besteht in Ihrer Unternehmung die Möglichkeit den Entwicklern einen Arbeitsplatz- und Inhaltswechsel in gewissen Abständen anzubieten? Was halten Sie von den Maßnahmen des job enrichment, welche in Verbindung mit der Managementtechnik „by objectives" den Verlust geistiger Fähigkeiten verhindern sollen? Sind diese Maßnahmen in der Softwareentwicklung realisierbar?
	In welchem Abstand finden Personalgespräche statt, wer ist daran beteiligt und wird das Gespräch durch einen vorher vorbereiteten Fragebogen unterstützt?
	Wird es ältere Entwickler geben, die intensiv in eine zweite, zukunftsträchtige Spezialisierung (bei Auslaufen der alten) qualifiziert werden?
	Ist dazu eine „Pause" notwendig, in der die Umschulung stattfindet oder kann es gleitende Übergänge in einen neuen Bereich der Spezialisierung geben? Könnten Sie sich vorstellen, Ihren Mitarbeitern eine Zweit-Spezialisierung teilweise auch außerhalb der Unternehmensinteressen zu ermöglichen? Welche Probleme sehen Sie bei der Umsetzung eines solchen Vorhabens?
Weiterbildungsmöglichkeiten	Woran scheitern ihrer Meinung nach bereits geplante Weiterbildungsmaßnahmen hinsichtlich ihrer Durchführung während der Projektarbeit?
	Sind Weiterbildungsmaßnahmen in tariflichen Vereinbarungen geregelt?
	Stimmen Sie folgender These zu oder lehnen Sie diese ab? These: Bei der Durchführung von Weiterbildungsmaßnahmen spielt die Motivation der Mitarbeiter eine wesentliche Rolle.
	Für welchen Zeitraum werden Weiterbildungsmaßnahmen geplant?
	Wie werden die Weiterbildungsmaßnahmen nach ihren Inhalten für die jeweiligen Mitarbeiter ausgesucht?
	Werden bestimmte Weiterbildungsmaßnahmen nach dem Alter des Mitarbeiters vergeben?

<table>
<tr><td></td><td>

Werden die Weiterbildungs-Maßnahmen nach der Ausbildung des Mitarbeiters bestimmt? (z.B. Fachinformatiker bzw. Hochschulabsolvent)
Vorgegebene Antwortmöglichkeiten:
Zeitdruck, Fehlendes Personal, Zu geringe finanzielle Mittel, Kein Interesse des Mitarbeiters zum Zeitpunkt der Durchführung. Andere: . . .

</td></tr>
<tr><td></td><td>

Werden freie Mitarbeiter in die Weiterbildungsmaßnahmen des Unternehmens mit einbezogen?
Vorgegebene Antwortmöglichkeiten:
- Kein Einfluss
- Gering
- Wesentlich
- Hoch

</td></tr>
<tr><td></td><td>

Wenn ja, wie:
- Als generelle Forderung nach der Anzahl im Jahr . . .
- Von Fall zu Fall, je nach Notwendigkeit
- Als Forderung des Mitarbeiters
- Andere: . . .

</td></tr>
<tr><td></td><td>

Bestehen Unterschiede in der Art der Weiterbildung? (Kurse, Fachliteratur)
Vorgegebene Antwortmöglichkeiten:
- Keine langfristige Planung
- Halbjährlich
- Jährlich
- Länger

</td></tr>
<tr><td></td><td>

Wie werden Weiterbildungsmaßnahmen organisatorisch durchgeführt?
- Vorgegebene Antwortmöglichkeiten:
- Nach dem Geschäftsfeld
- Nach innovativen Bereichen
- Nach Projekterfordernissen
- Nach Wunsch des Mitarbeiters
- Andere: . . .

</td></tr>
<tr><td>

Finanzierung der Weiterbildungsmaßnahmen

</td><td>

Werden Weiterbildungsmaßnahmen generell zur Hälfte finanziert? Gilt das auch für Fachliteratur und längere Kurse?
Vorgegebene Antwortmöglichkeiten:
- Werden Weiterbildungsmaßnahmen auch an Universitäten oder Hochschulen durchgeführt? Wenn ja, nach welchen Kriterien: . . .
- Bessere Maßnahmen für den Jüngeren (in innovativen Bereichen)
- Ältere bekommen adäquate Weiterbildungsmaßnahmen (andere Lerngewöhnung)
- Ältere erhalten gar keine Weiterbildungsmaßnahmen mehr
- Andere: . . .

</td></tr>
<tr><td></td><td>

Spielen gesetzliche Richtlinien bei der Planung von Weiterbildungsmaßnahmen eine Rolle?

</td></tr>
<tr><td></td><td>

Nutzen sie Subventionen zur Berufsbildung aus?
Vorgegebene Antwortmöglichkeiten:
- Wenn ja, wie: So wie die anderen Mitarbeiter
- Durch finanzielle Unterstützung
- Durch Angebote mit Selbstbeteiligung
- Andere: . . .

</td></tr>
</table>

<table>
<tr><td rowspan="3"></td><td>Werden die Weiterbildungsmaßnahmen von den Mitarbeitern akzeptiert und gefordert?
Vorgegebene Antwortmöglichkeiten:
Ausschließlich während der Arbeitszeit oder der Freizeit oder gemischt</td></tr>
<tr><td>Bilden sich die Mitarbeiter privat aus eigenem Antrieb weiter?</td></tr>
<tr><td>Sind die Mitarbeiter bereit einen Teil ihrer Freizeit für Weiterbildungsmaßnahmen zu opfern? (Welche?)
Vorgegebene Antwortmöglichkeiten:
– Im Unternehmen
– Extern bei angebotenen Kursen von Organisationen
– In Zusammenarbeit mit anderen Unternehmen
– Der Mitarbeiter muss sich selbst um evtl. Seminare kümmern
Andere: . . .</td></tr>
<tr><td rowspan="4">Weiterbildungs-Controlling</td><td>Anhand welcher Kriterien werden die Inhalte von Weiterbildungsmaßnahmen bestimmt?
Vorgegebene Antwortmöglichkeiten:
– Wenn ja, wie: . . .
– In Zusammenarbeit mit den Hochschulen
– Nur als Durchführungsort
– Als Sabatical (Durchführung eines Semesters)
– Regelmäßige Besuche von Veranstaltungen
– Zusammenarbeit mit den entsprechenden Lehrstühlen
– Andere: . . .</td></tr>
<tr><td>Sind sie mit dem Nutzen von Weiterbildungsmaßnahmen zufrieden?
Sind die Mitarbeiter mit den durchgeführten Maßnahmen zufrieden?</td></tr>
<tr><td>Gibt es von ihrer Seite her Vorschläge zur Verbesserung der Weiterbildung?</td></tr>
<tr><td>Wird das neu erworbene Wissen nutzbringend im Unternehmen eingebracht? (Transfererfolg)</td></tr>
</table>

A 3.3 Themenliste und Fragen aus den zwei Phasen der Delphi-Expertenbefragung

Fragebogen zur ersten Phase der Delphi-Expertenbefragung

Thema	Kernfragen	Antwortmöglichkeiten (falls vorgegeben)
Allg. Angaben z. Experten	Name, Telefonnummer, Adresse, Funktion, Betrieb, Branche, Fachrichtung, Spezifische Erfahrungen	
Auswirkungen des demographischen Wandels i. d. Unternehmen	Hat die allgemeine Veränderung der Altersstruktur in der deutschen Bevölkerung auch Auswirkungen auf betriebliche Altersstrukturen?	Ja Nein
	Wenn ja, welche?	Problem bei den geburtenschwachen Jahrgängen die Betriebe wollen (unabh. von der demograph. Entwicklung) verjüngen
	Wenn nein, warum?	es gibt genug jüngere Mitarbeiter (das Ø-Alter steigt nur langsam) es gibt nur wenige junge Mitarbeiter, die nachdrängen würden und wegen deren die älteren weichen müssten wird durch Einwanderung kompensiert: qualifizierte junge Leute kommen Antwortdifferenzierung nach: gar nicht wichtig, wenig wichtig, wichtig, sehr wichtig
	Wie wichtig ist diese Fragestellung im eigenen Betrieb oder die Sie kennen?	Antwortdifferenzierung nach: überhaupt nicht wichtig, weniger wichtig, hat Wirkung, starke Wirkung
	Wie wirkt sich ein erhöhter Anteil älterer Mitarbeiter auf die Innovationskraft Ihres Betriebes aus?	Ältere werden gebraucht wegen: Erfahrung, Ältere sind auch kreativ/innovativ, Altersmischung hat positiven Effekt, Ältere werden nicht gebraucht wegen: Motivation zur Weiterbildung schwindet, Weiterbildung findet nicht statt, Ältere sind zu teuer, Ältere behindern Innovationen (oder verringern deren Geschwindigkeit), Jüngere machen die Innovation
	Warum hat dies Wirkung, bzw. warum keine Wirkung?	
Altersteilzeit und Frühberentung	Wie beurteilen Sie eine mögliche Kompensation der altersstrukturellen Entwicklung durch Altersteilzeit oder Frühberentungsmodelle unter den gegebenen gesetzlichen Regelungen und tariflichen Entwicklungen?	

Definition „älterer Mitarbeiter"	Ab welchem Alter gilt für Sie ein Mitarbeiter als älterer Arbeitnehmer . . . ?	. . . in der Softwareentwicklung _____ Jahre . . . im mittleren Management _____ Jahre . . . im Top-Management _____ Jahre Andere Kriterien (als das kalendarische Alter) wären sinnvoll: Dauer der Berufsausübung, Konkurrenzfähigkeit am Arbeitsmarkt, Qualifikation: für welche Technologie-Generation?
Veränd. d. Leistungs-potenziale	Welche Fähigkeiten und Kompetenzen verändern sich ab diesem Alter Ihrer Ansicht nach?[276]	Antwortdifferenzierung nach: höher, gleich, niedriger
Zusammenarbeit Jüngerer und Älterer	Welche Ursachen für Probleme der Zusammenarbeit von jüngeren und älteren Softwareentwicklern sind Ihnen bekannt?	unterschiedliche Werte/Lebenseinstellung fachliche Interessen, unterschiedliche Qualifikation, verschiedene Fachsprache/Konzeptdenken, andere Arbeitsweise, „aufgesetzte Jugendlichkeitskultur" mit Leistungsstress
Situation beim Unternehmenstyp, über den der der Experte urteilt	Welchem Unternehmens-Typ würden Sie die Unternehmen zuordnen?	Software für technische Produkte, Software für Geschäftsprozesse: extern oder intern, Standard-Software
	Arbeiten jüngere und ältere Mitarbeiter in gemeinsamen Arbeitsgruppen oder vorwiegend in separierten?	eher Ältere in den Teams bzw. ausgeglichene Altersmischung nach jüngeren und älteren Mitarbeitern getrennte Teams
	Wie wirkt die Unternehmenskultur auf die Motivation der Mitarbeiter sich weiterzubilden?	lernfeindlich neutral lernförderlich
	Werden vom Mitarbeiter aktiv Weiterbildungs-Maßnahmen nachgefragt? (Wie oft?)	generell oft manchmal nie
	In welchen Bereichen bzw. zu welchem Zweck werden ältere Mitarbeiter in der Softwareentwicklung eingesetzt?	Pflege älterer Systeme/Programme Kundenkontakt Einbringen von Projektmanagement-Erfahrung Verbesserung des Teamklimas Ausgleich der „Hitzköpfe" durch bremsende Kritik Einbringen technischer Neuerungen
	Welchen Einfluss hat die langjährige Tätigkeit in diesen Feldern auf die Leistungsfähigkeit der älter werdenden Softwareentwickler?	

---

[276] Fähigkeiten-Liste: 1. Teamfähigkeit, 2. soziale Kompetenz, 3. Denkfähigkeit, 4. Kreativität, 5. Erfahrung, 6. Problemlösefähigkeit, 7. Bereitschaft, Neues zu lernen, 8. Bereitschaft, Wandel in der Organisation mitzutragen

		Es gibt in der Software-entwicklung die Tendenz zu flacheren Hierarchien. Dadurch fehlen Karrieremöglichkeiten. Wie kann den Mitarbeitern in Zukunft eine Perspektive für die Berufslaufbahn (Status) gegeben werden?	langfristige Beschäftigungsperspektive Positionsängste Älterer beachten neue Laufbahnformen aufzeigen: Fach-Berater („Senior-Berater") bzw. „Verantwortungskompetenzen" Kundenorientierung (des Mitarbeiters) Firmenwechsel Projektleitung ansprechende/herausfordernde Tätigkeit bzw. Aufgabenwechsel Anerkennung und Spaß in Teamarbeit beim derzeitigen Firmenwachstum haben wir keine Probleme damit
Arbeitsbedingungen älterer Mitarbeiter		Wie oft gibt es im Unternehmen Fälle v. „Burn-out"?	gar nicht, selten, oft, häufig, oder: Ich habe da keinen Einblick.
		Welche Ursache haben Stress und Stressfolgen wie das „Burn-out" bei Softwareentwicklern?	Überstunden, Reisetätigkeit, Kundenbeteiligung am Projekt, kurze Entwicklungszeiten, Komplexität der Systeme und Arbeitsaufgaben, Weiterbildungs-Druck, Empfindung des Versagens oder Nicht-Weiterentwickelns, „Stress-Kultur" (Yuppie-Kultur), Konkurrenz zw. Mitarbeitern
		Ggf.: Welche Ursache hat der Zeitdruck?	Druck durch die Kunden, Konkurrenzdruck, fehlendes oder fehlerhaftes Projektmanagement, unsystematische Arbeitstechnik
		Welche Maßnahmen würden Sie zur „Burn-out"-Prävention empfehlen?	verbessertes Management (Projekt, Arbeitszeit, Arbeitsorganisation) Unternehmenskultur, die Stress vermindert oder „abfängt" Entgelt: tarifliche Anpassung an Leistung Laufbahnbegrenzung: z.B. nur 20 Berufsjahre, wie bei Piloten („mit 45 Jahren in den Ruhestand) oder Versetzen zu anderer Tätigkeit (mit anderer Technologie) oder in Aufgaben mit Kundenkontakt (Kunden-Berater etc.) persönliche Lebensgestaltung des Mitarbeiters
		Aus welchen Gründen besteht in den Unternehmen das Bild des leistungsgeminderten älteren Softwareentwicklers?	Burn-out kommt bei älteren Mitarbeitern in der Softwareentwicklung relativ häufig vor geringere Belastbarkeit des älteren Mitarbeiters fehlende Motivation des älteren Mitarbeiters geminderte Teamfähigkeit des älteren Mitarbeiters andere Qualifikation als bei jüngeren Mitarbeitern keine Chance für Weiterbildung

Entgelt-Regelung	Welche Kriterien bestimmen die Höhe des Entgelts?	Dauer der Betriebszugehörigkeit, zur Zeit erbrachte Leistung, Erfahrung bzw. formale Qualifikation, Erfolg der Arbeit des Teams, tarifliche Vorgaben, aktuelle Nachfrage auf Arbeitsmarkt
	Werden Ihres Wissens nach ältere Entwickler durch die Entgelt-Regelungen eher bevorzugt oder benachteiligt?	stark benachteiligt stark bevorzugt bevorzugt benachteiligt
	Gilt d. Senioritätsprinzip[277]?	Ja oder Nein
	Ggf.: Welche Maßnahmen würden Sie vorschlagen, um die negativen Auswirkungen der Entgelt-Regelungen für ältere Softwareentwickler aufzuwiegen oder zu beseitigen?	wer sich nicht entwickelt muss das Unternehmen verlassen, ständige Weiterbildung, Versetzen in Management-Aufgabe, falsche Erwartung der Steigerung des jetzigen hohen Verdienstes korrigieren, Änderungen der tariflichen Bestimmungen, Mischung von variablen und konstanten Gehaltsanteilen
(Vor-)Urteile über die Leistungsfähigkeit	In welchen Tätigkeiten sind Ihrer Ansicht nach ältere Mitarbeiter in der Softwareentwicklung besser bzw. schlechter als jüngere?[278]	Antwortdifferenzierung nach: besser, gleich gut, schlechter
Weiterbildung	Aus welchen Gründen entstehen bei älter werdenden Softwareentwicklern Defizite in der Weiterbildung?	Veränderung der Leistungspotenziale älterer Mitarbeiter (Lernfähigkeit, kogn. Flexibilität), Lernentwöhnung (durch langjährige Tätigkeit, die zur Routine wird), Weiterbildung ist nicht möglich (in dieser Situation: bei schnellem Wissenswandel und Arbeiten unter Zeitdruck, Nichtnachfrage älterer Mitarbeiter), Die Weiterbildung ist nicht mehr ökonomisch, „Fehlqualifikation" in der (Hochschul-) Ausbildung, Art der Weiterbildung ist (alters-) inadäquat, Weiterbildung wird als nicht notwendig angesehen
Innovationen	Welche Rolle spielen ältere Softwareentwickler typischerweise bei Innovationsprozessen? Bezüglich: (a) Einbringen von Neuerungen, (b) innerbetriebliche Durchsetzung:	– eher Neuerungsenthusiast oder eher Neuerungskritiker – eher Durchsetzungsförderer oder eher Innovationshinderer
	Innovationsverhinderer besitzen folgendes Merkmal:	spezifischer Charakter, höheres Alter, auf Freizeit ausgerichtete Werte, Angst um die erreichte Position, fehlende Teamfähigkeit, mangelnde Qualifikation

---

[277] Senioritätsprinzip = eine Entlohnung nach der Altersstufe.

[278] Tätigkeiten: Pflege älterer Systeme/Programme, Support, Beratung, Einbringen technischer Neuerungen, Einbringen von Projekterfahrung, Soziale Funktion im Team, Projektmanagement, Dokumentation, Training.

Innovationsverhinderer sind besonders effektiv durch:	Führungsposition, berufliche Erfahrung, Projekterfahrung und Überblicks-Kenntnisse, informelle Kontakte
Welche Maßnahmen halten Sie für geeignet, ältere Softwareentwickler stärker zu beteiligen bzw. ihnen eine positive Rolle dabei zu ermöglichen? Gedacht sei dabei insbesondere an Innovationsprozesse!	wechselnde Mitarbeit in verschiedenen Teams (bzw. Job-Rotation), gemischtes Team (Nach welchen Kriterien?), Erfahrung, neuestes Fachwissen, Geschlecht, soziale Qualifikation, Durchsetzungsfähigkeit, Unternehmenskultur: Streben nach Weiterbildung, Weiterbildung in Richtung Spezialist oder in Richtung Generalist, Erhöhung des innerbetriebl. Erfahrungsaustausches (zwischen den Teams), Leistungsanreize (z.B. Innovationsprämien), Spezielle Aufgabenbereiche für ältere Mitarbeiter: Verstärkung des Kundenkontaktes, Stabsgruppe für Technologiemanagement, Erfolg älterer Mitarbeiter ermöglichen, anerkennen bzw. sichtbar machen (d.h. spezielle Beachtung von Förderung und Anerkennung), methodisches Vorgehen im Projektmanagement, kreativitätsförderndes Gruppentraining, Positions-Angst nehmen, die scharfe Trennung zwischen den Aufgabenbereichen (ältere vs. neue Technik) ist aufzulockern, Beachten der verschiedenen Wertesysteme in den unterschiedlichen Lebensphasen (und bei Frauen), Laufbahnplanung: Langfristperspektive oder Blick des Mitarbeiters auf seine Marktchancen (= geringere Unternehmensbindung), Assessment-Center
Wurden in Ihrem Betrieb derartige Maßnahmen bereits umgesetzt, oder sind sie in Planung?	

Fragebogen zur zweiten Phase der Delphi-Expertenbefragung

Thema	Kernfragen	Antwortmöglichkeiten (falls vorgegeben)
Angaben zum Experten	Name des Experten, Betrieb, Branche oder Fachrichtung	
Altersfestlegung: Definition „älterer Softwareentwickler"	Die Bezeichnung „älterer Mitarbeiter in der Softwareentwicklung" sollte definiert werden über (Bitte nur eine Antwort angeben).[279]	das kalendarische Alter, die Zeit seit der (Hochschul-)Ausbildung, die Betriebszugehörigkeitsdauer, die Aktualität der Qualifikation nach einem bestimmten Kriterium[280], die Einstellung des Entwicklers zu Beruf, Freizeit, Familie (d.h. der Wert, der diesen jeweils beigemessen wird und der sich im Laufe der Biographie ändert oder ändern kann)
„Jugendzentriertheit" des Personal- und Weiterbildungsmanagements	Diese „Jugendzentriertheit"[281] des Personal- und Weiterbildungsmanagements hat folgende Ursachen:	Ältere Mitarbeiter (Softwareentwickler) sind schwieriger zu managen. Jüngere Entwickler sind billiger. Jüngere Entwickler sind innovativer. Das Personalmanagement kümmert sich fast ausschließlich um den Führungsnachwuchs. Das Personalmanagement hat sich an ältere Entwickler noch nicht gewöhnen können, da über 40-jährige Entwickler noch kaum im Unternehmen sind. Antwortdifferenzierung nach: keine Bedeutung, geringe Bedeutung, große Bedeutung, sehr große Bedeutung

[279] Zur Erläuterung: Einige der befragten Experten waren in der ersten Phase der Befragung nicht einverstanden mit einer kalendarischen Altersfestlegung bei der Unterscheidung älterer – jüngerer Entwickler. (Bitte bei den *folgenden* Fragen beachten: Für das INVAS-Projekt ist der Altersbereich von Softwareentwicklern von Interesse, in dem Probleme in der Laufbahnentwicklung und der Weiterbildung erstmals akut auftreten können. Deshalb soll bei den folgenden Fragen unter einem älteren Softwareentwickler ein Mitarbeiter verstanden werden, der um die 40 Jahre alt ist.)

[280] Mögliche Kriterien: Übereinstimmung der Qualifikation mit Arbeitsmarkt-Erfordernissen (Vermittelbarkeit am Arbeitsmarkt),Übereinstimmung der Qualifikation mit Erfordernissen in der aktuellen Tätigkeit, Übereinstimmung der Qualifikation mit Erfordernissen einer mittelfristig auszufüllenden Tätigkeit.

[281] Zur Erläuterung: Die bisherigen Ergebnisse aus der ersten Phase des Delphi legen nahe, dass die überwiegende Anzahl der Verantwortlichen im Personalmanagement (bzw. in kleineren Unternehmen die Geschäftsführung) sich auf die jüngeren Softwareentwickler konzentriert.

Laufbahnplanung als Maßnahme der Mitarbeiterentwicklung	Die längerfristige Planung einer Laufbahn im Bereich der Fachtätigkeit (also nicht der Managementkarriere), die mit Übernahme verschiedener Tätigkeiten im Unternehmen einhergeht, scheint eine günstige Maßnahme zu sein, um – dem Mitarbeiter in Unternehmen mit flacher Hierarchie Anerkennung zu geben, – Lernungewohntheit nicht entstehen zu lassen und Defizite bei der Weiterbildung vermeiden zu helfen. – Laufbahnplanung (einer Fachtätigkeit) ist in Ihrem oder den Ihnen bekannten Unternehmen bzw. sollte sein:	Aufgabe des Softwareentwicklers Aufgabe der Personalleitung bzw. der Geschäftsführung Aufgabe der Abstimmung zwischen dem Entwickler und seinem direkten Vorgesetzten Angelegenheit tariflicher Festlegung Antwortdifferenzierung nach: keine Bedeutung, geringe Bedeutung, große Bedeutung, sehr große Bedeutung
	Die größten Probleme bei der Verwirklichung einer Laufbahnplanung in einer Fachtätigkeit des Softwareentwicklers sind: . . .	
Weiterbildungs-Maßnahmen	Die fehlende Motivation älter werdender Softwareentwickler, an Weiterbildungs-Maßnahmen teilzunehmen,[282] ergibt sich daraus, dass . . .	. . . die eigene Freizeit eingebracht werden muss. . . . die Maßnahme teilweise selbst finanziert werden muss. . . . diese Mitarbeiter glauben, dass ihre Lernfähigkeit herabgesetzt ist. . . . der ältere Entwickler Versagensängste gegenüber den jüngeren hat. Andere Ursachen: . . . Antwortdifferenzierung: keine Bedeutung, geringe Bedeutung, große Bed., sehr große Bed.
	Woran scheitern ihrer Meinung nach bereits geplante Weiterbildungsmaßnahmen hinsichtlich ihrer Durchführung während der Projektarbeit?	Zeitdruck in der Projektarbeit, Fehlendes Personal zum temporären Ersatz der sich weiterqualifizierenden Mitarbeiter, Zu geringe finanzielle Mittel, Kein Interesse des Mitarbeiters zum Zeitpunkt der Durchführung, Andere Ursachen mit großer oder sehr großer Bedeutung: . . . Antwortdifferenzierung: keine Bedeutung, geringe Bedeutung, große Bed., sehr große Bed.

---

[282] Zur Erläuterung: Die erste Phase des Delphi erbrachte ein großes Spektrum von Ursachen für Defizite in der Weiterbildung, darunter auch die teilweise geringere Eigeninitiative des älter werdenden Mitarbeiters.

	Durch welche Maßnahmen kann die Durchführung von Weiterbildungs-Maßnahmen stärker als bisher gesichert werden?	Ernennung eines Weiterbildungs-Beauftragten Verfallende Weiterbildungs-Budgets bei Nichtinanspruchnahme, Generelle Ausgleichsregelungen, z.B. Weiterbildungszeiten als Überstundenausgleich, Durchführung von Weiterbildungsmaßnahmen nicht während, sondern zwischen den Projekten, Längerfristige Planung der Weiterbildungsmaßnahmen, Schulung von Mitarbeiter-Gruppen statt einzelner Entwickler, Durchführung der Schulungen außerhalb der Arbeitszeit, Andere wichtige Maßnahmen: . . . Antwortdifferenzierung nach: unwichtig, weniger wichtig, wichtig, sehr wichtig
	Als Finanzierungsmodelle der Weiterbildung festangestellter Softwareentwickler sind zu empfehlen (Mehrfachnennungen sind möglich):	Vollständige Finanzierung von aktuell dringlicher Weiterbildung. Finanzierung in Form von Vorfinanzierungen, die bei vorzeitigem Unternehmenswechsel zurückzuzahlen sind. Generell eine Finanzierung im Verhältnis 50 : 50 zwischen Unternehmen und Mitarbeiter. Generelle Finanzierung von 100 %, wenn der Mitarbeiter die Maßnahme in seiner Freizeit durchführt und die Maßnahme im mittelfristigen Unternehmensinteresse liegt. Anteilsmäßige Finanzierung: Das Unternehmen zahlt einen Anteil je nach der Größe des erwarteten Nutzens. Geleistete Überstunden werden auf einem „Weiterbildungskonto" gutgeschrieben. Ein jährlich zu verhandelndes Budget für die Weiterbildung des jeweiligen Mitarbeiters. Tarifliche Festschreibung des Weiterbildungs-Budgets. Ein Weiterbildungs-Budget mit einer erfolgsabhängigen Höhe im Rahmen eines flexiblen Gratifikationssystems. Andere bzw. zusätzl. Vorstellungen: . . .
Zeitdruck, Stress und Burn-out	Aufgrund teilweise geringerer Belastbarkeit leiden insbesondere ältere Mitarbeiter unter den Problemen Zeitdruck und Stress. Um das Problem des Burn-out (als Stress-Symptom) sollte sich kümmern:	Der Personalverantwortliche. Der direkte Vorgesetzte des Softwareentwicklers. Der Mitarbeiter selbst. Die Geschäftsführung. Andere: . . . Antwortdifferenzierung nach: unwichtig, weniger wichtig, wichtig, sehr wichtig

	Das Problem des Burn-out (als Stress-Symptom) sollte behandelt werden durch folgende Maßnahme(n):	Vermeiden von Überstunden, Genereller zeitlicher Überstundenausgleich, Berufsbiographisch begrenzte Tätigkeitsdauer in der Softwareentwicklung, Vergrößerung der Eigenverantwortlichkeit und Gestaltungsfreiheit des Mitarbeiters, Verbesserte Planung von Projekten, Vermeidung einer Konkurrenzsituation unter aufstiegsorientierten Entwicklern. Weitere wichtige Maßnahmen: . . . Antwortdifferenzierung nach: unwichtig, weniger wichtig, wichtig, sehr wichtig
Förderung freier Mitarbeiter	Durch welche Maßnahmen sollten Unternehmen Freelancer (freie Mitarbeiter) fördern?	Verbilligter Zugang zu Angeboten der Weiterbildung, die im Unternehmen zur Verfügung stehen (Kurse, Literatur). Förderung der Freelancer wie die festangestellten Mitarbeiter. Finanzierung von Maßnahmen zur Erlangung von Qualifikationen, die im Unternehmen benötigt werden. Weitere wichtige Maßnahmen: Antwortdifferenzierung nach: unwichtig, weniger wichtig, wichtig, sehr wichtig
	Sollte eine Organisation für die Beratung von Freelancern geschaffen werden? Falls Antwort „Ja": Sollte diese Organisation durch die Unternehmen, die Freelancer beschäftigen, finanziert werden?	

In der ersten Phase des Delphi wurde in Bezug auf Tätigkeiten und Fähigkeiten älterer Mitarbeiter in der Softwareentwicklung noch keine Differenzierung nach den Tätigkeitsbereichen innerhalb des Entwicklungsprozesses vorgenommen. Welche der folgenden Leistungsmerkmale werden für die Tätigkeit in der speziellen Entwicklungs-Phase besonders benötigt? Bitte kennzeichnen Sie die Matrix-Position mit s für „sehr wichtig" und w für „wichtig".

Leistungsmerkmale \ Entwicklungsphase	Aufgabenanalyse	Systementwurf	Modulentwurf	Codierung	Modultest	Integration	Systemtest	Implementation	Nachsorge und Wartung
Psychische Merkmale									
Abstraktionsfähigkeit									
Kreativität									
Erfahrung									
Verantwortungsbewusstsein									
Soziale Eigenschaften									
Teamfähigkeit.									
Soziale Kompetenz im Umgang mit den Kunden									